OPTIMUM

Collection dirigée par Fabien Fichaux

Histoire du monde contemporain en 100 dates

Cédric BOULARD (coordinateur)

Janick JULIENNE

Pierre RANGER

ellipses

Janick Julienne a rédigé les fiches 27 à 29, 31, 32, 34, 35, 40, 42, 49, 50, 52, 58, 61, 63 à 65, 67, 72, 73, 75 à 77, 82, 85, 86, 89 à 91, 93, 94 et 97 à 99.

Pierre Ranger a rédigé les fiches 1, 2, 6 à 10, 13 à 15, 17 à 23, 25, 26, 30, 36 à 39, 48, 59, 79, 81, 83, 84, 88 et 100.

Cédric Boulard a assuré la direction de l'ouvrage et rédigé l'ensemble des autres fiches.

ISBN 9782340-024014

32, rue Bargue 75740 Paris cedex 15

www.editions-ellipses.fr

Introduction
DE L'HISTOIRE ÉVÉNEMENTIELLE À L'HISTOIRE DES ÉVÉNEMENTS

L'histoire par les dates, encore ?

Histoire du monde contemporain en cent dates : le titre peut surprendre. Peut-on encore appréhender l'histoire par des dates ? N'est-ce pas la réduire, la découper, lui faire perdre sens, rester à la surface d'une eau profonde ? Il nous a semblé au contraire qu'une telle démarche était aujourd'hui utile et même nécessaire. Cela tient d'abord au fait que certaines dates font désormais partie d'un patrimoine culturel commun : ne pas les connaître revient à ne pas saisir et comprendre les positionnements de certains acteurs. Mais, surtout, cela tient à la place renouvelée de l'« événement » dans la démarche historique [☞ Conclusion].

L'événement, au cœur de la démarche historique ?

Pour les premiers historiens, leur tâche est de « préserver de l'oubli [...], de célébrer les grandes et merveilleuses actions » (Hérodote, *Histoires*, vers 420 av. n.-è.), de raconter les « péripéties » d'une guerre jugée « mémorable » (Thucydide, *Histoire de la guerre du Péloponnèse*, vers 399) ou les « merveilleuses emprises, nobles aventures et faits d'armes advenus en son temps » (Froissart, *Les Chroniques de sire Jean Froissart*, vers 1400).

Durant le XIXe siècle, l'histoire se professionnalise. Des postes sont créés dans les universités : Michelet, qui enseigne à la Sorbonne à partir de 1834, rencontre un franc succès. Des revues sont fondées, comme la *Revue historique* (1876) toujours active aujourd'hui.

Peu à peu, les études historiques prennent leur autonomie, se dégageant de l'emprise des pouvoirs politiques ou religieux. Ébranlés par les sociologues puis par les anthropologues, les historiens revoient aussi leurs méthodes et leurs objets [DOSSE, 2010]. L'histoire ne doit plus tant traiter des grands événements, souvent réduits aux batailles ou aux traités diplomatiques, que s'intéresser aux phénomènes sociaux et économiques de fond. C'est ainsi que Fernand Braudel appelle les historiens à ne pas se contenter d'observer l'« écume » mais à prendre en compte les mouvements de houle, moins visibles et spectaculaires mais plus puissants (*La Méditerranée et le monde méditerranéen à l'époque de Philippe II*, 1949). L'événement est discrédité et relégué à une fonction de divertissement.

La chute du Mur de Berlin (1989) et l'effondrement de l'influence des paradigmes marxistes sur les sciences sociales remet l'événement à l'ordre du jour. Mais les historiens ne traitent plus l'événement comme ils ont pu le faire par le passé. Plus personne ne pense aujourd'hui qu'un événement existe par lui-même. Un événement est une construction sociale. Ce qui compte, ce n'est pas tant « ce qui s'est passé » que la manière dont une société se fonde sur des faits pour les constituer en événement par le sens qu'elle leur attribue, la valeur de récit dont elle les charge. Et ce sens n'est jamais figé. Il peut évoluer, fait l'objet de déconstruction, de reconstruction, de contestation, de réappropriations.

Il peut arriver que les acteurs n'aient pas conscience de participer à un événement et soient par la suite surpris de la portée de leur action, de même qu'à l'inverse des faits qui suscitent d'intenses commentaires en leur temps peuvent finir dans l'oubli.

✍ **Journal de Louis XVI, à la date du 14 juillet 1789**

Mardi 14... Rien.

Quelle démarche pour traiter l'événement ?

C'est en prenant en compte les mutations historiographiques décrites plus haut que nous avons conçu l'organisation de cet ouvrage. Nous avons tenté de recenser les événements les plus signifiants dans l'histoire de France et du monde et nous leur avons adjoint des dates moins connues mais qui nous paraissent représenter des tournants dans leur domaine (social, politique, économique...). La robotisation des processus de production industrielle ou le transport de marchandises par conteneurs, par exemple, sont deux piliers fondamentaux de l'organisation économique mondiale. Ces inventions impactent plus notre monde actuel que bien des batailles ou des traités présents dans la plupart des manuels d'histoire.

Chaque fiche s'ouvre par une mise en scène du fait historique. Cette mise en scène est renforcée par le recours à des citations d'époque qui permettent de remettre les acteurs au premier plan. Mais, évidemment, le récit ne suffit pas. Dans une démarche historique nécessaire, la fiche poursuit sur une mise en contexte. L'événement est replacé à différentes échelles de temps. Puis on interroge sa portée et ses appropriations sociales.

Les lecteurs qui souhaitent approfondir le sujet pourront consulter les ressources multimédias ou bibliographiques qui sont signalées. Les références complètes de ces dernières sont compilées en fin d'ouvrage.

Des renvois d'une fiche à une autre, signalés entre crochets, permettent de saisir les liens et d'éviter d'écrire une histoire en miettes. Pour les mêmes raisons, des mots clés introduisent les fiches et permettent d'effectuer des parcours thématiques de l'ouvrage (histoire des techniques, histoire des arts...).

Signalons enfin que cette *Histoire du monde contemporain en cent dates* est complémentaire de l'*Histoire des XX*ᵉ *et XXI*ᵉ *siècles en fiches, de 1870 à nos jours* (dir. Cédric Boulard, Ellipses, 2015). Le lecteur trouvera des croisements enrichissants à leurs lectures.

RESSOURCE MULTIMÉDIA

Fernand Braudel présente sa vision de l'histoire fondée sur trois échelles de temps : http://fresques.ina.fr/jalons/fiche-media/InaEdu04649/fernand-braudel-et-les-differents-temps-de-l-histoire.html

Fiche 1

9 décembre 1905 : ADOPTION DE LA LOI DE SÉPARATION DES ÉGLISES ET DE L'ÉTAT

ESPACE CONCERNÉ : histoire de France,
THÈMES : politique, société.

Le 9 décembre 1905

Trois mois de débats pour qu'enfin Maurice Rouvier paraphe cette loi qui doit affermir la République. Tant d'émotions à combattre pour parvenir à ce résultat. Faire face à la colère en soutane du député-clerc Gayraud, à qui on avait apparemment déclaré la guerre, aux monarchistes tentant leur dernier coup d'éclat, à Georges Berry criant au déni de démocratie tandis que Léon-Armand Baudry d'Asson fulminait à chaque intervention favorable au texte, lui qui avait déjà visité la cellule de dégrisement du palais. Il avait aussi fallu modérer certains républicains dans leur anticléricalisme, tâche rendue moins ardue depuis que l'Église avait cru devoir associer antidreyfusisme et antirépublicanisme. Alors, en ce jour d'hiver, Aristide Briand, ce « monstre de souplesse », qui avait convaincu les uns tout en ralliant les autres, pouvait s'enorgueillir de sa grande œuvre. La République allait en finir avec un siècle et demi de négociations et imposer sa loi.

La loi de séparation des Églises et de l'État est souvent perçue comme le parachèvement d'une œuvre laïque née d'une guerre civile entamée avec la Révolution française et qui opposerait Église catholique et républicains. La loi de Séparation était-elle réellement hostile à l'Église et à ses libertés ?

✍ **Albert de Mun, *La Croix*, (8 décembre 1905)**

Consummatum est ! La sentence portée par le Sanhédrin maçonnique est exécutée. Le Christ a cessé d'être, en France, officiellement reconnu. Mais le cri de la victime auguste ne fut pas seulement la tragique annonce du crime, ce fut aussi la promesse de la Rédemption.

Le contexte : le poids de l'Église

Lorsque la loi de 1905 s'écrit, l'administration publique a déjà pris ses distances avec l'Église. Les emblématiques lois scolaires de Jules Ferry ont extrait le fait religieux de l'instruction publique tout en ménageant ceux qui souhaitaient offrir une journée d'éducation religieuse. L'affaire Dreyfus tend radicalement le rapport de force car l'opposition catholique à la république y a été clairement démontrée. Dans ce contexte, les républicains du début du XXe siècle ont une tentation : hâter le déclin de l'Église sur le temps long. Le ministère Combes laissa planer un temps cette menace, mais la tentation fut surmontée ; la loi de Séparation en apporte la preuve.

Caricature parue dans *Le Rire* (20 mai 1905)

➡ *lien vers le document en grand format :*
https ://commons.wikimedia.org/wiki/File :Le_Rire_-_S%C3%A9paration_de_l%27Eglise_et_de_l%27Etat.jpg

La caricature anticléricale du XIXe siècle vise souvent la moralité du clergé. Ce dessin ne déroge pas à la règle, en présentant l'alliance immorale de l'Église avec une Marianne trop chaleureuse, qui se perd elle-même dans cette proximité. Que ce soit le ministre de l'Instruction publique, Jean-Baptiste Bienvenu-Martin, qui tienne le couteau en main, montre la place que l'on accorde alors à l'école dans l'œuvre républicaine.

La portée : vers la normalisation ?

La réaction de la plus haute autorité ecclésiastique est connue. Le 11 février 1906, le pape rejeta la loi par l'encyclique *Vehementer nos*. La perte matérielle est considérable. 42 000 prêtres cessent d'être salariés par l'État et les diocèses doivent désormais faire appel à la générosité des fidèles. Mais la loi conférait aux Églises la liberté de réunion (conciles et synodes furent désormais possibles sans autorisation préfectorale) et la suppression du Concordat permettait de choisir librement ses dignitaires. Certains prélats perçurent ces avantages et consentirent à accepter la loi, tout comme les communautés juives et protestantes, concernées en tant que cultes reconnus.

L'histoire retient la virulence des débats [lire citation] et de son application immédiate avec la violence dans laquelle se seraient réalisés les inventaires des biens des édifices cultuels, menés en vertu de l'article 3. Mais ces derniers se déroulent majoritairement sans heurts. Dans le département de la Vienne, iles furent pratiquement terminés le 7 mars ; les inventaires n'avaient été retardés que par 26 incidents pour un ensemble de 355 paroisses. On constate en fait une approbation de la loi par la majorité des Français. Aux élections législatives de 1906, la gauche l'emporte avec 414 députés contre 176. Peut-être le signe, pour reprendre la pensée de Jean-Marie Mayeur [MAYEUR, 2005], que la politique de laïcisation menée à partir des années 1880 était la conséquence d'une déchristianisation déjà avancée plutôt que sa cause.

Naturellement, son acceptation ne doit pas faire oublier que la loi de 1905 fut le fruit d'un siècle et demi d'affrontement politique et idéologique finalement remporté par la gauche républicaine. Mais aussi radicale qu'elle fut, elle manifesta de la part de ses initiateurs une véritable volonté de pacification, au point que l'extrême gauche française la jugea trop modérée [DUCLERC, 2010].

Quant à sa spécificité nationale, pour unique que soit son parcours historique, la définition des rapports entre Église et État sous la forme d'une politique de laïcité n'est pas propre à la France. Jean Baubérot rappelle dans *Les laïcités dans le monde* [BAUBÉROT, 2007] qu'Aristide Briand, le rapporteur de la loi, cite plusieurs pays comportant un régime de laïcité tels que le Brésil ou le Mexique. De même, Ferdinand Buisson, l'un des premiers théoriciens de la laïcité, affirme en 1883 que la France est le pays « le plus laïque d'Europe », reconnaissant implicitement que d'autres pays européens connaissent aussi des formes de séparation des Églises et de l'État.

RESSOURCE MULTIMÉDIA

La marche de l'histoire, émission du 5 février 2015 avec Gérard Vindt comme invité : https://www.franceinter.fr/emissions/la-marche-de-l-histoire/la-marche-de-l-histoire-05-fevrier-2015

Fiche 2

12 juillet 1906 : DREYFUS EST ACQUITTÉ

ESPACE CONCERNÉ : histoire de France,
THÈMES : politique et société.

Le verdict du 12 juillet 1906

« De l'accusation portée contre Dreyfus, rien ne reste debout… » Si peu de mots prononcés par le président de la Cour de cassation, pour une si longue attente. Douze ans d'une lutte juridique si laborieuse. À quoi peut penser Alfred Dreyfus au jour qui le fait officiellement innocent ? Se souvient-il du lieutenant-colonel Picquart, le premier à découvrir la supercherie, et de tous ceux qui l'ont ensuite si férocement défendu, appelés dédaigneusement les « dreyfusards » ? Peut-être se dit-il aussi que s'il n'était pas né Juif, il n'y aurait pas eu d'« affaire ».

Au-delà des faits réellement incriminés, que révèle l'affaire Dreyfus sur la vie politique en France à la fin du XIXe siècle ?

✍ ***La Croix*** **(13 juillet 1906)**

La Cour de cassation a cassé l'arrêt du Conseil de guerre qui avait condamné Dreyfus, sans renvoi devant un nouveau Conseil de guerre. Cette solution laisse subsister tout le mystère qui plane sur la déplorable « affaire ».

Le contexte : une longue affaire

Dreyfus est une affaire, un événement qui polarise l'opinion publique, domine la vie politique, mobilise les groupes et les croyances. Elle naît d'un acte de trahison commis par le commandant d'infanterie Esterhàzy, qui fournit des renseignements à l'attaché militaire allemand présent à Paris. Un bordereau écrit de sa main est découvert le 27 septembre 1894. Il annonce l'envoi de documents en Allemagne. Un coupable est alors désigné, le capitaine Dreyfus, qui a le malheur d'avoir une écriture qui ressemble à celle du bordereau et d'être Juif. Dans une France revancharde depuis la défaite contre la Prusse de 1870, où les organes de presse antisémites ont pignon sur rue, la conviction majoritaire se range du côté de sa culpabilité. Dans une république fragilisée par l'antiparlementarisme et les affaires, Dreyfus n'a d'abord que sa famille comme soutien. Tous choisissent de défendre sa justice et son armée. Georges Clemenceau, futur dreyfusard, décrit « l'âme immonde » du condamné. Jean Jaurès et les socialistes pointent du doigt la clémence des juges envers un militaire gradé.

La portée : une République renforcée ?

À l'annonce du décès du capitaine Dreyfus, Léon Blum écrit : « les générations qui nous ont suivis ne peuvent plus se rendre compte que pendant deux interminables années, entre le début de la campagne de révision et la grâce, la vie s'est trouvée comme suspendue, que dans les rapports interhumains, tout était bouleversé, reclassé. On était dreyfusard ou on ne l'était pas ».

Si ce témoignage nous dit l'ampleur de l'événement, il nous rappelle aussi que l'Affaire n'a pas commencé à l'annonce de la condamnation du capitaine Dreyfus, en décembre 1894, mais à la fin de l'année 1897. Les preuves de l'innocence de Dreyfus sont alors mises au jour, des figures publiques de premier rang se mobilisent et un front dreyfusard s'organise après la publication de la célèbre tribune « J'accuse... ! », de Zola. La constitution de ce bloc tend l'opposition antidreyfusarde. Les modérés cèdent du terrain face à l'hystérie dénonciatrice des antisémites. Cette radicalisation pousse à la fusion des courants nationalistes, boulangistes, royalistes et bonapartistes dans une haine commune des Juifs et du parlementarisme.

La crise était-elle évitable ? Bertrand Joly a montré combien la faiblesse du régime républicain, tenu par un pouvoir parlementaire excluant 45 % des électeurs (catholiques, monarchistes, bonapartistes), et le manque de détermination des gouvernants qui s'efforcent longtemps de nier la crise, participent à l'émergence de l'affaire, d'autant qu'en dépit de la violence des débats, les camps constitués deviennent friables, comme le montrent les trajectoires d'un Péguy ou d'un Clemenceau.

Que reste-t-il de l'Affaire après juillet 1906 ? Pour Pierre Vidal-Naquet, c'est d'abord le conflit entre deux récits, l'un vaincu, l'autre victorieux, écrivant l'histoire. Vincent Duclerc [DUCLERC, 2009 et 2010] a pourtant montré combien celle-ci est longtemps restée conflictuelle, voire submergée par des mémoires concurrentes, entre frilosité gouvernementale et conservatismes militaires. La portée profonde de l'Affaire et de son issue peut se lire à travers la naissance de pratiques politiques modernes. Des femmes, des ouvriers s'ouvrent à la citoyenneté politique et au militantisme social. À l'inverse, l'alliance de l'antisémitisme et de l'antiparlementarisme trouve de puissants ressorts chez les intellectuels nationalistes qui prennent leur revanche avec le régime de Vichy [☞ 28].

Enfin, c'est durant l'Affaire que naît la Ligue des Droits de l'Homme. Elle est aussi un moment charnière dans l'essor de la presse de masse et de la figure de l'intellectuel.

RESSOURCE MULTIMÉDIA

Un site entièrement dédié à l'affaire Dreyfus :
http://www.dreyfus.culture.fr/fr/

Fiche 3

27 septembre 1908 : SORTIE DE LA FORD MODÈLE « T »

ESPACE CONCERNÉ : histoire du monde,
THÈMES : économie, sciences et techniques, société.

Une commercialisation en grande pompe

Henry Ford est-il anxieux en ce 27 septembre 1908 ? Après une scolarité difficile, il a dû essuyer de multiples échecs, affronter les railleries et les moqueries de ceux qui ne croyaient pas à ses idées. Pourtant, il sait qu'il peut compter sur ses forces. Son outil industriel est performant mais, surtout, il peut s'appuyer sur un réseau d'agents commerciaux redoutablement efficaces. Ayant compris l'intérêt de la publicité, il invite ce jour les journaux à assister à la sortie de la première Ford T des chaînes de montage de son usine de Piquette à Detroit. Quelques jours plus tard, le *Saturday Evening Post* en rend compte : les pré-commandes affluent.

En quoi le lancement de la Ford T signe-t-il l'entrée dans un nouvel âge industriel ?

Le contexte : une révolution industrielle

Fils d'agriculteur, Henry Ford se passionne très tôt pour la mécanique. Une scolarité médiocre l'envoie travailler dès quinze ans en atelier. Mais en parallèle il prend des cours du soir et décroche en 1893 un diplôme d'ingénieur. En 1903, il fonde avec un associé la Ford Motor Company. Celle-ci vivote, suivant une ligne commerciale peu définie. En 1906, Ford rachète les parts de son associé et reprend en main l'entreprise. Pour lui, l'automobile doit rentrer dans une nouvelle ère. Il ne s'agit plus de produire à l'unité, presque de manière artisanale, un petit nombre de véhicules, mais de produire en masse des véhicules à bas coût.

✍ **Extraits de *Ma vie, mon œuvre*, autobiographie d'Henry Ford (1925)**

> Dans notre premier système de montage, nous montions les voitures sur place et les ouvriers amenaient les pièces au fur et à mesure [...]. Notre premier progrès consista à amener le travail aux hommes plutôt que les hommes au travail. Aujourd'hui, toutes nos opérations s'inspirent de deux principes : nul homme ne doit avoir plus d'un pas à faire ; autant que possible, nul homme ne doit avoir à se baisser [...]. Grâce à cette méthode, un seul homme est aujourd'hui en mesure de faire un peu plus de quatre fois l'ouvrage qu'on faisait il n'y a pas beaucoup d'années. L'assemblage du moteur, opéré autrefois par un seul homme, est maintenant divisé en quatre-vingt-quatre.

La portée : une ou plusieurs révolutions ?

La sortie de la Ford T en 1908 est l'aboutissement de plusieurs révolutions. Dans son usine, Ford reprend les principes de Frederick Taylor (taylorisme), c'est-à-dire de la division du travail poussée à l'extrême. Ford y ajoute le procédé de la chaîne de montage. L'ouvrier reste à présent à un poste et répète inlassablement un même geste. Toujours dans l'optique de faire baisser les coûts de production et vendre à plus grande échelle, Ford impose la standardisation des pièces. Mais Ford voit plus loin que l'usine. Il développe une politique de crédit, notamment auprès de ses employés afin de faciliter l'achat de ses véhicules. Il utilise abondamment la publicité : journaux, radio, parades... Enfin, il n'hésite pas à se mettre en scène en tant que figure de l'entrepreneur audacieux. Dans *Ma vie, mon œuvre* (1925), il met en scène son enfance modeste, tout comme sa réussite de *self made man*.

Peu remettent en cause cet homme qui impose à ses ouvriers, devenus interchangeables et plus facilement licenciables, des cadences de travail infernales, cet homme qui utilise le racisme et une police privée pour contrôler ses employés [CURCIO, 2013]. Peu soulignent ses échecs, comme celui de sa tentative d'implantation au Brésil.

Car le modèle Ford fascine et attire. André Citroën s'inspire de ses procédés pour sa nouvelle usine quai de Javel (1915), tout comme Louis Renault pour celle de Billancourt (1929).

Son succès l'impose dans l'imaginaire collectif. On retient ainsi le lancement en 1928 de sa nouvelle usine de Rivière-Rouge à Dearborn. Cet immense complexe accueille plus de 80 000 ouvriers. L'usine tourne 24 heures sur 24. Les principes du fordisme y sont poussés à l'extrême. Quatorze heures de travail étaient nécessaires en 1910 pour produire une Ford T, une heure suffit à Rivière-Rouge. Le coût de production y est divisé par trois. La production annuelle d'automobiles de Ford passe de 100 000 à un million d'exemplaires par an en moins de vingt ans. La Seconde Guerre mondiale profite à Ford, grâce aux commandes de l'armée américaine mais aussi à la destruction des industries concurrentes d'Allemagne et du Japon. À partir des années 1970, l'entreprise peine à s'adapter aux mutations du monde industriel [☞ 56].

Mais Ford et ses voitures dépassent les aspects techniques et deviennent un mythe, une icône, un des emblèmes de l'*American way of life*. La Ford T était assimilée aux chariots des colons du Far West. La Mustang sera la voiture de la puissance américaine. *A contrario*, le recul de Ford à partir des années 1990, notamment face à la montée des constructeurs asiatiques, est ressenti par les Américains comme le signe du déclin de leur économie et pour Detroit, cela marque le début d'un phénomène inédit de rétrécissement urbain (*shrinking city*).

> **RESSOURCE MULTIMÉDIA**
>
> Le documentaire *Henry Ford, des Rough Riders au Mont Rushmore* (2007) est quelque peu complaisant mais reste complet et bien documenté.

Fiche 4

25 juin 1910 : CRÉATION DE *L'OISEAU DE FEU* À L'OPÉRA DE PARIS

ESPACE CONCERNÉ : histoire de France, histoire du monde, THÈME : culture.

L'envol de *L'Oiseau de feu*

Quand les premières notes de *L'Oiseau de feu* sont jouées, Igor Stravinsky, alors âgé de 28 ans, sent-il ses mains trembler ? L'Opéra de Paris a consenti de grands efforts pour monter ce ballet commandé par Diaghilev. Plus de cinquante musiciens composent l'ensemble orchestral dirigé par Gabriel Pierné. De nombreux danseurs tournent sur scène, avec des costumes flamboyants au milieu de décors chatoyants. Parmi le public, on compte d'importantes personnalités du monde politique comme du monde artistique. Ces efforts n'ont pas été vains. Quarante-cinq minutes plus tard, c'est un triomphe. Couronnement suprême, Claude Debussy, alors au sommet de sa gloire, se précipite pour féliciter le jeune compositeur russe.

✍ ***Le Figaro* (27 juin 1910)**

La direction des ballets russes vient de couronner sa saison par le spectacle le plus complet et le plus beau qu'elle nous a donné jusqu'ici. Et cette beauté n'a rien qui soit transitoire, qui commande exclusivement le plaisir d'un instant ; elle porte en elle une signification plus haute.

Comment expliquer le succès immédiat d'une œuvre atypique d'un jeune compositeur ?

Le contexte : une scène musicale européenne en ébullition

Au début du XXe siècle en Europe, la scène artistique [☞ 11], et notamment musicale, connaît une véritable révolution. Claude Debussy en France comme Anton Webern en Autriche cherchent à briser les cadres traditionnels de la composition. Dans un premier temps, les expérimentations de ces pionniers provoquent des réactions indignées. Mais des œuvres plus accessibles finissent par asseoir leur notoriété et leur légitimité. C'est le cas de *L'Oiseau de feu*. Tout en étant d'une grande audace musicale, l'œuvre reprend un conte traditionnel russe et touche un large public.

Stravinski, largement influencé par les expérimentations musicales en cours en Europe, bénéficie aussi des grandes possibilités de mobilités qui sont alors offertes aux artistes. Arrivé à Paris [MARNAT, 1995], il retrouve des compatriotes comme le chorégraphe Diaghilev ou le danseur Fokine. Nijinski danse à Paris comme à

Londres. La pianiste Misia Sert, française née en Russie, est la fille d'un sculpteur polonais et d'une violoncelliste belge. « Reine de Paris », elle inspire ou séduit Thadée Natanson, journaliste et critique d'art d'origine polonaise, Alfred Edwards, patron de presse d'origine anglaise, le peintre espagnol José Maria Sert ou encore le compositeur Maurice Ravel.

Enfin, Stravinski doit sa réussite au prestige de l'Opéra Garnier et, plus largement, de la ville de Paris. Cette dernière rayonne en tant que capitale mondiale de la culture. Les carrières s'y lancent ou s'y brisent.

La portée : vers une révolution musicale

L'Oiseau de feu marque une étape dans la déconstruction de la musique tonale fondée par Bach ou Jean-Philippe Rameau. On y retrouve des formes de dissonances assumées et des motifs rythmiques échappant aux canons habituels. Mais la rupture n'est pas totale et à cet égard l'œuvre de Stravinski joue ici un rôle d'étape plutôt que d'aboutissement.

Poussant plus loin, Arnold Schönberg théorise le dodécaphonisme à partir de 1923 et donne naissance à la musique sérielle. Il remet en cause la gamme « chromatique » (do-ré-mi-fa-sol-la-si-do), base de la musique occidentale. Pierre Boulez, fondateur, puis directeur de l'Institut de recherche et coordination acoustique/musique (IRCAM) aspire à créer de nouvelles règles musicales. Il compose des œuvres conceptuelles qui sont à la musique ce que le cubisme ou l'art abstrait peuvent représenter dans le domaine pictural (*Le marteau sans maître*, créé en 1954 à partir d'un poème de René Char). Il ouvre la voie aux musiques électroniques. Certaines œuvres brisant les codes connaissent un large succès populaire comme l'album *Time Out* de Dave Brubeck (1959). *Take Five* adopte ainsi une structure inhabituelle à cinq temps. *Blue Rondo a la Turk* est composé en 9/8e et *Three To Get Ready* alterne des mesures de durées inégales.

Derrière ces bouleversements artistiques se jouent également des carrières, ce dont témoigne Pierre Legrand : « pendant quarante ans, Boulez et sa famille ont fermé toutes les possibilités pour tous les compositeurs d'être joués. Il a décidé qu'on allait oublier tout le passé de la musique jusqu'à aujourd'hui et qu'on allait repartir à zéro. Il a fermé la porte à tous les autres compositeurs ».

RESSOURCE MULTIMÉDIA

De multiples versions de *L'Oiseau de feu* ont été produites à travers le monde. L'écoute et le visionnage de certaines d'entre elles permettront de saisir l'audace artistique de cette œuvre.

Fiche 5
12 février 1914 : *THE SQUAW MAN*, NAISSANCE D'HOLLYWOOD

ESPACE CONCERNÉ : histoire du monde,
THÈMES : culture, société.

Le premier long métrage d'Hollywood

Ils sont jeunes et s'apprêtent à révolutionner le monde du cinéma. Cecil B. DeMille, co-réalisateur et co-producteur issu du monde du théâtre, a 32 ans ; Lasky, son partenaire en affaire, deux de plus. Oscar Apfel, co-réalisateur, en compte 36. La scénariste Beulah Marie Dix, du haut de ses 38 ans, est l'aînée de la bande. 15 000 $ – une somme énorme pour l'époque – ont été investis pour financer *The Squaw Man* et de nombreuses affiches sur les murs de la ville, comme les journaux, annoncent à grand bruit la sortie du film. Triomphe ou échec cinglant, le jugement rendu sera sans appel.

En quoi *The Squaw Man* représente-t-il un tournant dans l'histoire culturelle mondiale ?

✍ **Extraits de publicités pour *The Squaw Man* (1914)**

L'aboutissement de l'art dramatique. Un film réalisé brillamment, avec la touche magique d'une réalisation parfaite et une sublime pantomime.

Le contexte : Hollywood, la naissance d'un *challenger*

Dès le début du XXe siècle, le bourg d'Hollywood connaît une croissance démographique galopante au point d'être absorbé par Los Angeles. En 1910, les premiers professionnels du cinéma s'installent à Hollywood. La principale raison évoquée par ceux-ci est la volonté de fuir le contrôle des grands groupes industriels de la côte Est et le poids des syndicats, afin de pouvoir créer plus librement [MICHAUD, 2013]. Mais il faut aussi mettre en avant un ensoleillement et une luminosité qui facilite les tournages. Les progrès techniques permettent en effet alors de s'affranchir du tournage en plateau et de filmer en extérieur. John Ford s'appuiera ainsi sur les paysages du Grand Ouest pour ses *westerns* (*La chevauchée fantastique*, 1939) et participe à construire le mythe américain.

Durant ses premières années, le cinéma à Hollywood se réduit à des courts-métrages. *The Squaw Man*, premier long-métrage tourné à Los Angeles, est un succès. Il rapporte plus de 240 000 $ au *box office* et légitime Hollywood comme la nouvelle capitale mondiale du cinéma.

Affiche assurant la promotion de *The Squaw Man*

➡ *lien vers le document en grand format :*

https://upload.wikimedia.org/wikipedia/commons/7/7f/The_Squaw_Man_adv.jpg

En 1914, l'industrie cinématographique à Hollywood affiche de grandes ambitions et se voit déjà une vocation mondiale. Le cinéma met en avant sa grammaire visuelle propre : les producteurs du film valorisent les scènes d'action et le suspens. Mais le star-system est balbutiant. En outre, le cinéma n'a pas encore gagné toute son autonomie. L'affiche emprunte en effet aux codes de celles du théâtre.

La portée : Hollywood, la puissance d'un mythe

Les conséquences du succès de *The Squaw Man* sont multiples. Cecil B. DeMille et Lasky voient leurs carrières lancées. Le premier reste dans l'histoire du cinéma comme le réalisateur des *Dix commandements* (1956). Le second fonde un studio à l'origine de la Paramount. Hollywood devient le foyer d'artistes en quête d'indépendance, comme Charlie Chaplin, Douglas Fairbanks, Mary Pickford et D. W. Griffith qui créent les *United Artists* en 1919. Très vite, de grands studios voient le jour et imposent leurs logiques financières. Ceux-ci savent faire fructifier l'image de leur territoire, avec par exemple l'érection des lettres géantes sur les pentes d'une colline surplombant Los Angeles dès les années 1920.

Hollywood devient aussi un outil de lutte dans les conflits politiques. Dans les années 1930, il accueille acteurs et réalisateurs européens (Fritz Lang notamment) qui fuient les totalitarismes. Durant la Seconde Guerre mondiale, il tourne des films de propagande à la gloire de l'Amérique. Dans les années 1950, il est au cœur du maccarthysme : communistes, sympathisants ou supposés l'être y sont pourchassés. Chaplin quitte alors définitivement les États-Unis. Le cinéma d'Hollywood devient par la suite une arme de *soft power*, permettant de diffuser les valeurs, le mode de vie mais aussi de promouvoir les produits commerciaux américains.

Mais cela n'entrave pas le succès des productions hollywoodiennes. Celles-ci s'appuient sur des financements importants, la captation des talents à travers le monde entier et un réel savoir-faire technique. Les rivaux des premiers temps, comme les frères Lumière ou Pathé en France, sont distancés. Le premier succès du cinéma parlant (*The Jazz Singer*, 1927) y est tourné. Le Technicolor y acquiert ses lettres de noblesse (*Autant en emporte le vent*, 1939) de même que le cinéma d'animation (Disney). La 3D y est très tôt expérimentée (*Les dents de la mer 3*, 1983) ainsi que les effets spéciaux numériques avec la saga Star Wars.

Aujourd'hui, Hollywood représente près de 50 % des revenus mondiaux du cinéma. Ses films comptent pour 80 % des parts de marché au niveau international. Si aujourd'hui le chiffre d'affaire du secteur du cinéma est désormais dépassé par celui du jeu vidéo [☞ 95], Hollywood reste un mythe planétaire. C'est en référence à son nom qu'ont été forgés les surnoms de deux plus grandes cités productrices de films dans le monde, en nombre de titres : Bollywood (Bombay/Mumbai) et Nollywood (Lagos au Nigéria).

RESSOURCE MULTIMÉDIA

On visionnera à profit sur internet des extraits des œuvres mentionnées plus haut afin de s'imprégner de l'atmosphère artistique de l'époque.

Fiche 6
15 août 1914 : INAUGURATION DU CANAL DE PANAMA

ESPACE CONCERNÉ : histoire du monde,
THÈMES : économie, sciences et techniques.

L'Amérique se fête

La moiteur lourde est rendue insupportable par un soleil de plomb. Aucune ombre pour s'en protéger, seulement cette immense percée qui s'enfonce jusqu'à l'horizon. Le douloureux labeur des ouvriers envoyés de France ou de Jamaïque pour creuser la gigantesque artère vers la mer apparaît, dans ces conditions, encore plus insupportable. Peut-être avaient-ils le sentiment de travailler à la pacification du monde que doit permettre l'ouverture des routes maritimes à tous. Le grand creuset des cultures et des peuples, voilà ce que doit être ce chef-d'œuvre d'ingénierie. Dans leurs costumes trempés de sueur, les officiels américains regardent l'*Ancon* s'approcher dans un bruit de moteur régulier. Ils pensent à l'Europe qui se déchire et à l'Amérique qui s'éveille au monde et se découvrent un bel appétit de conquête économique. Car ils se disent qu'au fond, ils sont ici chez eux.

Entreprise dispendieuse, passée entre les mains de plusieurs États, pensée pour le bien du commerce maritime mondial, à qui l'ouverture du canal de Panama a-t-elle réellement profité ?

✍ **Maurice de Waleffe, *Quand Paris était un paradis, mémoires (1900-1939)***

Nous roulons vers Panama, vers l'un des trois grands carrefours du monde de demain, où toutes les races du passé viendront s'amalgamer comme des métaux dans la fournaise.

Le contexte : la mondialisation des transports

Le 15 août 1914 a lieu l'ouverture officielle du canal de Panama, qui relie le Pacifique et l'Atlantique. L'Europe, qui vient d'entrer dans une guerre qu'elle espère courte, est indifférente à la portée de l'événement, qui s'inscrit dans la spectaculaire révolution des transports de la deuxième moitié du XIXe siècle. Pour répondre à celle-ci, d'immenses efforts financiers sont engagés pour le creusement de canaux maritimes. Ils vont drastiquement raccourcir les distances [KHALIFA, 2016]. L'Amérique, sur ce plan, prend la suite des Européens qui, après avoir fait creuser le canal de Suez (1869), s'escriment depuis 1882 à ce nouveau chantier, en vain.

La portée : de multiples enjeux

L'ouverture du canal de Panama possède des ressorts historiographiques qui sont fonction des échelles d'analyse choisies. En France, c'est d'abord l'histoire d'une crise politico-judiciaire majeure. L'affaire de corruption éclate en 1892 et se solde en 1893 par la condamnation de Ferdinand de Lesseps qui, pour permettre le percement du canal de Panama entamé en 1882 et masquer ses difficultés financières, distribue ses largesses aux industriels, aux journalistes et aux hommes politiques. En 1903, les États-Unis reprennent et achèvent un projet de 80 kilomètres de long qui coupe toujours aujourd'hui l'État du Panama en deux. Deux ponts seulement traversent le canal.

Au regard de l'histoire économique mondiale, le canal de Panama devient très vite, à l'instar du canal de Suez, un « passage obligé » accélérant la vitesse de transport et créant des normes telles que le gabarit « Panamax », soit 80 000 t. La communication interocéanique banalise les produits tropicaux dans la consommation de nombreux Européens et participe à la révolution du commerce international. Ces nouvelles possibilités d'échanges soulèvent des enthousiasmes, des rêves de grandeur, mais aussi des inquiétudes.

Dans une forme de paradoxe, l'ouverture du canal se fait dans un contexte moins favorable à la libéralisation des échanges, résultat de ce que Christophe Charles appelle dans *Discordance des Temps* « l'échec du rêve pacificateur » du mouvement vers le libre-échange. Le phénomène d'accélération du commerce maritime ouvre sur une première mondialisation qui, plutôt que de créer un libre-échange entre pays aux différences spécifiques, les place brutalement en concurrence. Ceci entraîne les Européens vers un reniement progressif du libre-échange. Des tarifs douaniers se dressent à partir des années 1890 pour protéger certains produits. Ceci n'entrave pas pour autant le commerce international mais contribue aux tensions nationalistes, aux alliances défensives et aux tentations impérialistes.

En devenant des lieux stratégiques du commerce mondial, les grands canaux deviennent donc aussi pour les États concernés des outils d'affirmation de puissance, et ce à plusieurs échelles. L'aventure du canal de Panama est un pas marqué vers le « siècle américain ». Face à une Europe pas encore appauvrie mais fortement travaillée de doutes politiques et de tensions sociales, les États-Unis, en terminant ce canal que des Européens avaient laborieusement commencé, se placent en acteur majeur des relations internationales [COUTANSAIS, 2010].

En effet, pour mener le creusement du canal à terme, la nouvelle compagnie fondée à New York sollicite sans succès du gouvernement colombien un bail d'exploitation de cent ans. En réponse, Théodore Roosevelt suscite en 1903 la sécession de la province colombienne de Panama puis reconnaît immédiatement le nouvel État et fait racheter par la compagnie des droits quasi souverains sur une zone de quinze kilomètres autour du tracé du futur canal. L'histoire de son ouverture est donc aussi celle de l'émergence d'un nouvel impérialisme.

RESSOURCE MULTIMÉDIA

Le site « l'histoire par l'image » propose plusieurs études sur le percement du canal au travers de l'histoire des arts :
https ://www.histoire-image.org/etudes/canal-panama

Fiche 7

4 septembre 1914 : DÉBUT DE LA BATAILLE DE LA MARNE

ESPACE CONCERNÉ : histoire du monde,
THÈME : guerre et diplomatie.

Chronique d'une défaite inattendue

Le champ de bataille est lumineux. Des parcelles de blés sont parsemées de quelques meules, des ruisseaux sont cachés par un voile bruissant de saules et de peupliers. Le lieutenant Péguy avance sous un soleil déjà chaud avec ses hommes du 276e régiment d'infanterie. Pour occuper son esprit engourdi par le manque de sommeil, il blague avec le lieutenant Casimir-Perrier. Soudain, des dragons reviennent à toute vitesse, des chasseurs lancés à l'offensive, un feu d'enfer, des cris, des sifflets, on se rue vers l'avant ; et Péguy qui commande le feu, encourage ses hommes, guide les fusils. Puis, plus rien. Il gît là, sur un lit d'avoines emmêlées, parmi les anonymes. Lui l'ancien dreyfusard, l'écrivain du mysticisme national, est étendu à côté de ses soldats, des trous rouges à leur pantalon garance, à leur capote bleue. Certes, le miracle de la Marne va avoir lieu. Mais les derniers feux de la Belle Époque se sont éteints d'une balle au front de Charles Péguy.

En quoi la bataille de la Marne incarne-t-elle une rupture, le moment fondateur d'un conflit qui s'enlise en guerre de positions et de tranchées ?

✍ **Raymond Poincaré, *Mémoires* (24 août 1914)**

Où sont maintenant les illusions dont on nous a nourris depuis quinze jours ? Désormais le salut ne peut plus être que dans la durée de notre résistance.

Le contexte : la réussite allemande

Contrairement à la guerre de 1870, la France et l'Allemagne s'engagent auprès d'alliés dans le conflit [carte A]. Confronté à une menace sur deux fronts, l'état-major allemand a élaboré une stratégie ambitieuse, le plan Schlieffen. Après une offensive rapide en passant par la Belgique, les forces allemandes doivent ensuite se tourner vers l'Est. La « bataille des frontières » tourne au désastre pour l'armée française. Mais, début septembre, les troupes allemandes contournent Paris par l'est exposant leur flanc. Les troupes franco-britanniques lancent une contre-offensive. Grâce à son succès, quatre jours plus tard, Paris est sauvé.

Carte A. L'Europe en 1914

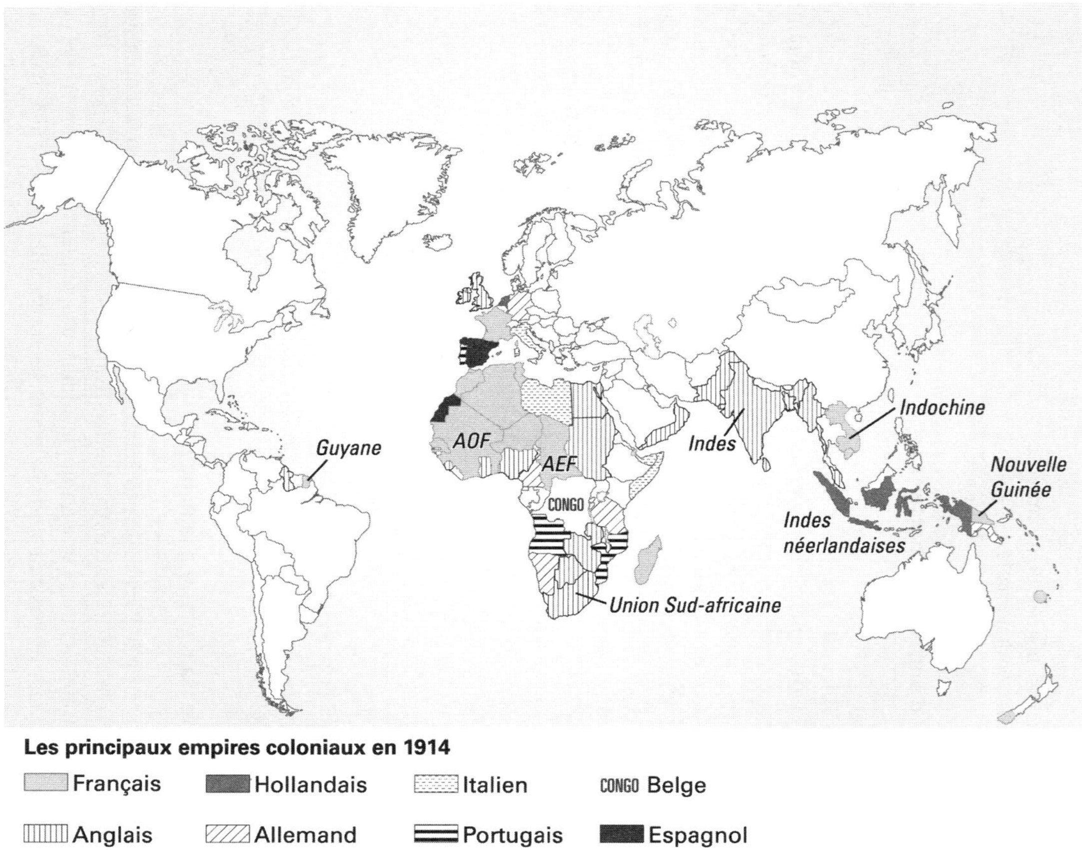

La portée : vers un nouvel art de la guerre ?

La bataille de la Marne est entrée dans la mémoire collective comme un affrontement aux dimensions miraculeuses et sacrificielles. On insiste à tort sur l'importance de l'intervention des taxis parisiens et à raison sur l'hécatombe des pantalons rouges. Les mois d'août et de septembre 1914 sont en effet les plus meurtriers de la guerre. Stéphane Audoin-Rouzeau a estimé la moyenne des pertes françaises à 1 303 morts par jour en 1914-1918 et à 2 400 morts par jour au cours de ces six semaines. Les pertes allemandes sont également considérables. La puissance de feu surprend chacun des deux adversaires. François Cochet [COCHET, 2004] rapporte les propos d'un général bavarois : « notre offensive est lente, car elle est neutralisée par le feu de l'infanterie et des mitrailleuses ennemies ». La raison de la dimension exceptionnelle des pertes subies est donc à chercher dans le choc brutal imposé dans les états-majors par les effets de l'artillerie et des armes modernes.

À l'été 1914, la plupart des dirigeants des pays en guerre imaginent un conflit de courte durée. Les travaux de Clausewitz convainquent les stratèges de la fin du XIXe siècle que la prochaine guerre comporterait d'emblée une « montée aux extrêmes » seule capable de détruire rapidement les armées de l'adversaire. Les états-majors ont aussi étudié les guerres les plus récentes (guerre russo-japonaise de 1904-1905, guerre des Boers ou guerres balkaniques de 1912-1913), ce qui renforce leur conviction d'une guerre de mouvement à résolution rapide, à l'instar du plan Schlieffen [MIQUEL, 2004].

Il est aujourd'hui établi que bien des officiers n'ont pas saisi les progrès énormes réalisés par les armements en quelques décennies. La notion de « mur de feu » trouve sa juste expression lorsque l'on pense qu'une unité, allemande ou française, verse sur son adversaire un déluge de 16 500 balles par minute. L'artillerie est l'autre découverte effrayante que font les soldats d'infanterie. Ces conditions de combat émoussent la combativité d'une infanterie qui, de toute façon, n'est jamais partie la fleur au fusil mais était seulement décidée à faire son devoir. Les premières mutilations volontaires apparaissent et Joffre use de la contrainte prévue par les règlements militaires, notamment des pelotons d'exécution. Néanmoins, outre que les rapports sociaux sont fondés, bien davantage qu'aujourd'hui, sur le recours à l'autorité, les soldats comprennent pour beaucoup le caractère exceptionnel de la situation.

La bataille de la Marne scelle la croyance en une « bataille décisive ». Devant la puissance de feu déployée, les fronts se fixent et s'enfoncent dans le sol. Même si le procédé de fortification de campagne n'a rien de nouveau et est expérimenté dès l'Antiquité lors de sièges de ville, une manière de faire la guerre s'achève. Le feu a provisoirement tué le mouvement.

RESSOURCE MULTIMÉDIA

Le site « Jalons » de l'INA propose une étude critique d'un reportage d'époque : http://fresques.ina.fr/jalons/fiche-media/InaEdu04524/la-bataille-de-la-marne-6-9-septembre-1914-permet-aux-francais-de-stopper-l-invasion-allemande.html

Fiche 8
24 avril 1915 : DÉBUT DU MASSACRE DES ARMÉNIENS

ESPACE CONCERNÉ : histoire du monde,
THÈME : guerre et diplomatie.

Les premiers massacres

Dans la nuit du 24 avril 1915, quand les policiers interpellent Khatchadour Maloumian à son domicile du quartier chrétien de Constantinople, il n'imagine pas qu'il part pour Ankara. Il n'imagine pas non plus qu'il fait partie d'une liste de 250 intellectuels arméniens, que tous vont être arrêtés dans les heures qui suivent, que tous vont être déportés et tués. En dépit des morts de 1895 et des slogans identitaires du gouvernement, comment pourrait-il envisager ce qui n'a jamais été ? D'ailleurs, n'avait-il pas dîné la veille avec Talaat Pacha, le ministre de l'Intérieur ? Il l'avait seulement senti préoccupé par les récentes déconvenues militaires, rien d'autre. Il ne croit donc pas le commissaire qui lui tend l'ordre d'arrestation. Il se débat, rappelle aux hommes qui l'encerclent l'étendue de ses réseaux, leur promet le pire. Mais le pire à venir est pour lui, dans quelque fosse de la région d'Urfa près de la frontière syrienne, sous une fine couche de chaux.

En quoi la Première Guerre mondiale fut-elle le catalyseur d'un génocide ?

✍ **Jesse B. Jackson, consul américain à Alep, rapport du 5 juin 1915**

Des personnes dignes de foi rapportent qu'à l'intérieur c'est le règne de la terreur à l'état pur [...]. Il s'agit sans doute d'un plan soigneusement mis au point, visant à l'anéantissement complet de la race arménienne.

Le contexte : un empire en déliquescence

La question arménienne est un sujet récurrent dès la fin du XIXe siècle. Au sein d'une communauté en expansion démographique se développent en effet des velléités autonomistes. Le sultan Abdulhamid II ne tolère pas ces projets et des pogroms sanglants font des dizaines de milliers de victimes en 1895. Les spoliations qui suivent fragilisent une population marginalisée. La pression croissante des puissances européennes lancées dans leurs conquêtes coloniales fait perdre aux Arméniens leur statut de communauté privilégiée dans une sorte de réaction nationaliste. En 1908, le mouvement jeunes-turcs prend le pouvoir. Ce parti affirme que la question des minorités non-musulmanes ne peut être réglée que par la force, contredisant ainsi la tradition ottomane.

Les défaites subies par l'Empire ottoman dans les premiers mois de la guerre engendrent de grandes tensions dans le pays. À partir d'avril 1915, les dirigeants, affiliés au parti jeunes-turcs, décident de châtier la population arménienne suspectée de soutenir l'ennemi russe dans l'espoir d'une indépendance. Dans les mois qui suivent, les massacres prennent une telle ampleur qu'on les considère désormais comme le premier génocide du XXe siècle, quoi que le terme n'existe pas encore à cette époque.

La portée : vers un génocide caché

Deux millions d'Arméniens vivent dans l'empire en 1914. Plus d'un million d'entre eux meurent au cours de l'année 1915. La culpabilité de l'État ottoman est aujourd'hui établie. Les historiens s'accordent notamment sur le fait que des télégrammes aient été envoyés aux gouverneurs de province par Talaat Pacha, ministre de l'Intérieur, pour ordonner des assassinats collectifs.

L'accord imposé le 8 février 1914 par les forces de l'Entente pour garantir la sécurité de la communauté arménienne et les désastres militaires du début de la guerre renforcent l'image d'ennemis de l'intérieur des Arméniens. Un *djihad* lancé en novembre 1914 finit de les désigner comme victimes légitimes. Après la défaite de Sarikamis (victoire des Russes contre les Ottomans à la fin de l'année 1914), ils sont accusés de trahison. En janvier 1915, officiers et gendarmes arméniens sont désarmés, versés dans des bataillons de travail puis massacrés. Fin avril, dans les grandes villes du pays, les forces de sécurité arrêtent les élites arméniennes, un événement considéré par certains comme le point de départ du génocide. Jusqu'à l'automne, des massacres et des déportations ont lieu dans toute l'Anatolie. Les diplomates étrangers ont vite connaissance des massacres. À l'issue du conflit, les alliés acceptent la « turquification » du nouvel État et consentent de fait à abandonner les Arméniens en leur refusant un État souverain.

Les morts arméniens ont résulté d'une volonté explicite de destruction d'un peuple dont la réalisation s'est opérée en un temps réduit sous la conduite planifiée de l'État. La Turquie n'a jamais nié que des massacres aient bien eu lieu mais elle en a toujours refusé leur qualification en génocide, mettant en avant le contexte de brutalisation propre à la Première Guerre mondiale. Selon Vincent Duclerc, la thèse d'un « continuum » génocidaire de 1894 à 1915 n'est pas valable [Coll., 2016]. Mais le processus d'extermination ne peut se comprendre que si l'on prend en compte la propagande idéologique et les pratiques ethnicides apparues dès les années 1890. De surcroît, les massacres antérieurs à la Première Guerre mondiale ont créé une expérience du meurtre collectif.

RESSOURCE MULTIMÉDIA

France Culture met en ligne une série évolutive de podcast sur le thème du génocide arménien :
https ://www.franceculture.fr/theme/genocide-armenien#

Fiche 9

21 février 1916 : DÉBUT DE LA BATAILLE DE VERDUN

ESPACE CONCERNÉ : histoire de France,
THÈME : guerre et diplomatie.

La mère des batailles

Depuis près de neuf heures, la terre tremble, éructe, s'affaisse, s'entasse, s'ouvre en gouffres sous les pieds des soldats. Durant la nuit, particulièrement froide, il a neigé. À 7 heures, quelques soldats tentent de se réchauffer lorsque les premiers sifflements percent le silence. C'est l'enfer qui éclate en centaines d'assauts solitaires. Des aviateurs revenant d'une mission d'observation constatent qu'il n'y a plus de fronts mais une ligne de feu continue d'un côté et une épaisse nappe de fumée de l'autre. Impossible de voir le sol, d'observer les soldats s'enterrer vivants ou s'éparpiller dans les airs. À 16 h, le tir allemand s'allonge et oublie pour un temps ce bout de terre martyr. Il n'y a plus de tranchées, seulement des grappes d'hommes éparses, dispersées sur une vingtaine de kilomètres. À quelques centaines de mètres, la peur au ventre mais sûr de l'efficacité de leur artillerie, les soldats allemands se précipitent vers les survivants. Pour ces derniers, il n'y a donc plus rien à faire que résister ; la boucherie plutôt que l'humiliation d'un nouveau Sedan.

La bataille de Verdun n'a pas eu de conséquences décisives pour l'issue du conflit. Pourquoi a-t-elle pris une telle importance dans son histoire et sa mémoire ?

✍ **Lettre d'Émile Driant à sa femme écrite le 20 février 1916, la veille de sa mort**

Je ne t'écris que quelques lignes hâtives, car je monte là-haut encourager tout mon monde [...] J'ai toujours eu une telle chance que j'y crois encore pour cette fois. Leur assaut peut avoir lieu cette nuit comme il peut encore reculer de plusieurs jours [...] Comme on se sent peu de choses à ces heures-là !

Le contexte : une guerre enlisée

Après plus d'un an d'impasse sur le font Ouest, le commandement allemand veut obtenir des résultats probants et forcer les positions françaises. Il choisit Verdun, une position tenue par des troupes secondaires mais défendue par vingt-huit forts, pour lancer l'opération « Gericht » (« Épreuve ») à partir du 21 février. On parle d'un million d'obus tirés ce premier jour. La bataille dure jusqu'au mois de juillet, quelques combats se poursuivant jusqu'en décembre.

La portée : la mémoire plus que la victoire

La notion d'hyperbataille est rentrée dans le langage des historiens pour qualifier ce que fut Verdun. L'hyperbataille se définit par la durée de l'engagement, son intensité de feu, la densité des hommes déployés, l'accumulation des moyens matériels, l'utilisation d'innovations techniques telles que les chars ou l'aviation. Tout cela semble nécessaire pour réaliser la percée espérée depuis octobre 1914. Car c'est bien là l'objectif. L'idée de « saigner à blanc » l'armée française semble avoir été construite *a posteriori* pour justifier l'échec que fut la bataille pour les Allemands.

Du côté français, Verdun est une victoire attachée au nom de Pétain. Spécialiste de la logistique en fin de carrière, il organise une défense efficace. Il met en place une organisation précise du ravitaillement par la préservation de la « voie sacrée », expression empruntée à Maurice Barrès pour désigner la route nationale de Bar-le-Duc à Verdun qui voit passer un camion toutes les trente secondes. Les relèves au front sont rapides pour éviter l'épuisement. Ce « tourniquet » implique la mobilisation de centaines de milliers de soldats par période de trois semaines. À partir de juillet, l'effort français, soutenu par l'offensive britannique sur la Somme, oblige les Allemands à stopper leurs attaques puis à reculer, ramenant la ligne de front quasiment au point de départ de la bataille. En moyenne, les Allemands n'ont avancé que d'une vingtaine de mètres par jour au plus fort de l'offensive pour un bilan de 143 000 pertes. On en compte 162 440 du côté français.

Dès 1916, Verdun prend la dimension d'un mythe. Le président Poincaré se rend six fois sur le lieu d'une bataille qui incarne très vite le sacrifice des poilus, leurs souffrances et leur abnégation. Contrairement à la bataille de la Somme qui est mondiale, Verdun est franco-allemande. Une guerre dans la guerre attendue comme une revanche depuis 1870. Mais le souvenir de Verdun n'est pas seulement de l'ordre du symbolique. Avec le système du « tourniquet », deux-tiers de l'armée française passe par ces tranchées, fabriquant une expérience davantage partagée que les autres batailles.

Inauguration par Raymond Poincaré d'une borne commémorative sur la « voie sacrée »

➡ *lien vers le document en grand format :*
https ://fr.wikipedia.org/wiki/Fichier :Inauguration_de_la_Voie_sacr%C3%A9e,_edit.jpg

Le souvenir de la « voie sacrée » participe à entretenir le culte de Verdun dans la mémoire collective. L'appropriation politique du chemin, sa symbolique d'une France unie dans l'effort, en font immédiatement un lieu de mémoire républicain.

Histoire militaire dans toutes ses dimensions, histoire des représentations, le souvenir de Verdun est aussi devenu un élément d'histoire des relations internationales, depuis que ce lieu de mémoire national a pris, en 1984, une dimension européenne. La photographie prise alors du président français Mitterrand et du chancelier allemand Kohl, main dans la main sur le lieu de la bataille, symbolise la réconciliation franco-allemande.

RESSOURCES MULTIMÉDIAS

Un article d'Antoine Prost sur la bataille et sa mémoire :
http://verdun2016.centenaire.org/fr/verdun-1916-la-bataille-par-antoine-prost
Une cartographie évolutive de la bataille :
http://static.ide.fr/corporate/demo/SIRPA-TERRE/verdun/htmlv2/

Fiche 10

1er juillet 1916 : DÉBUT DE LA BATAILLE DE LA SOMME

ESPACE CONCERNÉ : histoire du monde,
THÈME : guerre et diplomatie.

La guerre jusqu'à l'absurde

Il est 7 h 30, lorsque 752 hommes venus de Terre-Neuve sortent des tranchées. Au cœur, l'espoir de se marier à une jeune mondaine qui a promis d'épouser le premier qui recevrait la *Victoria Cross*. À 8 heures, 684 d'entre eux ont déjà enterré cette fragile pensée, ensevelie sous des mètres de boue. Quel homme peut donc survivre à une semaine de bombardements ? Ainsi pense le général Haig qui, en vue d'éviter une fatigue inutile à ses soldats, insiste pour qu'ils avancent au pas sur les lignes ennemies. Sorties des brumes artificielles provoquées par les explosions, les Allemands voient ainsi venir vers eux des ombres à pas lents. Un moment d'hésitation : qui peuvent être ces êtres marchant calmement vers la mort ? Puis le déchaînement des mitrailleuses et les ombres qui tombent par grappe, les obus qui s'écrasent sur les soldats attendant de monter à l'assaut, les blessés laissés agonisants sur le *no man's land*. Ce jour, la Grande-Bretagne a perdu les illusions de sa jeunesse.

La Somme est un lieu de mémoire pour des générations de Britanniques, d'Australiens et de Canadiens. Cette « hyperbataille » atteignit des dimensions inexplorées jusque-là mais fut aussi l'échec le plus meurtrier de la guerre. Pourquoi ?

✍ ***Le Figaro*, 2 juillet 1916**

Communiqué britannique, 1er juillet, 5 h 50 du soir. La bataille se développe de façon satisfaisante en dépit de la résistance opiniâtre des Allemands. Nous avons déjà fait des progrès considérables et nous sommes emparés de positions importantes des défenses avancées de l'ennemi.

Le contexte : forcer l'enlisement

Les états-majors commencent à préparer la bataille le 18 février 1916. Trois jours plus tard, les tranchées françaises sont sous le feu d'un million d'obus à Verdun. Joffre, qui a choisi le lieu de l'offensive, veut la maintenir et fait simplement appel aux troupes britanniques en plus grand nombre. Cette obstination s'explique par l'échec des stratégies mises en œuvre l'année précédente, notamment à Gallipoli contre les Ottomans. Il s'agit aussi de tester les effets de l'instruction des « volontaires de Kitchener », même si beaucoup manquent d'expérience et sont mal encadrés. C'est l'un des facteurs expliquant l'ampleur des pertes britanniques au premier jour de la bataille [BOUTET et NIVET, 2016].

La portée : une bataille pour rien ?

Le 1er juillet 1916 est entré dans la mémoire collective britannique comme le jour où 20 000 soldats du Royaume-Uni périrent. Des troupes venues des *dominions* et de nombreux soldats français les accompagnent dans cette funeste journée. L'objectif : provoquer la rupture des lignes allemandes et se saisir des nœuds de communications au nord de Saint-Quentin. Le bilan après quatre mois et demi de combats acharnés : un front avancé d'une dizaine de kilomètres et 1 200 000 morts.

Les troupes ne sont pas préparées aux nouvelles dispositions souhaitées par Foch qui recommande une montée à l'assaut en lignes aérées pour éviter de subir de plein front le feu des mitrailleuses. Celles-ci sont d'ailleurs sorties sans dommages d'un bombardement de sept jours (un million et demi d'obus tirés), auquel ont résisté des abris allemands profonds et bétonnés. Pour parachever le tout, le brouillard régnait lors de cette préparation d'artillerie, empêchant les reconnaissances aériennes prévues pour mesurer son efficacité.

Les alliés ne se remettront pas de cet échec initial. La deuxième position allemande est prise le 14 juillet. Les Allemands rétablissent une troisième ligne, attaquée en septembre. C'est alors une quatrième ligne de défense que les alliés visent à six reprises avant que les intempéries empêchent de poursuivre les manœuvres. Ce qui se déroule à l'été 1916 n'est plus la bataille dont on parlait en 1914. La transformation est de degré mais aussi de nature. John Keegan parle de « non-bataille » et compare la Somme à un siège [KEEGAN, 1993]. Car face aux fortifications enterrées des Allemands est mise en place une véritable organisation de siège avec un réseau de tranchées dense et des infrastructures de ravitaillement. La bataille s'étire dans le temps, sans plus d'objectifs précis.

L'évolution de l'armement est naturellement pour beaucoup dans ces changements. L'artillerie, instrument principal de domination du champ de bataille, est au pic de sa puissance en 1916. Mais lorsque le bombardement laisse quelques mitrailleuses intactes, leur tir est en mesure d'interdire tout franchissement du *no man's land*. Une nouvelle arme, offensive cette fois, est bien testée : les chars d'assaut. Mais en 1916 ils sont inefficaces. Sur les 49 engins disponibles, seuls 18 sont en état de participer aux attaques et ils sont dispersés sur trois secteurs ce qui limite leur efficacité. Pour reprendre les mots de François Cochet, « la bataille meurt, en quelque sorte, de sa propre violence » [COCHET, 2014].

RESSOURCE MULTIMÉDIA

Une ressource (en anglais) très complète qui fait, sous l'angle de l'histoire militaire, le point sur les principaux aspects de la bataille.
http://www.bbc.co.uk/timelines/ztngxsg

Fiche 11

juillet 1916 : PRÉSENTATION DES *DEMOISELLES D'AVIGNON* AU SALON D'ANTIN

ESPACE CONCERNÉ : histoire de France, histoire du monde,
THÈME : culture.

Un coup de maître

C'est un véritable aboutissement pour André Salmon. Auteur et journaliste, ce jeune homme connaît tous les artistes de Paris. Il est l'ami de Max Jacob, d'Apollinaire mais également de Picasso. C'est ainsi qu'il découvre en 1907 une toile à la charge explosive : une représentation cubiste de prostituées qui lui vaut pour premier titre *Le bordel d'Avignon*. Dès 1912, André Salmon en fait la promotion dans l'*Histoire anecdotique du cubisme* et la rebaptise *Le Bordel philosophique* puis *Les demoiselles d'Avignon*, nom plus présentable. En pleine guerre, après bien des déboires, André Salmon finit par obtenir du couturier Paul Poiret l'accord pour réaliser une exposition chez lui : le Salon d'Antin. Pour la première fois, *Les demoiselles d'Avignon* sont présentées au public.

✍ **André Salmon, *L'esprit nouveau* (1920)**

[*Les demoiselles d'Avignon*], centre de l'œuvre de Picasso, cratère toujours incandescent d'où est sorti le feu de l'art présent [...], commande le départ de la révolution cubiste.

En quoi *Les demoiselles d'Avignon* marquent-elles une rupture artistique ?

Le contexte : Picasso à Paris

Picasso (1881-1973) reçoit une éducation picturale très académique par son père, peintre, et par sa formation à l'académie royale des beaux-arts de San Fernando (Madrid). Durant quelques années, il fait de réguliers allers-retours entre Paris et l'Espagne avant de s'installer durablement, à partir de 1905, au Bateau-Lavoir, une cité d'artistes sur la Butte Montmartre. Il y rencontre notamment Apollinaire, Braque, Cocteau ou Modigliani et y découvre l'art africain. Picasso expose rapidement et connaît une relative reconnaissance, comme en témoignent par exemple ses travaux pour les décors des œuvres de Diaghilev et Stravinsky données à l'opéra de Paris [☞ 4].

Cette période de maturation l'amène à remettre en cause les fondements de la peinture occidentale, à vocation figurative. Le jeune prodige de la peinture, capable de réaliser des tableaux d'un grand classicisme, fait voler en éclats tous les codes [DUPUIS-LABBÉ, 2007]. Des prédécesseurs ont ouvert la voie comme Van Gogh, Gauguin ou Cézanne. Mais la charge qu'il porte est si forte que son nom s'impose comme celui du fondateur du cubisme. Plus largement, pour Pierre Daix, *Les demoiselles d'Avignon* est « le premier tableau de l'art moderne. » Il ne s'agit plus seulement de peindre pour représenter mais de s'intéresser aux couleurs, aux formes, aux textures et aux relations qu'elles peuvent entretenir les unes avec les autres.

La portée : une nouvelle ère picturale

Picasso connaît un succès important de son vivant. *Les demoiselles d'Avignon* sont vendues pour la somme importante de 25 000 francs. Il expose dans le monde entier, est célébré à New York comme à Chicago. Cette reconnaissance ne se dément pas après sa mort. La valeur financière de ses œuvres est énorme. *Dora Maar au chat* (1941) est le premier tableau à dépasser la somme symbolique des 100 millions de dollars lors d'une vente aux enchères. *Les Femmes d'Alger* (version O, 1955) est l'œuvre d'art la plus coûteuse jamais attribuée aux enchères (près de 180 millions de dollars). Les villes dans lesquelles il a vécu ont toute leur musée Picasso. Son nom devient même une marque commerciale.

Picasso ne peut être à lui seul désigné comme l'inventeur du cubisme. Braque a joué un rôle non négligeable en la matière (*L'Homme à la guitare*, 1911). Des artistes contemporains ont poussé bien plus loin les recherches en matière d'art abstrait, comme Kandinsky (*Sans titre*, 1910), les Delaunay (*Disque simultané*, 1912) ou Malevitch (*Carré noir sur fond blanc*, 1915).

Dès lors, comment expliquer que Picasso s'impose comme une figure centrale dans l'histoire de l'art ? Il le doit bien sûr à son talent et à son travail acharné (on lui connaît plus de 50 000 œuvres). Mais sa notoriété se construit aussi à partir de ses engagements politiques (par exemple en faveur des Républicains espagnols avec *Guernica* en 1937 ou aux côtés du Parti Communiste Français), de ses réseaux et de son sens de la communication. Ses héritiers ne seront d'ailleurs pas en reste et Picasso est le premier artiste dont le nom devient une marque.

RESSOURCE MULTIMÉDIA

L'INA propose des témoignages de contemporains de l'époque de Picasso à Montparnasse :
http://www.ina.fr/video/I00008061

Fiche 12
25 octobre 1917 : PRISE DU PALAIS D'HIVER PAR LES BOLCHÉVIQUES

ESPACE CONCERNÉ : histoire du monde, THÈMES : politique, guerre et diplomatie.

Forcer le destin

Lénine et les bolcheviques ont retenu les leçons de la révolution de février : mal préparée, celle-ci a porté au pouvoir un gouvernement provisoire qui ne tient aucun de ses grands engagements. Fort de cette expérience, dans la nuit du 6 au 7 novembre 1917 (25 au 26 octobre selon le calendrier en vigueur en Russie), des groupes de bolcheviques prennent le contrôle des points névralgiques de Petrograd, la capitale : ponts, gares, banques, centraux téléphoniques. Puis le palais d'Hiver où réside le tsar est pris d'assaut. Les 1 300 soldats qui le défendent cèdent rapidement, d'autant que Lénine fait tirer le croiseur l'*Aurore*, aux mains des Soviets, pour les intimider. Le tsar, qui avait abdiqué en février, est fait prisonnier. Le gouvernement est renversé. Dans les couloirs du palais, une nuit de fête s'annonce pour les insurgés. Le lendemain, le monde se réveille stupéfait.

En quoi la prise du palais d'Hiver marque-t-elle le triomphe des communistes russes ?

Le contexte : un pays en déliquescence

En 1917, la Russie est au bord du gouffre : plus de deux millions de soldats ont déjà été tués au front. Ces défaites s'ajoutent à un contexte social et politique de crise depuis la révolution de 1905. Des émeutes liées aux pénuries alimentaires sont soutenues par une partie de l'armée. Elles débouchent sur une première révolution, en grande partie improvisée, qui pousse le tsar à abdiquer en février.

Le gouvernement provisoire qui est alors organisé par Kerensky, un socialiste, ne réussit ni à résoudre la crise alimentaire, ni à négocier la paix avec les Allemands car il souhaite respecter les engagements du tsar envers ses alliés. Il ne répond donc pas aux attentes principales des Russes que les bolcheviques, communistes, ont synthétisé sous le slogan : « le pain et la paix ». Tirant les leçons des événements de février, les bolcheviques organisent une seconde révolution en octobre.

La portée : tenir plus longtemps que la Commune de Paris

Lénine et Trotsky, les deux principaux leaders bolcheviques en 1917, ne croient pas à la survie d'un régime communiste en Russie. Le pays leur paraît trop arriéré économiquement, sa classe ouvrière trop peu nombreuse et le poids de la Première

Guerre mondiale semble insurmontable [GRAZIOSI, 2010]. Pour eux, il s'agit de tenir, tenir assez longtemps pour que des révolutions communistes se déclenchent en Europe de l'Ouest, notamment en Allemagne où la Ligue spartakiste de Karl Liebknecht et Rosa Luxemburg est active. C'est donc avec une certaine fierté que Lénine voit s'annoncer le 73e jour de sa prise de pouvoir : la révolution russe vient de dépasser en durée la Commune de Paris.

Mais les bolcheviques voient plus loin. Pour assurer la pérennité de leur régime, ils prennent des mesures radicales. En février 1918, les dettes et emprunts russes passés par les anciens gouvernements sont annulés et en mars 1918, la paix est signée avec l'Allemagne. Cela ne met pas fin à l'état de guerre. Les communistes au pouvoir doivent en effet faire face à la fois aux armées « blanches » (soldats restés fidèles au tsar) et à des invasions d'armées étrangères anti-communistes (Japonais, Français, Britanniques). Le « communisme de guerre » est instauré par les bolcheviques afin d'instaurer des mesures d'urgence : annulation des élections de janvier 1918 qui donne la majorité à des opposants, les « Socialistes-Révolutionnaires », création d'une police politique, la Tcheka, mise en place de tribunaux révolutionnaires, de camps spéciaux, etc. Pour certains historiens, les pratiques totalitaires sont nées dès Lénine (Hélène Carrère d'Encausse). D'autres mettent en avant le fait que ces mesures s'inscrivent dans la longue durée de l'histoire russe et reprennent en partie des pratiques tsaristes.

Aujourd'hui, plus que de parler de « révolution russe », les historiens s'intéressent aux « révolutions russes ». Le pluriel permet d'insister sur la variété des positionnements politiques des acteurs alors engagés. La révolution d'octobre a réussi et le régime qui lui succède en fait écrire un récit providentiel. Mais elle pouvait échouer tout comme la révolution de février pouvait réussir. Il convient donc de ne pas oublier à quel point les expériences politiques de la Russie de 1917 ont été d'une grande diversité. Signe, d'ailleurs, de la confusion du temps, *L'Humanité* [lire extrait] s'inquiète d'abord du coup de main bolchevique, vu comme une aventure dangereuse susceptible de remettre en cause les fragiles acquis de la révolution de février.

✍ ***L'Humanité* (9 novembre 1917)**

> Les maximalistes maîtres à Petrograd. Kerensky a été déposé. Des nouvelles d'une extrême gravité nous arrivent de Russie. La garnison et les Soviets de Petrograd ont déposé le gouvernement. Depuis plusieurs jours, un vent d'orage soufflait.

La révolution d'octobre est donc une triple victoire : militaire, politique mais aussi mémorielle. Octobre s'impose comme la révolution légitime, la seule authentique, et devient un élément majeur de l'identité soviétique et communiste dans le monde entier.

RESSOURCE MULTIMÉDIA

La *Fabrique de l'Histoire* a consacré une série d'émissions aux révolutions de 1917 : https://www.franceculture.fr/emissions/la-fabrique-de-lhistoire/revolutions-russes-14-la-russie-en-1917-etat-des-lieux

Fiche 13

11 novembre 1918 : L'ARMISTICE, EN ATTENDANT LA PAIX

ESPACE CONCERNÉ : histoire de France, histoire du monde,
THÈME : guerre et diplomatie.

Des sentiments mêlés face à la victoire

Il est 5 h du matin à Rethondes. Une brume matinale s'évapore, à peine éclairée par les faibles lueurs des lampes à pétrole d'un wagon. À l'intérieur, une dizaine d'hommes. Matthias Erzberger fait dactylographier les derniers documents qu'on lui transmet. À 5 h 15, les commandants en chef des armées alliées reçoivent un télégramme signifiant l'arrêt des hostilités à 11 h. À Dom-le-Mesnil, sur le front de la Meuse, on tire encore au canon à 8 h 30 quand le commandant fait passer la bonne nouvelle à son régiment. À 10 h 44, portant un message à son capitaine, l'estafette Augustin Trébuchon se dit qu'il faudra bien un dernier mort pour solder le tout. Ses jambes tremblent, hésitent. La fatigue sûrement, à moins que ce ne soit l'espoir. D'ailleurs, bientôt, il tombe. Face contre terre. Il est 11 h, une balle vient de lui perforer le crâne. Du nord à l'est de la France, des soldats un peu hagards sortent des tranchées, pas euphoriques pour un sou mais respirant un peu mieux. À Paris la cantatrice Marthe Chenal entame une *Marseillaise* sur une place de l'Opéra bondée.

En quoi l'armistice du 11 novembre impacte-t-il l'avenir de l'Europe ?

✍ **Lloyd George à la Chambre des communes, 11 novembre 1918**

Ainsi à onze heures ce matin a pris fin la guerre la plus cruelle et la plus terrible qui ait jamais affligé le genre humain. Puissions-nous dire : ainsi, en ce matin fatidique, toutes les guerres ont pris fin.

Le contexte : une Allemagne à bout de souffle

Libérée du front Est par la paix de Brest-Litovsk, signée le 3 mars 1918, l'Allemagne lance à l'Ouest une série d'offensives entre mai et juillet 1918. D'abord en difficulté, les armées alliées se ressaisissent, notamment grâce à l'arrivée du matériel et des troupes américaines. À partir d'août 1918, les puissances centrales ne peuvent plus envisager une « paix victorieuse ». Leurs économies et leurs populations sont à bout de souffle, notamment en raison du blocus organisé par la *Navy* britannique. Des insurrections éclatent dans les grandes villes, tant en Allemagne qu'en Autriche (Berlin, Vienne...).

La portée : un armistice mais pas une paix durable

Un armistice ne clôt pas une guerre. Il permet simplement d'ouvrir des négociations en suspendant les combats. Cette définition ne correspond que partiellement au document signé le 11 novembre 1918. En effet, celui-ci fixe des objectifs politiques clairement définis par les alliés. Il s'agit donc d'un armistice politico-militaire. Imposé par le renversement de l'équilibre des forces, favorable aux alliés, il rompt avec les négociations traditionnelles à l'issue d'une guerre courte ne remettant pas en cause les équilibres politiques préexistants. Les Allemands l'apprennent à leurs dépens.

Ces derniers espèrent longtemps pouvoir instaurer un rapport de force équilibré. Pour cela, il faut éviter les apparences d'une capitulation, en commençant par demander pour base de négociation les 14 points de Wilson, et, ainsi, s'éviter les exigences les plus dures voulues par Paris et Londres. Les premières « offres de paix » allemandes sont donc directement adressées au président américain. Il faut dans le même temps prétendre qu'il n'y a pas eu de défaite militaire. Pour Erich Ludendorff, le général en chef des armées allemandes, une sortie de guerre maîtrisée reste d'ailleurs possible tant que les armées allemandes se trouvent en territoire ennemi.

Cet espoir, irréaliste au vu des forces en présence à l'automne 1918, est définitivement douché lorsque le chancelier allemand, craignant l'imposition de conditions plus dures et les conséquences des secousses révolutionnaires qui touchent le pays, accepte le texte proposé par les alliés. Cette décision marque le début du mythe du « poignard dans le dos », selon lequel les armées allemandes, restées invaincues auraient été trahies par les civils. Ce malentendu néfaste est entretenu par le défilé des divisions de la Garde à Berlin en décembre 1918, accueillies par Friedrich Ebert, le nouveau chancelier allemand, qui déclare : « aucun ennemi ne vous a surpassé. »

Les alliés auraient-ils dû passer la frontière allemande pour signifier plus clairement leur victoire militaire ? Une offensive est bien prévue pour le 14 novembre. Mais les états-majors ne veulent pas assumer l'alourdissement du bilan mortifère de la guerre. Les Français veulent aussi éviter que les Américains, qui représentent 30 % des troupes alliées engagées en novembre 1918, ne prennent une place trop importante dans la victoire.

Surtout, même si George-Henri Soutou [SOUTOU, 2015] rappelle dans son étude de la diplomatie en temps de guerre les ambiguïtés et les frustrations de cette paix encore provisoire, nul ne perçoit les menaces à venir. Les institutions démocratiques ont résisté à la guerre (France, Grande-Bretagne) et les alliances semblent solides. Une seule réalité s'impose : c'est fini. Pour les vivants, une page de quatre années d'horreur se tourne.

RESSOURCE MULTIMÉDIA

Un site qui met en avant le parcours mémoriel du 11 novembre à travers quelques journées de commémoration :
http://www.cheminsdememoire.gouv.fr/fr/le-11-novembre-un-jour-memoire

Fiche 14
28 juin 1919 : LA SIGNATURE DU TRAITÉ DE VERSAILLES

ESPACE CONCERNÉ : histoire du monde,
THÈME : guerre et diplomatie.

Sous les ors de Versailles

Le photographe du *Figaro* dépêché sur place immortalise la scène : le parterre d'eau du château de Versailles est entouré d'une foule qui attend la signature de la paix. À quelques mètres de là, dans le palais, assis au milieu d'une immense table, Georges Clemenceau prête une oreille distraite aux bruissements des diplomates qui s'agitent. À ses côtés, Lloyd George et Woodrow Wilson échangent quelques bons mots. En face, Hermann Müller, ministre allemand des Affaires étrangères et Johannes Bell, ministre des transports, impeccablement rigides dans leur costume de cérémonie, attendent d'en finir sous les ors de la Galerie des Glaces. Quelques minutes plus tôt, ils ont été introduits par des soldats alliés ; ultime humiliation. Et cet article 231 qui ne passe pas et crispe leur visage. Mais il faut signer, déjà. Sortir un stylo pour ne pas prendre celui tendu par le Français, puis quitter les lieux.

Beaucoup de contemporains jugèrent, parfois *a posteriori*, le traité de Versailles humiliant et lui imputèrent pour partie la montée du nazisme. Le traité de Versailles est-il donc un « diktat » ?

✍ ***Le Figaro* (29 juin 1919)**

Ce moment magnifique de l'histoire humaine, nous venons de le vivre dans le plus admirable décor qu'a enfanté l'imagination des hommes, sous un ciel d'un gris tendre, au milieu d'une foule frémissante et digne et grandie elle-même par la grandeur de l'acte qui s'accomplissait.

Le contexte : une Europe en ébullition

Le traité de Versailles est le premier officialisant la fin de la guerre. Seule l'Allemagne est concernée. Conçu par les vainqueurs, il lui enlève 15 % de son territoire, ses colonies, sa puissance militaire. La Conférence de la paix dont est issu le traité de Versailles s'est tenue dans une atmosphère très incertaine : une guerre civile en Russie, l'empire austro-hongrois qui éclate, la jeune république allemande en proie à une agitation révolutionnaire.

Dans ce contexte, le traité est le résultat d'un consensus dont la revanche n'est pas l'objectif prioritaire. Certes, le vaincu n'a pas été invité à la table des négociations. Une erreur si l'on postule à une réflexion téléologique sur l'histoire. Mais l'état des opinions publiques empêchait que ce fut le cas. Pour autant, les négociations entre alliés ont été difficiles, parfois tendues, Britanniques et Américains cherchant à tempérer les exigences des Français.

La portée : une nouvelle guerre en germe ?

Deux dispositions cristallisent les reproches à l'égard du traité. L'article 231 impute à l'Allemagne la responsabilité de la guerre. L'article 232 exige la réparation des dommages faits à la population civile. Mais les historiens considèrent aujourd'hui que l'article 231 n'établit pas une culpabilité mais une responsabilité qui fonde en droit les obligations de réparations allemandes. Depuis John Maynard Keynes, une longue tradition historiographique insiste sur le poids considérable qu'aurait constitué le paiement des réparations. Cette perspective a évolué après que Niall Ferguson ait fait remarquer qu'entre 1920 et 1932, de négociations en négociations, les réparations effectivement payées par l'Allemagne n'ont jamais représenté plus de 2,4 % de son revenu national.

D'autres nations vaincues ont dû signer des traités similaires. Comment expliquer que celui-ci plus qu'un autre ait été si durement critiqué ? D'abord, les Allemands espéraient être ménagés en concluant une paix sur la base des quatorze points de Wilson. Ensuite, ils ne considéraient pas avoir moins soufferts que les autres belligérants. Le sentiment d'injustice était donc puissant, sentiment sur lequel Hitler s'est adossé pour attaquer le traité. Mais en refusant d'assumer une défaite militaire évidente en août 1918, en prétendant que l'armistice était le résultat de manœuvres politiciennes et antipatriotiques, le haut-commandement allemand est également responsable du malaise de la population allemande. Enfin, les quinze années qui séparent sa signature de l'arrivée d'Hitler au pouvoir ont aussi été celles d'une grave crise économique ; le traité n'y était pour rien. À l'échelle mondiale, les historiens constatent même qu'il a ouvert des brèches, par exemple en diffusant le droit à l'autodétermination au sein des empires britanniques et français.

Selon Jean-Jacques Becker [BECKER, 2012], le vrai échec du traité serait de ne pas avoir été exécuté par ceux qui l'avaient conçu. Tous quittent le pouvoir après juin 1919 et ceux qui leur succèdent n'y étaient pas favorables. Mal équilibré, le traité aurait surtout été mal appliqué.

RESSOURCE MULTIMÉDIA

Le site francetvinfo propose un podcast sur le sujet et une liste fiable de ressources multimédias :
http://www.francetvinfo.fr/replay-radio/france-info-y-etait/28-juin-1919-le-traite-de-versailles-entre-paix-et-revanche_1763371.html

Fiche 15
28 août 1922 : MARCHE SUR ROME

ESPACE CONCERNÉ : histoire du monde
THÈMES : politique et société.

Le coup de force

Il est minuit et sur les routes qui mènent à Rome 26 000 hommes sont en marche. S'apprêtent-ils à prendre la ville d'assaut comme le proclame leur chef ? Lui est à Milan, au plus proche de son *popolo d'Italia* et prend peur. Il envoie quelques messages pour tout arrêter. N'avait-on pas tiré sur d'Annunzio à Fiume ? Trop tard, on se bat déjà. Tout a été minutieusement préparé. Les trois points d'approche pour entourer la ville, les chemises noires qui convergent vers les préfectures et les gares d'Ancône et de Vérone, de Crémone et de Bologne où ils rencontrent le feu d'une armée qui n'est pas encore au pas. La victoire est pourtant acquise dès les premières heures. Mussolini et ses hordes font peur. On lui propose un portefeuille. Il refuse, laisse ses troupes en position. Le 29, Victor-Emmanuel III cède. « Si papa était là ! » dit-il à son frère avant de s'engouffrer dans le train qui doit le mener à Rome. Le lendemain, Mussolini se présente au roi en habit de milicien : « que Votre Majesté excuse ma mise, mais j'arrive tout droit de la bataille, qui s'est heureusement déroulée sans effusion de sang. »

En quoi la marche sur Rome constitue-t-elle l'aboutissement d'une stratégie de prise de pouvoir par la force ?

✍ **Benito Mussolini après une réunion de responsables fascistes le 24 octobre 1922**

Ils ne comprennent pas que si on laisse passer ce moment favorable, c'est fini pour nous. [...] Si Giolitti revient au pouvoir, nous sommes foutus. Rappelle-toi qu'à Fiume il a fait tirer au canon sur d'Annunzio.

Le contexte : une Italie fiévreuse

Dès 1938, Amilcare Rossi dans *Naissance du fascisme* expliquait la victoire fasciste par une concordance d'événements maintes fois commentés depuis : la mauvaise santé économique du pays dans l'après-guerre, la déliquescence de l'État libéral, le sentiment de trahison à l'issue de la guerre [☞ 14], l'agitation sociale de 1919-1920 qui effraie la bourgeoisie tant en ville que dans les campagnes.

Pour Emilio Gentile [GENTILE, 2004], la clé pour comprendre le fascisme, c'est la guerre. Dès 1914, une fraction de la gauche radicale, dont Mussolini est alors une étoile montante, bascule dans l'interventionnisme. En 1919, ces militants, devenus « anciens combattants », partagent avec la droite nationaliste un vif sentiment patriotique, d'autant que l'Italie n'a pas obtenu tout ce que les alliés lui avaient promis. Le fascisme saura accueillir leurs frustrations en leur offrant l'occasion d'exprimer ferveur nationaliste et leur culture combattante au travers de la formation d'escouades d'action, les « squadre ». Au lendemain des grèves insurrectionnelles communistes de l'été 1920, celles-ci sont vite perçues par les cercles gouvernementaux comme une force d'appoint en cas d'explosion révolutionnaire. Une alliance de fait s'installe donc entre groupes fascistes et catégories dirigeantes.

Cette évolution fait naître chez Mussolini l'ambition longtemps hésitante de la prise du pouvoir. En 1921, 35 députés fascistes sont élus et le Parti National Fasciste (PNF) est fondé. La voie constitutionnelle, défendue par les fascistes modérés, semble être choisie. Mais Mussolini est à la tête d'un parti de masse de 700 000 membres dont la violence est une composante majeure. Il l'utilise notamment pour terroriser ses adversaires et impressionner les hommes de pouvoir. En conséquence, après de multiples tergiversations, Mussolini fixe en octobre 1922 des points de concentration de troupes fascistes autour de la capitale. La « marche sur Rome » elle-même ne constitue qu'une action parmi d'autres, certainement pas la plus efficace. Le plus important se passe dans les autres grandes villes du pays à partir du 28, où les squadristes en chemise noire prennent position devant les points stratégiques.

La portée : vers le totalitarisme

Le 28 août 1922, la mobilisation est moindre qu'attendue par les fascistes. L'idée d'une prise de pouvoir par la force devient illusoire. L'État garde le contrôle de la situation et possède des troupes largement suffisantes pour faire face aux membres du PNF.

Affiche de propagande fasciste (1924)

➡ *lien vers le document en grand format :*

https ://commons.wikimedia.org/wiki/File :Propagande.jpg

L'endoctrinement et la propagande font partie des fondements des régimes totalitaires. C'est le cas de l'Italie fasciste, qui s'appuie ici sur le ressentiment de nombreux Italiens à l'égard d'une Conférence de la paix qui a semblé ignorer les demandes italiennes. D'autres affiches préfèrent rappeler à la petite bourgeoisie, ruinée par la guerre, les dangers du communisme.

Cependant, avec la marche sur Rome, il ne s'agit pas de prendre directement le pouvoir, mais de faire pression sur ce qui subsiste d'autorité dans le pays pour que l'État libéral cède la place. C'est chose faite le 29 octobre lorsque le roi appelle Mussolini. De ce point de vue, la marche sur Rome est une réussite. Elle ouvre la voie à l'établissement d'un régime fasciste en Italie [☞ 17].

Elle a également un impact à plus long terme. Durant les vingt années qui suivent, la mémoire de la marche sur Rome est soigneusement entretenue par le régime fasciste, qui en commémore la date et la glorifie avec une importante propagande (cinéma...).

En 1942, alors que les armées italiennes reculent, notamment face aux Américains, les vingt ans de la marche sur Rome sont utilisés par Mussolini pour tenter de remobiliser la population.

RESSOURCE MULTIMÉDIA

Le site « jalons » de l'INA met en ligne plusieurs vidéos de propagande fascistes avec un éclairage critique précis, dont une vidéo de la marche sur Rome :
http://fresques.ina.fr/jalons/fiche-media/InaEdu02039/la-marche-sur-rome-27-octobre-1922-et-l-accession-au-pouvoir-de-mussolini.html

Fiche 16

26 janvier 1924 : DÉBUT DES FUNÉRAILLES DE LÉNINE

ESPACE CONCERNÉ : histoire du monde,
THÈME : politique.

La mort d'un homme, la pérennité d'un régime

Dès l'annonce de sa mort le 21 janvier 1924, une foule nombreuse se presse à Moscou pour honorer sa mémoire. Mais Lénine appartient déjà au régime qui met en place des funérailles grandioses. Son corps est embaumé, présenté au public sur la place Rouge durant quatre jours à partir du 26 janvier et la construction d'un mausolée qui doit l'accueillir est mise immédiatement en chantier. Quant à Saint-Petersburg, ancienne capitale des Tsars, elle est rebaptisée Leningrad. Staline, qui a compris l'importance des enjeux, réussit à se faire confier l'honneur de prononcer l'éloge funèbre du défunt.

✍ **Alexandre Lozovski dans *L'Humanité* (27 janvier 1924)**

Je voudrais célébrer avec vous, parmi vous, la mort de notre grand leader, de notre chef prolétarien. Je voudrais vous raconter ce que Lénine a représenté pour l'ouvrier russe, ce qu'il y eut d'immortel dans sa vie et dans son œuvre.

En quoi la mort de Lénine représente-t-elle un tournant politique majeur ?

Le contexte : 1924, une situation ouverte

En 1924, la situation politique est particulièrement ouverte en URSS [☞ 12]. Depuis 1921, Lénine a lancé la NEP (*Novaïa Ekonomitcheskaïa Politika* soit Nouvelle Politique Économique) qui entend « faire au capitalisme une place limitée pour un temps limité ». Il s'agit de relancer l'initiative privée afin de dynamiser l'économie d'un pays exsangue après sept années continues de guerre : Première Guerre mondiale puis guerre civile. Cette politique montre quelques signes de succès dans le domaine agricole. Les menaces s'éloignant, l'Union des républiques socialistes soviétiques (URSS) est officiellement proclamée en 1922 [GRAZIOSI, 2010]. Dans le même temps, Lénine est depuis plusieurs années malade et affaibli. Comme il ne se prononce pas clairement quant à sa succession, l'avenir du régime reste à écrire.

La portée : Staline s'impose à la tête de l'URSS

Staline est déjà un homme politique de premier plan en 1924, comme en témoigne la fonction de directeur de la *Pravda* qu'il exerce un temps. Mais bien d'autres personnalités coexistent à la tête du régime. Après la mort de Lénine, Staline ne se met donc pas immédiatement en avant. En s'appuyant sur l'aile droite du parti, il isole puis élimine Trotski. Dès 1925, il évince ses anciens alliés en remettant en cause la NEP et en poussant à la collectivisation et à la prise en mains complète de l'économie par l'État. Staline utilise son poste de secrétaire-général du parti en nommant des hommes dévoués aux responsabilités. Il transforme d'ailleurs ce poste de secrétaire général : d'un rôle organisationnel, il devient l'élément politique majeur du régime. Le Parti Communiste d'Union Soviétique (PCUS) n'organise aucun congrès national de 1939 à 1952. De nombreuses réunions n'ont plus d'importance réelle. Les décisions de Staline sont souvent annoncées par téléphone, ce qui empêche toute discussion à leur sujet.

Staline tranche sur de nombreux points qui étaient ouverts à la discussion entre communistes. Faut-il réaliser une révolution mondiale ou se résigner à fonder le communisme dans un seul pays ? Il prend la seconde option. Faut-il laisser une partie d'économie libre ? Il répond non. Doit-on laisser aux artistes une marge d'indépendance : là encore la réponse est négative. Le peintre Malevitch est dénoncé pour son subjectivisme. La musique de Chostakovitch est assimilée à un « chaos ». Même le poète Maïakovski sent la main du pouvoir se serrer sur sa nuque. Cela n'est que le phénomène le plus visible d'un contrôle accru de la société et d'une répression plus dure contre les formes de résistance au pouvoir (réorganisation de la « sécurité d'État » en 1934, procès de la Grande Terreur en 1937-1938).

La mort de Lénine débouche donc sur une double rupture. Au sein du mouvement communiste, « staliniens » et « trotskystes » s'opposent durablement. À l'échelle de la planète, l'URSS s'isole. La coupure du monde en deux blocs après la Seconde Guerre mondiale trouve ici une de ses racines.

Pour le régime, la mémoire de Lénine est une pièce centrale de son dispositif de propagande. L'ordre de Lénine est le plus prestigieux d'URSS. Léningrad est la deuxième ville du pays. Les funérailles de 1924 amorcent ce système.

Le mausolée de Lénine à Moscou (vue actuelle)

➡ *lien vers le document en grand format :*
https ://en.wikipedia.org/wiki/Lenin%27s_Mausoleum#/media/File :Mauzoleumlenina.jpeg

Très tôt, le pouvoir soviétique ambitionne de marquer l'espace public. De nombreux monuments de l'époque tsariste sont détruits (cathédrale du Christ-Sauveur en 1931), remplacés par de nouveaux bâtiments aux dimensions inédites (série de gratte-ciel dite des Sept sœurs, par exemple). Le mausolée de Lénine fait partie de ce programme de réaménagement urbain de Moscou. Symboliquement, il est placé en plein cœur de la ville, aux portes du Kremlin. Le bâtiment cherche à en imposer par son aspect massif et austère.

RESSOURCE MULTIMÉDIA

Un podcast qui raconte la manière dont Staline utilise le décès de Lénine à son profit : http://www.francetvinfo.fr/replay-radio/le-roman-des-espions/la-succession-de-lenine_1764693.html

Fiche 17

24 décembre 1925 : PREMIÈRE LOI « FASCISTISSIME » EN ITALIE

ESPACE CONCERNÉ : histoire du monde,
THÈMES : politique et société.

Comme un cadeau pour lui-même du régime fasciste

C'est une veille de Noël en Italie et une nouvelle loi s'ajoute aux précédentes, qui arrache les derniers morceaux de liberté aux députés, aux journalistes, aux syndiqués, à la jeunesse et à ceux qui travaillent, à ceux qui pensent et à ceux qui disent. Le contenu de la loi et l'indécence du moment ne font pas réagir. À peine quelques journaux français s'émeuvent lors de l'adoption de la première loi « fascistissime » de la « réorganisation » de la presse italienne. L'*Informatore della Stampa*, voix du régime, n'avait-il pas précisé que trop de journaux italiens n'étaient pas viables faute de capitaux et qu'il fallait donc les faire fermer ? Depuis que, le 3 janvier 1924, Mussolini a revendiqué l'assassinat de Matteoti, un député socialiste, le dernier opposant d'envergure, les mensonges et les coups de force en Italie n'étonnent plus l'opinion internationale.

Les lois « fascistissimes » participent-elles à l'établissement d'un régime totalitaire en Italie ?

✍ Extrait de la loi du 24 décembre 1925

[Le Duce] est responsable de l'orientation politique générale du gouvernement ; il est l'incarnation suprême du pouvoir exécutif ; il choisit ses ministres qui sont responsables devant le roi, mais aussi envers sa personne.

Le contexte : des lois pour consolider le régime

Si Mussolini arrive au pouvoir de manière légale, une série de décisions fait basculer le régime dans la dictature. En 1924, les élections font l'objet d'une fraude massive. Le député Matteotti, qui les dénonce, est assassiné et Mussolini n'hésite pas à revendiquer cet acte. En outre, alors que jusque-là les institutions sont respectées, Mussolini s'en exonère de plus en plus. Les lois « fascistissimes » de 1925-1926 légalisent ces pratiques et consolident son pouvoir.

La portée des lois « fascistissimes »

Dans l'historiographie italienne, deux positions s'opposent pour définir la nature du régime fasciste. Pour Renzo de Felice, le régime, soutenu par les classes moyennes, avait des aspects progressistes et un contrôle modéré sur l'économie et la société. Pour Emilio Gentile, son ancien élève, le fascisme est totalitaire et radicalement de droite. Faut-il prendre pour argent comptant les propos de Benito Mussolini qui, en 1932, écrit dans *L'Encyclopédie italienne* : « la conception fasciste de l'État englobe tout. En dehors d'elle, aucune valeur spirituelle ou humaine ne peut avoir de sens, ne peut exister » ?

Une chose reste certaine : la mise en place des lois « fascistissimes » entraîne le durcissement du régime. Le PNF (Parti National Fasciste) devient parti unique. Le chef de gouvernement peut légiférer directement. Syndicats et presse sont contrôlés. Des procédures spéciales sont créées contre les opposants : tribunaux d'exception, internement en camp. Une police politique secrète est organisée : l'OVRA (*Organizzazione di Vigilanza e Repressione dell'Antifascismo*). L'encadrement de la population prend des formes variées : développement du cinéma avec la Cinecittà, culte de la personnalité, volonté d'embrigadement de la jeunesse par l'organisation la *Balilla* et du reste de la population par le *Dopolavoro* (« Œuvre nationale du temps libre ») qui prend en charge les loisirs de cinq millions de travailleurs en 1939. Le fascisme italien ne doit pourtant pas être appréhendé comme un bloc monolithique et évolue au fil du temps. La signature de traités d'alliance en 1936 et 1939 avec l'Allemagne entraîne par exemple une campagne antisémite en 1938 alors que l'antisémitisme était jusqu'alors absent de la rhétorique fasciste.

De plus, en dépit de mesures qui semblent ranger le fascisme dans la catégorie des régimes pleinement totalitaires, Mussolini subit certaines limites à son pouvoir. Il maintient le roi en poste et, lors de la visite d'Hitler à Rome en mai 1938, il est écarté du premier rang des cérémonies officielles au bénéfice de Victor-Emmanuel. Pour maintenir une forme de consensus dans le pays, il signe en 1929 les accords de Latran qui mettent fin au conflit entre l'État et le pape sur la question du Vatican. L'économie est orientée mais pas totalement contrôlée. De surcroît, pour Pierre Milza, Mussolini ne serait pas un tyran sanguinaire, les violences « squadristes » du début du régime ne pouvant être comparées aux procédures d'élimination de pans entiers du corps social par les régimes hitlérien et stalinien.

En juillet 1943, Mussolini est destitué par le roi d'Italie et remplacé par un général. Libéré par un commando allemand, il prend la tête de l'éphémère République de Salo, sous contrôle germanique, jusqu'à son arrestation en 1945 par des résistants. Cette fin illustre la singularité d'un fascisme italien parfois qualifié de « totalitarisme incomplet ». Mais certains historiens préfèrent parler de « totalitarisme interrompu », la guerre n'ayant pas permis à Mussolini de mener son projet social et politique à bien.

RESSOURCE MULTIMÉDIA

Un podcast de *La marche de l'histoire* sur Mussolini et son mythe :
https://www.franceinter.fr/emissions/la-marche-de-l-histoire/la-marche-de-l-histoire-18-decembre-2014

Fiche 18

24 octobre 1929 : LE « JEUDI NOIR » (*BLACK THURSDAY*)

ESPACE CONCERNÉ : histoire du monde,
THÈMES : économie et société.

Le « jeudi noir »

Il est 20 h à la Maison blanche et le silence règne. Edgar Hoover courbe le dos sur le discours qu'il va lire le lendemain pour rassurer une nation longeant le précipice : « Les activités fondamentales du pays reposent sur des bases saines, très prometteuses pour l'avenir. » Quelques heures plus tôt, au sud de Manhattan, résonnait le bruit, le tumulte effrayé de centaines de petits actionnaires qui s'affairent à sauver ce qui pouvait encore l'être avant d'être emporté par le raz-de-marée. Dans la nuit, déjà, un souffle inquiétant avait parcouru le pays. Des centaines de correspondants des agents de change new-yorkais avaient reçu des ordres de vente massifs. Au matin le *krach* est instantané. 13 millions d'actions jetées, la fortune boursière du pays le plus riche du monde envolée en 104 minutes. À midi, réunies en catastrophe au siège de la banque Morgan, les plus influentes banques new-yorkaises interviennent et échouent. Bientôt, 15 millions de chômeurs entonnent ce lancinant refrain : « brother, can you spare me a dime? »

Le monde a connu de multiples crises économiques mondiales, aux caractéristiques variables, depuis le XIXe siècle. Comment expliquer la place particulière de celle de 1929 dans l'imaginaire collectif occidental, voire mondial ?

✍ **Déclaration du Pr. Irving Fisher, 15 octobre 1929**

Les cours de la Bourse ont atteint un haut plateau permanent [...] je m'attends à voir la Bourse beaucoup plus haute qu'aujourd'hui d'ici quelques mois.

Le contexte : une prospérité trompeuse

C'est au début des années 1870 que l'économie états-unienne décolle. Si certaines catégories ne profitent pas de cet essor (en particulier les agriculteurs touchés par la baisse des prix), en 1914, le pays représente 1/6 de la consommation mondiale.

Les années 1920 débutent par une crise d'après-guerre rapidement enrayée par le retour à la stabilité monétaire qui entraîne un bref épanouissement économique se manifestant d'abord aux États-Unis, seul pays dont la monnaie est convertible en or entre 1919 et 1924. Mais l'éclat de la prospérité dissimule d'importantes faiblesses. Ce contexte empêche de percevoir les premières lézardes qui paraissent dès 1927 avec la baisse du rythme de la production automobile.

La portée : un *krach* planétaire

C'est seulement une semaine avant le « jeudi noir » de 1929 que pointent les premiers signes véritablement annonciateurs de la catastrophe avec les premières ventes massives de titres. La permanence de l'événement dans l'imaginaire collectif s'explique donc d'abord par la rapidité et la violence du choc.

Pour les libéraux, la crise est due à la rigidité du marché (lois sur le travail des enfants, imposition d'un temps maximum de travail...) qui a empêché les ajustements « naturels ». Pour les « monétaristes », le responsable est le dogme de l'étalon-or qui provoque un manque de fluidité monétaire. Keynes pointe du doigt la baisse des investissements et l'écart croissant entre l'offre, en hausse, et la demande, à la baisse. À l'inverse, des économistes mettent en avant l'envolée excessive des crédits. Élu en 1929, le président Herbert Hoover porte longtemps l'opprobre de n'avoir pas su enrayer la crise. Profondément marqué par le *credo* de la non-intervention en matière économique, il utilise des recettes classiques et inadaptées (protectionnisme...). À l'opposé, on retient de Franklin Roosevelt qu'il a été le sauveur des États-Unis. Mais si son *New Deal*, conçu à partir des travaux de Keynes (enrayer la crise non par une politique de rigueur mais de relance), est novateur, le pays connaît une récession en 1937 seulement enrayée par le réarmement.

Un élément majeur pour l'entretien de la légende noire de l'année 1929 est sa contagion internationale presque immédiate. La crise boursière se propageant au reste de l'économie engendre une baisse de la consommation. Les entreprises licencient pour faire face à la diminution de la demande. Les Américains rapatriant leurs capitaux et réduisant leurs importations, l'Europe est durement touchée. Entre 1929 et 1933, les échanges commerciaux internationaux chutent de 60 % entraînant une crise sociale sans précédents.

La crise s'imprime aussi dans les esprits par son appropriation dans le domaine des arts. Le cinéma, Charlie Chaplin en tête avec *Les lumières de la ville* (1931), met en scène les malheurs du temps (chômage, misère, sans-abris...). La littérature n'est pas en reste et Steinbeck publie en 1939 le récit d'une famille ruinée par la crise, *Les Raisins de la colère*.

Fondatrice, cette avalanche économique et sociale l'est à plus d'un titre. Elle donne un nouveau sens au mot de « crise », jusque-là largement réservé au politique et au médical. Elle met au centre de la pratique politique le savoir économique. Elle initie une nouvelle façon de faire de l'histoire, que l'on appelle quantitative et qui, dans la droite ligne de Simiand à partir de 1932, cherche à comprendre les mécanismes de hausse et de baisse des prix pour percevoir les évolutions sociales et politiques. Enfin, elle a donné aux sociétés occidentales un sentiment de fragilité face aux forces profondes de l'économie mondiale, faisant même oublier, paradoxe mémoriel, que le XXe siècle fut aussi celui de la prospérité.

RESSOURCE MULTIMÉDIA

Une étude des répercussions de la crise de 1929 en France par les arts :
https://www.histoire-image.org/etudes/crise-1929-france

Fiche 19

4 août 1930 : OUVERTURE DU PREMIER SUPERMARCHÉ À NEW YORK

ESPACE CONCERNÉ : histoire du monde
THÈMES : économie et société.

Le premier temple de la marchandise

Une émeute suivie d'un appel d'urgence à la police pour ramener le calme. Voilà ce que Michael Cullen espère alors qu'il ouvre les portes de ce qui semble être un garage automobile affublé du nom de « King Kullen ». Voilà ce qu'il a écrit quelques mois plus tôt à un patron qui va bientôt se mordre les doigts d'avoir ignoré la lettre de son employé. Car progressivement l'étrange lieu accueille un va-et-vient de plus en plus pressant. Passez une tête au travers des portes battantes et vous y trouverez mille produits, emballés, pesés, le prix déjà apposé, sans aucun vendeur. À l'extérieur, des automobilistes cherchent nerveusement un lieu pour abandonner leur voiture, pressés de « tordre le cou » aux prix comme ils ont pu le lire sur une annonce publicitaire du *New York Journal* ou du *New York World*. Michael Cullen, qui n'a jamais eu pour seul horizon que sa ville de Newark et dont les parents ont fui la misère irlandaise, vient de fonder l'un des piliers de la société de consommation.

En quoi le supermarché symbolise-t-il la société de consommation ?

✍ **Extrait d'une lettre écrite par Michael Cullen à son employeur**

Pouvez-vous imaginer comment le public réagirait en présence d'un magasin de ce type ? Ce serait une émeute [...] Je mènerais le public hors des maisons à prix haut vers la terre promise des maisons à prix bas.

Le contexte : faire face à la crise économique

Plongés dans une dépression économique et sociale sans précédent, les Américains tentent d'imaginer des solutions nouvelles pour en sortir. Roosevelt expérimente son *New Deal* après 1930. Certaines entreprises brûlent leurs stocks pour stopper la baisse des prix. D'autres tentent de les écouler en réduisant leurs marges et donc leurs prix.

La portée : l'émergence d'un nouveau modèle de consommation

Lorsque Michael Cullen meurt soudainement en 1936, il est à la tête de 17 commerces « King Kullen ». Tous appliquent le même modèle : un très grand magasin rudimentaire en libre-service. La modicité des prix attire de nombreux clients : on estime que la zone de chalandise du premier supermarché à l'enseigne « King Kullen » s'étendait sur un rayon d'environ 15 km. Si le succès est immédiat, il s'appuie sur des habitudes de consommation prises dès la première industrialisation.

Le début de la fabrication industrielle dans la première moitié du XIXe siècle entraîne la séparation des activités de fabrication et de commercialisation. Cette évolution permettant une augmentation de la production, il devient nécessaire de trouver de nouvelles méthodes pour écouler les stocks. C'est la naissance du « grand magasin », qui sort de toute spécialisation pour vendre des produits en tous genres, facilitée par l'augmentation du niveau de vie. La deuxième étape au début du XXe siècle, c'est le développement aux États-Unis de magasins populaires à prix unique et aux marges très réduites. En France, Le Printemps créé Prisunic en 1931 et Les Galeries Lafayette Monoprix en 1932.

C'est au même moment qu'émerge la première grande surface. Le succès s'explique par la standardisation des produits issus de leur industrialisation, entraînant la baisse des coûts, et par le début de l'essor de la publicité à partir de la fin du XIXe siècle, laquelle réduit la valeur du conseil des vendeurs. De plus, l'accroissement de la population urbaine et le développement d'une culture urbaine plaident en faveur de ce système de distribution : les horaires sont plus réguliers qu'en milieu rural, l'épicerie traditionnelle n'y est plus vraiment un lieu de socialisation. Dans l'Amérique en pleine expansion économique des années 1920, la société de consommation se dote donc progressivement de ses icônes. Ford veut permettre à ses ouvriers d'acheter les voitures qu'ils fabriquent et invente le cercle vertueux de la *prosperity* qui repose sur le dynamisme associé de l'offre et de la demande [☞ 3]. L'engouement pour la voiture est mis en parallèle avec l'apparition de biens de consommation qui doivent moderniser les intérieurs de la classe moyenne américaine : aspirateur, réfrigérateur, radio, fers électriques.

L'Europe attend la fin de la Seconde Guerre mondiale pour adopter le même mode de consommation et de distribution. Le développement du travail féminin, qui accroît le budget des familles, et la motorisation croissante de la population dans les agglomérations poussent au déplacement des consommateurs vers des grandes surfaces implantées en périphérie des villes pour faire des achats à la semaine. La France voit son premier supermarché ouvrir en 1958. Durant les Trente Glorieuses [☞ 71], elle devient vite l'un des principaux porte-étendards de l'exceptionnelle croissance de la grande distribution qui passe du super à l'hyper. En 1999, Carrefour devient la deuxième entreprise mondiale de distribution derrière l'américain Wal-Mart.

RESSOURCE MULTIMÉDIA

Le webmagazine de la Bibliothèque Publique d'Information met en ligne un dossier sur l'histoire des hypermarchés en France :
http://balises.bpi.fr/economie/50-ans-dhistoire-des-hypermarches

Fiche 20
11 décembre 1931 : CRÉATION DU COMMONWEALTH

ESPACE CONCERNÉ : histoire du monde,
THÈMES : politique, guerre et diplomatie, société.

Londres s'accroche à son empire

Il fait anormalement chaud sur Londres en ce mois de décembre, comme si la chaleur australienne y avait rencontré l'été indien canadien. C'est que ce rendez-vous, prévu de longue date, est attendu comme une évidence par James Scullin à Canberra et R. B. Bennett à Ottawa. Un an auparavant, ceux-ci s'étaient longuement entretenus avec leurs homologues venus des autres Dominions. Ils avaient imposé l'évidence à Ramsay MacDonald, Premier ministre du Royaume-Uni : les évolutions politiques des *dominions*, de plus en plus autonomes, et leur tribut payé durant la guerre [☞ 10], leur paraissaient justifier une transformation de l'Empire. Le parlement britannique vote ainsi à Londres le Statut de Westminster qui donne naissance au *Bristish Commonwealth of Nations*. Le Canada, la fédération australienne, l'Union sud-africaine, l'Irlande, la Nouvelle-Zélande et Terre-neuve ne sont plus désormais des *dominions* mais, comme la Grande-Bretagne, des « communautés autonomes ». Pour les autres colonies (Kenya, Nigéria, Inde...), la réforme n'est pas encore à l'ordre du jour.

En quoi la création du Commonwealth impacte-t-elle le processus de décolonisation et la place du Royaume-Uni dans le monde ?

✍ **Communiqué de presse de Patrick Mac Gilligan, ministre des affaires étrangères de l'État Libre d'Irlande (11 décembre 1931)**

Une nouvelle époque commence dans les relations entre la Grande-Bretagne et les autres États du Commonwealth britannique des nations. Depuis que le parlement britannique a renoncé à ses droits sur les États-Unis d'Amérique, rien d'égale importance n'a été fait par cette assemblée.

Le contexte : une Grande-Bretagne affaiblie

La Première Guerre mondiale légitime de nouvelles exigences d'indépendance de la part des anciennes colonies de peuplement, appelées *dominions* (l'Australie, la Nouvelle-Zélande, l'Afrique du Sud et le Canada). En effet, bien qu'engagés en 1914 dans le conflit sans consultation préalable, les *dominions* firent preuve d'une loyauté incontestable. Leur rôle politique s'en est trouvé accru, comme le montrent la création du Cabinet de guerre impérial et leur intégration au sein de la SDN

[☞ 22] en tant que membres de plein droit. Le contexte intérieur d'après-guerre n'est de toute façon pas favorable au maintien d'un *statu quo* dans l'empire. La *League against Empire* est créée en 1927 et La *League of Coloured People*, lancée en 1931, lutte pour l'amélioration du sort des immigrés africains et antillais.

La crise de 1929 modifie l'environnement international dans lequel la Grande-Bretagne évolue. En effet, la crise ne touche pas seulement le monde occidental. Elle impacte des partenaires essentiels au commerce britannique tels que l'Amérique latine. 1931 est d'ailleurs l'année d'un autre fait charnière dans l'histoire des rapports du Royaume-Uni avec le reste du monde : l'abandon de la convertibilité de la livre en or. Ce contexte amène les dirigeants du pays à accepter une diminution de son rayonnement international tout en réfléchissant à conserver une aire d'influence et de commerce qui lui permette d'assurer sa prospérité. En effet, c'est avec ses anciennes colonies que la Grande-Bretagne réalise l'essentiel de ses échanges.

La portée : des liens maintenus sur la durée

L'établissement du Commonwealth par le Statut de Westminster, voté le 11 décembre 1931, veut répondre à ces défis. Les *dominions* sont placés sur un pied d'égalité avec le Royaume-Uni sans pour autant perdre les avantages politiques et commerciaux de l'appartenance à un même ensemble. Philippe Chassaigne [CHASSAIGNE, 2009] montre ainsi que le Commonwealth devient un outil de continuité dans le contexte de la décolonisation.

Ainsi, le Royaume-Uni réalise encore en 1950 la moitié de ses échanges avec des pays membres. Quant à la couronne elle peut toujours, formellement, afficher une dimension impériale. Si certains États ont aboli la monarchie (Afrique du Sud en 1961), les souverains de Grande-Bretagne sont également rois ou reines de seize royaumes du Commonwealth. D'ailleurs, les nouveaux moyens de transport et de communication permettent à la famille royale, par ses voyages et ses messages radiophoniques, de donner une certaine cohérence à ce nouvel espace.

Avec le temps, les liens juridiques se distendent. En 1977, par exemple, le Parlement néo-zélandais adopte le *Citizenship Act*, qui retire aux Néo-Zélandais le statut de « sujets britanniques ».

Mais le Commonwealth garde aujourd'hui encore un poids symbolique important et participe au *soft power* britannique. Il aide au rayonnement de la langue anglaise et à renforcer les liens entre pays, par exemple à travers les jeux du Commonwealth, qui ont succédé aux jeux de l'empire britannique créés en 1930.

RESSOURCE MULTIMÉDIA

Une chronologie complète de l'histoire du Commonwealth proposée par la BBC : http://news.bbc.co.uk/2/hi/europe/country_profiles/1554513.stm

Fiche 21

30 janvier 1933 : HITLER EST NOMMÉ CHANCELIER

ESPACE CONCERNÉ : histoire du monde,
THÈMES : politique et société.

Hitler convié par les puissants

Un calme précaire règne dans les rues avoisinant la chancellerie où une foule nombreuse échange des regards enfiévrés. À l'intérieur du bâtiment, trois hommes s'entretiennent. Franz von Papen passe décidément une belle journée. Lui qui fut un temps maître des lieux a convaincu le vieux Hindenburg, président du Reich, de lui réserver le poste de vice-chancelier et de nommer chancelier le « petit caporal autrichien » : Hitler. Hindenburg espère pouvoir gagner ainsi en popularité à peu de frais et consolider son assise. L'homme d'affaires Hugenberg, quant à lui, se dit que ce pantin démagogue est le seul capable de mettre au pas la menace bolchévique, une bien bonne chose pour les usines Krupp. Un peu plus tard dans l'après-midi, le troisième personnage quitte vivement la pièce, dévale les marches du perron, s'engouffre dans sa voiture. Les applaudissements éclatent. On s'apprête à défiler, flambeau au point, sous la porte de Brandebourg. Adolf Hitler est le nouveau chancelier allemand.

Dans quel contexte Hitler accède-t-il au pouvoir ?

✍ **L'écrivain Klaus Mann dans son journal en date du 30 janvier 1933**

La nouvelle que Hitler est chancelier. Effroi.

Le contexte : un pays englué dans la crise

Le nazisme émerge dans une Allemagne d'après-guerre aux prises avec une crise multiforme. Morale, depuis que ses chefs militaires ont qualifié le traité de Versailles de *diktat* et rejeté la responsabilité de la défaite sur le pouvoir civil. Le spectre de l'inflation de l'après-guerre, des salariés qui se font payer quotidiennement avec des brouettes de billets et des commerçants qui doivent changer leurs étiquettes toutes les heures, reste encore vivace alors que les effets de la crise de 1929 [☞ 18] se font à présent sentir. Cette situation est favorable aux mouvements contestataires. La crise est aussi politique : après l'échec des révolutions de type bolchévique et des spartakistes (Rosa Luxemburg notamment) en 1919, les groupes d'extrême-droite prolifèrent. Mais ce n'est qu'au début des années 1930 qu'Hitler a l'opportunité de s'affirmer comme un acteur majeur de la vie politique allemande. En effet, dans un contexte de grande instabilité politique, le *Reichstag* (parlement allemand), est bloqué par l'absence de majorité. Le président Hindenburg fonctionne par décrets-lois. Face à l'impuissance des gouvernements successifs, Hitler se présente comme l'homme providentiel, « notre dernier espoir » comme le proclament certaines affiches électorales.

La portée : un basculement rapide

La chronologie du parti nazi montre bien le basculement qu'a constitué l'année 1929. Fondé officiellement en 1920, le NSDAP (Parti national-socialiste des travailleurs Allemands) est longtemps réduit au statut marginal de petit groupuscule d'extrême-droite par le retour de la stabilité économique. Le basculement provoqué par une crise qui touche durement un pays perfusé par les capitaux américains est donc d'une brutalité remarquable et le NSDAP passe de moins de 50 000 membres à presque 4 millions entre 1930 et 1933. Les nouveaux adhérents sont en majorité issus des catégories moyennes, plus épargnées que d'autres par la crise. Ouvriers et chômeurs, auxquels on associe généralement la montée du vote nazi, restent cependant moins perméables aux idées nationales-socialistes. Ce fait a une conséquence majeure sur les conditions de l'accession au pouvoir d'Hitler : conformément à la constitution de la république de Weimar, les Allemands ne l'ont jamais élu chancelier. Il est battu au second tour de l'élection présidentielle en avril 1932. Au Reichstag, son parti obtient 37,4 % des voix en juillet et recule à 33 % en novembre 1932.

Si l'explication électorale n'est pas opérante, comment hiérarchiser les responsabilités ? La crise, le morcellement de l'offre politique à gauche, des conservateurs qui légitiment un discours en s'alliant avec un parti qu'ils pensent pouvoir contrôler. Le rôle des milieux d'affaire, qui soutiennent Hitler ou se maintiennent à son égard dans une passivité bienveillante, doit être aussi souligné. Le parti nazi a d'ailleurs pris soin dès les années 20 de gommer son antilibéralisme en associant antisémitisme et anticommunisme. Il ne faut pas enfin oublier l'importance des individus, au premier rang desquels le président Hindenburg. Diminué à partir de 1930, il n'en a pas moins sapé le régime républicain en nommant des gouvernements conservateurs et autoritaires peu ouverts aux principes démocratiques, son œuvre final restant la nomination d'Hitler.

Ainsi, si l'historien ne peut pas toujours apporter des explications complètes quant aux raisons qui ont mené à l'installation du régime nazi en Allemagne, il peut, en revanche, en déjouer les fausses représentations.

RESSOURCE MULTIMÉDIA

Une émission de *La marche de l'histoire* sur l'arrivée d'Hitler au pouvoir et sa « révolution culturelle » :
https://www.franceinter.fr/emissions/la-marche-de-l-histoire/la-marche-de-l-histoire-07-mars-2017

Fiche 22
14 octobre 1933 : L'ALLEMAGNE QUITTE LA SDN

ESPACE CONCERNÉ : histoire du monde,
THÈMES : politique, guerre et diplomatie, société.

La SDN devant le fait accompli

Réunis dans une salle surplombant les sobres jardins du palais Wilson, quelques délégués observent un peu las le scintillement des eaux du lac Léman. La fatigue habite leur regard. La déclaration d'Arthur Henderson, président de la conférence, est attendue avec indifférence. Que dire lorsqu'un travail de sept mois pour maintenir un semblant d'entente collective en Europe vient d'être anéanti par une décision brutale ? Il ne reste plus au ministre des Affaires étrangères allemand, Konstantin Freiher von Neurath, qu'à signifier officiellement le retrait de son pays dans une lettre reçue le 19 octobre 1933 par le Secrétaire général de la Société des Nations.

En quoi la décision de l'Allemagne marque-t-elle la fin du principe de sécurité collective en Europe ?

✍ **Proclamation d'Hitler au peuple allemand reprise par *Le Populaire*, le 15 octobre 1933**

Par le refus constant d'une égalité de droits, le peuple allemand et son gouvernement ont été sans cesse humiliés [...]. Dans ces conditions, il se voit hors d'état de continuer à prendre part à des négociations qui ne pourraient conduire qu'à de nouveaux diktats [...]. Il notifiera en conséquence sa sortie de la Société des Nations.

Le contexte : une communauté internationale fragile

Fragile par nature, le système de sécurité collective pensée à l'issue de la Première Guerre mondiale connaît des heures particulièrement sombres lorsque le Japon, membre permanent du conseil de la Société des Nations (SDN), envahit la Mandchourie chinoise en septembre 1931. L'organisation espère retrouver de la crédibilité par la mise sur pied d'une conférence à Genève pour la limitation des armements. Organisé entre 1932 et 1933, l'événement se conclut par un désastre diplomatique, conséquence apparente de l'arrivée d'Hitler au pouvoir [☞ 21], qui voit dans ces négociations la volonté d'affaiblir une Allemagne qu'il entend réarmer.

En Allemagne, dès mars, les premiers camps de prisonniers ouvrent et syndicats et partis sont interdits. Pourtant, les premiers pas d'homme d'État du nouveau chancelier sur la scène internationale ne diffèrent guère des politiques allemandes menées depuis le début des années 1920. Le réarmement est à l'ordre du jour chez de nombreux politiques allemands dès 1919 et un plan de transformation de l'armée est mis au point dès 1932. Il doit porter le nombre de soldats de 100 000 à 300 000. Sur ce plan, Hitler accélère les réformes plus qu'il n'innove. D'ailleurs, Von Neurath, le ministre des affaires étrangères du gouvernement précédent, dont les objectifs en matière de réarmement et de révision du traité de Versailles sont similaires à ceux du parti nazi, est maintenu en poste.

La portée : les totalitarismes renforcés

L'historiographie européenne a peu commenté les heurts et malheurs d'une organisation qui souhaitait confier le maintien de la paix à une association d'États plutôt qu'aux alliances traditionnelles entre puissances. Son histoire est souvent lue sous le prisme de son échec et des décisions allemandes qui l'y auraient conduit sans que les responsabilités, notamment celles d'Hitler, ne soient clairement interrogées.

La sortie de la SDN, en réaction à une proposition britannique de mise sous contrôle du réarmement allemand, est un premier « coup » pour Hitler, mais pas une grande surprise. De surcroît, les Allemands ne sont pas les premiers à contourner le fonctionnement de l'organisation. Français et Britanniques règlent la question des réparations dues par l'Allemagne au travers de l'ancien système d'entente entre les alliés [☞ 14]. Généralement, la plupart des États signataires, au premier rang desquels la France, considèrent que le désarmement et le maintien de la paix ne peuvent être assurés dans le seul cadre d'une sécurité collective trop laborieuse à mettre en action en cas d'agression directe. Contourner et donc affaiblir la SDN pour assurer des conditions de sécurité satisfaisante est un choix souvent assumé par les grandes puissances européennes dès le milieu des années 1920 malgré quelques tentatives de revivifier l'organisation (pacte Briand-Kellogg de renonciation générale à la guerre en 1928). L'accord de Locarno, signé en 1925 entre la France, la Belgique et l'Allemagne pour garantir les frontières occidentales de cette dernière, est là pour le rappeler [GUIEU, 2009].

Le retrait allemand accélère la signature d'accords bilatéraux de non-agression et régionaux de soutien armé, affaiblissant le rôle de la SDN. À partir de 1935, pour conjurer la menace allemande, chacun préfère s'entendre directement avec Berlin. Les tensions s'avivent en Europe [carte B].

Si le rôle d'Hitler est donc primordial dans l'échec de la SDN, ce dernier tient aussi à une faillite collective de la communauté internationale.

RESSOURCE MULTIMÉDIA

Un dossier complet de la documentation française sur l'histoire de la sécurité collective de la SDN à l'ONU :
http://www.ladocumentationfrancaise.fr/dossiers/maintien-paix/sdn-onu.shtml

Carte B. Les tensions en Europe en 1938

ALLEMAGNE

- Allemagne en 1937
- Annexions allemandes du 13 mars 1938 au 1er sept. 1939
- Limites du IIIe Reich à la déclaration de la guerre
- Zone d'influence économique de l'Allemagne (par signature d'accords préférentiels en 1938-1939)
- Frontières de partage de la Pologne

ITALIE

- Italie en 1938
- Annexion de l'Albanie en avril 1939

HONGRIE

- Hongrie en 1938
- Annexions hongroise en 1938 et 1939

1 Plébiscite de la Sarre le 13 janvier 1935

2 Remilitarisation de la Rhénanie le 7 mars 1936

3 Anschluss (annexion de l'Autriche) le 13 mars 1938

4 Réunion des Sudètes le 30 septembre 1938

5 Protectorat de Bohême-Moravie le 15 mars 1939

6 Annexion de la ville de Memel le 23 mars 1939

7 Annexion de la ville de Dantzig le 1er sept. 1939

Fiche 23
6 février 1934 : VIOLENTE MANIFESTATION ANTIPARLEMENTAIRE

ESPACE CONCERNÉ : histoire de France,
THÈMES : politique, société.

La rue prise d'assaut

Face aux forces de l'ordre, un homme s'apprête à jeter à pleine force le pavé qu'il tient dans sa main. Un autre saisit son ami par le bras pour le convaincre d'arrêter ce petit jeu de massacre, ou peut-être de marcher quelques pas, d'aller franchir la Seine. Une photo pour l'histoire dans cette nuit qui n'en finit pas. Arrivés vers 18h, ils sont plusieurs de l'Action française ou de la Solidarité française à vouloir se jeter à l'assaut du palais des « députés voleurs ». Parmi eux, des Croix-de-feu qui ont connu la Der des Ders. Ceux-là n'oublient pas l'uniforme qu'ils ont porté, ni ce qu'ils ont appris de violence durant la guerre. Toute la nuit, des incidents les opposent aux forces de l'ordre.

La manifestation du 6 février 1934 pose deux questions longuement débattues. L'une interroge la dimension de coup d'État de l'événement, l'autre l'existence d'un fascisme français. Le 6 février a-t-il été une tentative de coup d'État fasciste en France ?

✍ ***L'Écho de Paris*** **(6 février 1934)**

C'est une véritable mobilisation de toutes les forces nationales qui se dispose à crier au gouvernement la volonté du pays. Ce sera [...] une manifestation de masse dont il sera impossible de ne pas tenir compte, car elle aura la force d'imposer ses décisions.

Le contexte : un milieu politique décridibilisé

Dès les années 1920, la vie politique française connaît une grande instabilité renforcée par la multiplication de scandales culminant avec une affaire d'escroquerie qui éclate en janvier 1934 (affaire Stavisky). Avivée par la presse et les ligues d'extrême-droite, l'agitation se renforce à l'annonce de la mutation du préfet de police, proche des milieux antigouvernementaux. La manifestation, prévue pour le 6 février aux abords du Palais-Bourbon, tourne à l'émeute, faisant 15 morts et 1 500 blessés.

La portée : la peur du coup d'État fasciste

Trois temporalités doivent être convoquées pour percevoir les multiples enjeux de cette pierre angulaire de l'historiographie française [BERNSTEIN, 2011]. Un temps très court, celui de la manifestation, permet d'écarter la thèse d'un coup d'État. La foule est nombreuse mais hétéroclite. Quelques-uns veulent marcher sur le Palais-Bourbon mais la majorité souhaite seulement la démission du gouvernement radical en place (centre-gauche), ce qu'ils obtiennent le lendemain.

Le temps moyen est celui de la crise économique et de ses répercussions sociales qui dure depuis 1930 au moins, une crise qui a pour effet de radicaliser la droite par la critique de la démocratie libérale. Les projets de fondation d'une IVe république et de rénovation d'un système politique jugé obsolète sont alors nombreux.

Le temps le plus long est celui du politique et de la formation des ligues. Ce sont des groupements civiques soudés autour d'une action déterminée. Elles correspondent à l'entrée des masses dans l'arène politique des années 1880. Dans le contexte des années 30, elles évoluent pour devenir des organisations structurées autour d'un homme et tenant un discours nationaliste. Certaines d'entre elles s'inscrivent dans une tradition antisémite réactivée durant l'affaire Dreyfus [☞ 2].

Pour autant, faut-il les comparer à la quête idéologique totalisante allemande et italienne ? L'influence est indéniable. Leur culte de l'action ne pouvait qu'être sensible à l'efficacité des faisceaux de Mussolini. Mais pour certains historiens étrangers, Zeev Sternhell en tête, les liens sont plus profonds. La France aurait été l'inspiratrice du fascisme et le pays qui en aurait vu l'une des formes les plus abouties. Plusieurs historiens français, à la suite de René Rémond, ont combattu cette thèse.

Ils notent d'abord que si le fascisme italien prône la révolution, ce n'est pas le cas des ligues françaises. Les événements du 6 février 1934 semblent leur donner raison. Ils précisent ensuite que la chute de la IIIe République a parfois justifié une approche téléologique, faisant de l'antiparlementarisme de droite des années 30 le signe avant-coureur de l'instauration d'un régime autoritaire. Avant 1940, le fascisme ne semble observable en France qu'à l'état embryonnaire. Les Croix-de-Feu du colonel de La Rocque ont longtemps été perçues comme la force principale du « fascisme français ». Une vision remise en cause aujourd'hui. La Rocque, inspiré par un profond légalisme conservateur plutôt que par une idéologie extrémiste, souhaitait réformer les institutions plutôt que renverser la république.

Pour Serge Bernstein, les ligues de l'entre-deux-guerres sont surtout un outil dans la lutte politique entre droite et gauche. Inexistantes tant que la droite gouverne, elles s'affirment après la victoire du parti radical en 1932. Les ligues sont sans doute une réponse française à la crise de la démocratie libérale, mais cette réponse n'est pas le fascisme, à moins que l'on donne à celui-ci une définition trop lâche pour être signifiante [BERNSTEIN et WINOCK, 2015]. Pour la gauche, le 6 février 1934 est pris comme une alerte sévère et participe à déclencher une dynamique d'union entre communistes et socialistes qui débouche sur le Front populaire [☞ 24].

RESSOURCE MULTIMÉDIA

Une revue de presse contemporaine des faits accompagnée d'une biographie des principaux protagonistes :
http://www.retronews.fr/dossier/les-%25C3%25A9meutes-antiparlementaires-du-6-f%25C3%25A9vrier-1934

Fiche 24

7 juin 1936 : LES ACCORDS DE MATIGNON ET LE FRONT POPULAIRE

ESPACE CONCERNÉ : histoire de France,
THÈMES : économie, politique, société.

Un accord historique

La victoire du Front populaire alliant socialistes et communistes déclenche un vaste mouvement de grèves et d'occupations spontanées. C'est dans ce contexte que Léon Blum, Premier ministre, réunit représentants du patronat et des syndicats ouvriers. Après plusieurs réunions préparatoires, quinze personnes s'assoient autour d'une longue table sous les ors de l'hôtel Matignon : cinq ministres et secrétaires d'État, quatre représentants patronaux et six représentants syndicaux. Blum préside la séance. La négociation s'achève difficilement. Les accords sont signés à minuit quarante le 8 juin 1936 mais sont antidatés et restent, pour l'histoire, datés du 7 juin.

Quels sont les héritages des accords Matignon de 1936 ?

Le contexte : le Front populaire débordé ?

À ses débuts, la République s'appuie surtout sur les classes moyennes et les paysans. Elle réprime sévèrement certaines grèves et les ouvriers ne se reconnaissent pas dans un régime dont le personnel politique est issu de la bourgeoisie. Les ouvriers s'organisent par le biais de syndicats (Confédération Générale du Travail fondée en 1895) ou de partis politiques (Section Française de l'Internationale Ouvrière créée en 1905). Cependant, progressivement, la République se rapproche des ouvriers pour canaliser leur colère. Une série de lois sociales, dont les lois sur l'indemnisation des accidents du travail (1898), les retraites ouvrières et paysannes (1910) ou la journée de huit heures (1918) permettent de corriger des inégalités sociales et de rallier les ouvriers à la République [VIGNA, 2012].

Les difficultés des années Trente ressoudent le mouvement ouvrier divisé depuis 1920 entre communistes et socialistes : c'est la naissance du Front populaire. Celui-ci a deux objectifs : sauver la République du danger fasciste [☞ 23] et sortir de la crise économique. Suite à la victoire du Front populaire, de nombreuses usines sont occupées dans une ambiance festive. Cela force le gouvernement nouvellement constitué à hâter les prises de décisions.

✍ **Témoignage de Simone Weil, publié dans *La Révolution prolétarienne* (10 juin 1936)**

J'ai été voir les copains dans une usine où j'ai travaillé [...]. Joie de pénétrer dans l'usine avec l'autorisation souriante d'un ouvrier qui garde la porte. Joie de trouver tant de sourire, tant de paroles d'accueil fraternel. Joie d'entendre, au lieu du fracas impitoyable des machines, de la musique, des chants et des rires [...]. Bien sûr, cette vie si dure recommencera dans quelques jours. Mais on n'y pense pas. Et puis, quoi qu'il arrive, on aura toujours eu ça. Pour la première fois et pour toujours, il flottera autour de ces lourdes machines d'autres souvenirs que le silence, la contrainte, la soumission.

Aussi, pour beaucoup d'ouvriers les accords de Matignon ne sont pas le fruit d'une négociation entre appareils mais le résultat de leur combat. Cela renforce leur fierté et donne à ce texte une saveur particulière.

La portée : un accord qui marque les mémoires

Le contenu de l'Accord Matignon explique aussi pourquoi il a marqué les mémoires : hausse des salaires de 7 à 15 % et protection par des conventions collectives suivies par deux lois réduisant la durée du travail hebdomadaire à 40 heures et instaurant deux semaines de congés payés. Par ailleurs, la République met en place une politique culturelle dont bénéficie la classe ouvrière : création des auberges de jeunesse, billets de trains à tarif réduit...

Certes, sur de nombreux points, les conventions collectives sont en retrait par rapport aux revendications. Elles n'imposent pas à l'employeur de prendre des mesures de prévention contre les risques au travail et n'interdisent pas à un patron de licencier qui bon lui semble. La difficulté des travaux exécutés par les femmes est rarement reconnue et rémunérée. À poste égal, ouvriers et ouvrières ne touchent presque jamais le même salaire. Par ailleurs, le Front populaire se délite rapidement. Les communistes dénoncent l'arrêt des réformes sociales, l'inaction du gouvernement face à la riposte patronale. Les sénateurs radicaux, inquiets du coût des réformes sociales, poussent Léon Blum à démissionner en juin 1937. En avril 1938, la constitution du gouvernement dirigé par Édouard Daladier signe définitivement la mort du Front populaire. Face à la montée des fascismes, celui-ci prétend remettre la France au travail pour accélérer la production d'armement et revient sur une bonne part des acquis sociaux de juin 1936.

Mais, notamment par le travail d'artistes comme le photographe Willy Ronis ou le cinéaste Jean Renoir, l'Accord de Matignon s'est déjà constitué en mythe et s'est imposé dans les mémoires.

RESSOURCE MULTIMÉDIA

La *Marche de l'histoire* a consacré plusieurs émissions au Front populaire, à sa politique sociale (https://www.franceinter.fr/emissions/la-marche-de-l-histoire/la-marche-de-l-histoire-03-mai-2016) comme à sa politique culturelle (https ://www.franceinter.fr/emissions/la-marche-de-l-histoire/la-marche-de-l-histoire-02-mai-2016).

Fiche 25
13 décembre 1937 : PREMIERS MASSACRES À NANKIN

ESPACE CONCERNÉ : histoire du monde,
THÈME : guerre et diplomatie.

Le premier jour des massacres

Ils ont connu la bataille meurtrière de Shanghai. Trois mois de résistances et de morts avant un repli sur Nankin, leur capitale. Trois mois pour une fuite infamante, ordonnée dans l'empressement. Des soldats qui se ruent hors d'une ville cernée par sept divisions, qui franchissent les murailles, se jettent dans le fleuve Yangtsé, subissent le feu de camarades qui n'ont pas compris, pas su, pas accepté l'ordre de leur chef, Tchang Kai-Chek, qui avait promis de défendre la cité jusqu'au bout. Tout cela c'était hier. Aujourd'hui il faut affronter l'ennemi à genou, du regard seulement. Aucune arme n'arrête la violence de ceux qui éliminent, par rang de six, des soldats la nuque baissée. Aujourd'hui, et demain encore, il faudra mourir. Derrière leurs fenêtres opaques, les habitants entraperçoivent la haine dont ils s'apprêtent à être l'objet. Le soldat Ueba écrit dans son journal : « je les hais ! »

Pourquoi Nankin est-il resté un enjeu mémoriel et diplomatique majeur des relations sino-japonaises ?

✍ **Prospectus lâché par les militaires japonais au-dessus de Nankin (9 décembre 1937)**

L'armée japonaise n'accordera aucune grâce à ceux qui offrent une résistance mais ne causera aucun dommage aux civils ou militaires chinois qui ne manifestent aucune hostilité. Notre désir le plus cher est de préserver la culture de l'Asie orientale. Si nos troupes continuent de combattre [...] la culture qui perdure depuis un millénaire sera réduite en cendres.

Le contexte : l'impérialisme japonais

Entré en guerre contre l'Allemagne dès le 23 août 1914, le Japon affirme ses ambitions militaires et coloniales au cours des négociations de paix. Il se revendique protecteur de la Chine entière et de sa civilisation, une rhétorique régulièrement utilisée par la suite pour justifier sa politique d'annexion. En dépit des pressions britanniques et américaines, le Japon profite des divisions d'une Chine prise en tenaille entre nationalistes et communistes pour y prendre pied à la fin des années 1920. En 1932, Il se lance dans la conquête de la Mandchourie chinoise avant de prendre Shanghai et Kharbine. Après avoir quitté la SDN en 1933 [☞ 22], le Japon poursuit sa politique de grignotage jusqu'en juillet 1937, date à laquelle est lancée la conquête de la Chine. Aucunement inquiétées par des Européens trop occupés par la montée des périls hitlériens et relativement indifférents au sort des Chinois, les troupes japonaises encerclent Nankin, la capitale du parti nationaliste, le 9 décembre 1937.

La portée : une mémoire toujours vive

Nankin constitue pour les Chinois une tragédie dont l'ampleur est comparable à Hiroshima, si ce n'est à Auschwitz [MARGOLIN, 2005]. Du 12 au 13 décembre, les massacres de soldats chinois découlent des combats en cours. Puis, du 13 au 18 décembre, a lieu leur massacre systématique, qu'ils aient combattus ou non. Suivent deux mois de violences contre les civils : des viols en masse et une dizaine de milliers d'individus tués sur une population de 200 000 habitants.

Article annonçant un concours de décapitation à Nankin (13 décembre 1937)

➡ *lien vers le document en grand format :*

https ://commons.wikimedia.org/wiki/File :Contest_To_Cut_Down_100_People.jpg

Invention ou fait avéré, le concours de décapitation de 100 personnes qui aurait opposé deux officiers de l'armée japonaise dans les jours précédant le massacre de Nankin a connu des suites notables. Il coûta la vie à ces deux officiers, exécutés pour crime de guerre. Depuis les années 1970, il est l'objet d'un intense débat historiographique, qui montre toute la difficulté de la société japonaise à affronter la violence de ce passé.

Ces exactions sont les premières du genre à l'échelle de l'histoire militaire japonaise. Elles s'expliquent par la logique d'une guerre éclair qui veut affoler la résistance chinoise. Il faut aussi prendre en compte l'évolution d'un pays prônant la conception d'une victoire absolue qui doit être obtenue sur un ennemi anéanti. La « culture de guerre » japonaise construite autour de la mystique du « nouveau samouraï », indifférente à la reddition et aux souffrances des civils, fait le reste.

La Chine communiste de Mao, qui n'a pas été impliquée dans l'événement, laisse d'abord tomber l'épisode de Nankin dans l'oubli. Elle n'a alors rien à gagner à s'attaquer à un Japon humilié ; l'ennemi est à trouver à l'intérieur. Les années 1980 voient au contraire la construction d'une mémoire qui veut oublier les divisions en re-convoquant l'ennemi extérieur. Dans le même temps, au Japon, le ministère de l'éducation exige que les manuels scolaires soient approuvés pour y minimiser les effets des agressions japonaises, provoquant de vives réactions des autorités chinoises. Les approches historiographiques nouvelles, notamment sur la question de la collaboration chinoise après le massacre, peinent à se déployer dans ce contexte.

RESSOURCE MULTIMÉDIA

Un dossier complet sur le sujet accompagné d'un témoignage en vidéo d'une survivante : http://geopolis.francetvinfo.fr/massacre-de-nankin-negationnisme-a-la-japonaise-29889

Fiche 26

26 janvier 1939 : ENTRÉE DES FRANQUISTES À BARCELONE

ESPACE CONCERNÉ : histoire du monde
THÈMES : guerre et diplomatie, politique.

La chute de Barcelone

Depuis deux jours, quelques tracts de résistance voltigent dans des rues désertes. Des incendies éclatent, on a brûlé des tonnes de papiers pour ne pas qu'ils tombent entre les mains des ennemis. On est parti en masse pour Gironne et Figueras où les restes d'un gouvernement républicain en miettes s'est réfugié. Des hommes poussent quelques charrettes à bras sur lesquelles s'empilent quelques maigres biens rapidement jetés. On garde aux oreilles le cri de ceux que l'on abandonne parce qu'ils ne peuvent pas suivre, et l'on doit encore surveiller le ciel d'où surgissent les chasseurs de la *Luftwaffe*. Dans la ville laissée seule, les troupes nationalistes s'avancent et tuent, quelques dix mille personnes. Barcelone se referme sur les morts, enfouis dans les fosses communes qui peuplent la Catalogne, enfouis dans des mémoires qui n'en peuvent déjà plus de se souvenir.

À quelles échelles doivent se lire les traumatismes de la guerre d'Espagne ?

✍ **Serano Suner, correspondant au journal nazi *Volkischer Beobachter***

La ville est totalement bolchévisée. La décomposition est absolue. La population, dont j'ai moi-même vérifié les actes, est moralement et physiquement malade. Barcelone et ses habitants seront traités par nous comme on doit traiter un malade.

Le contexte : la fin d'une guerre civile

L'entrée des Franquistes à Barcelone, c'est d'abord la dernière étape d'une guerre civile devenue lieu de mémoire de l'histoire européenne. Il faut donc en fixer le cadre. Le soulèvement militaire du 18 juillet 1936 n'est que le dernier soubresaut dans la vie agitée de la république espagnole, née en avril 1931. C'est en octobre 1934 que la crise ouverte éclate, lorsque le nouveau gouvernement confie trois ministères aux catholiques. En réplique, l'Union générale des travailleurs UGT ordonne la grève générale et tente de s'emparer du pouvoir avec les communistes. Bientôt, les actes de violence se multiplient. Les militaires qui préparent un coup d'État n'ont plus qu'à attendre le moment propice. Ils donnent le signal dans la nuit du 17 au 18 juillet 1936 dans les colonies espagnoles du Maroc, puis se diffuse au reste de l'Espagne. Il échoue car à Madrid, la résistance populaire est victorieuse.

C'est la seule victoire républicaine de la guerre. Affaiblie par les affrontements entre anarchistes, communistes et socialistes réformistes, l'Espagne loyaliste ne contrôle plus que 12 provinces sur 59 en 1939. De surcroît, la population de ces provinces a été confrontée à un rationnement croissant, que ne connaissent pas les régions contrôlées par Franco. Si on ajoute le soutien que ce dernier reçoit de l'Allemagne nazie et de l'Italie fasciste, la défaite des Républicains paraît difficilement évitable.

La portée de la chute de Barcelone

La chute de Barcelone termine une guerre d'une extrême violence. Dans les zones contrôlées par les « nationaux » [franquistes], la répression, théorisée avant même le déclenchement du putsch de Franco (17-18 juillet 1936), revêt le caractère d'un massacre. De l'autre côté, les membres du clergé sont les premiers visés par les républicains les plus extrémistes. De 7 000 à 8 000 prêtres et religieux périssent à l'été 1936. Cette violence rebat des repères bien établis en Europe entre droite et gauche, laïcisme et cléricalisme. Sa découverte introduit des revirements douloureux chez les intellectuels. Spectateur des crimes commis à Majorque par des troupes franquistes soutenues par le clergé, l'écrivain Georges Bernanos se résout à dénoncer les agissements de ceux qu'il pensait être des hommes de son camp. Les cruautés de la guerre civile espagnole poussent en effet nombre d'intellectuels à des examens de conscience.

La victoire finale de Franco jette sur la route de la *retirada* des milliers de républicains en direction de la France. Mais cette France n'est pas celle qu'ils ont espérée. Le Front populaire, craignant les réactions internationales et voulant à tout prix éviter de s'engager dans une guerre, choisit le principe de la non-intervention pendant que l'aide envoyée par l'Allemagne et l'Italie aux « nationaux » transite librement par le Portugal. Dépassées par le caractère massif de l'exode, les autorités françaises tergiversent, n'acceptent que les femmes et les enfants, puis ouvrent les frontières aux combattants républicains. À compter du 28 janvier 1939, 500 000 réfugiés franchissent la frontière, entassés dans des baraquements surpeuplés sur les plages des Pyrénées-Orientales [BEEVOR, 2006].

Sur eux, le silence s'abat. Celui d'une mémoire hégémonique véhiculée par l'État franquiste puis d'une politique de réconciliation après 36 ans de dictature. Une loi de 1977 amnistie les opposants au franquisme mais empêche aussi l'ouverture de procès contre les responsables de la répression. La guerre civile reste aujourd'hui une affaire en suspens dans les cursus scolaires [LEIZAOLA, 2007]. Sans doute, les mémoires des exactions franquistes, particulièrement sensibles au Pays Basque et en Catalogne mais réduites au silence aux premiers jours de la reconstruction démocratique, ont entretenu les indépendantismes actuels.

RESSOURCE MULTIMÉDIA

Un podcast de l'émission *Concordance des temps* sur l'exode des républicains espagnols :
https://www.franceculture.fr/emissions/concordance-des-temps/republicains-espagnols-les-migrations-de-l-exil

Fiche 27

18 juin 1940 : L'APPEL DE LONDRES DU GÉNÉRAL DE GAULLE

ESPACE CONCERNÉ : histoire de France,
THÈMES : politique, guerre et diplomatie.

De Gaulle parle aux Français

Installé dans un appartement prêté par un Français, 6 Seymour Place, près de Hyde Park, de Gaulle rédige le texte de son appel le 18 juin 1940. Vers 13 h 30, il déjeune avec le ministre britannique de l'information Duff Cooper et le général Spears, avant de revenir dans son appartement pour remanier son discours, à leur demande. Vers 18 heures, il se rend dans les locaux de la BBC où règne une activité fébrile : les techniciens sont occupés à préparer l'enregistrement du discours de Winston Churchill. Rien n'est donc prévu pour conserver le message du général de Gaulle, qui n'est pas enregistré. Après avoir obtenu l'autorisation du gouvernement vers 20 h, la diffusion de son discours est annoncée à 20 h 15 et l'appel est prononcé à 22 h sur grandes ondes, ondes moyennes et ondes courtes. De Gaulle appelle les Français à poursuivre le combat en s'appuyant sur l'Empire et sur les alliés.

Dans quelle mesure l'appel du 18 juin 1940 constitue-t-il un acte fondateur de la Résistance française ?

André Malraux : « délivrer la France de son propre abandon »

Il y a le 18 juin à sa date, et le symbole qu'il est devenu pour et par la continuité d'une action. À sa date, il ne s'agit pas d'un discours mais d'un appel. C'est comme cela que l'appel fut d'abord interprété et rapporté : un général français, dont on n'a pas très bien compris le nom, mais dont on a vaguement retenu qu'il a été membre du gouvernement, a invité, à la radio anglaise, tous ceux qui voulaient encore se battre à se joindre à lui.

Le contexte : sauver l'honneur de la France

La débâcle de l'armée française en quelques semaines (mai-juin 1940) frappe les Français de stupeur, provoque un exode massif, qui accentue encore la désorganisation du pays, et la fuite du gouvernement français à Bordeaux. Le 14 juin 1940, les troupes allemandes défilent à Paris. Le 16 juin, le président du conseil, Paul Reynaud, démissionne : il est remplacé par le maréchal Pétain, qui annonce dès le lendemain la signature de l'armistice. Le général de Gaulle, ancien sous-secrétaire d'État du gouvernement Reynaud, part pour Londres sur un avion britannique afin de poursuivre le combat aux côtés des alliés et d'organiser la Résistance française. Quelques jours après son appel du 18 juin, l'armistice est signé (22 juin) et le maréchal Pétain obtient les pleins pouvoirs (10 juillet 1940 ; ☞ 28).

La portée : un immense héritage mémoriel

L'enregistrement de l'appel du 18 juin n'a pas été conservé mais une rediffusion a lieu le lendemain, sur ondes courtes, à 12 h 15, puis à plusieurs reprises jusqu'au 26 juin 1940. De Gaulle conserve son texte originel, publié le lendemain dans la presse britannique et dans la presse régionale française (*Le Progrès, Le Petit Provençal,...*). Le 19 juin, un mandat d'arrêt français adressé à de Gaulle prouve que son appel a été lu et entendu en France, mais par une minorité de Français. De surcroît, la plupart des Français ne le connaissent pas encore. Environ 7 000 soldats français ainsi que des civils rallient de Gaulle. Mais très peu de personnalités françaises lui accordent alors leur confiance.

Cet appel n'est pas l'unique acte fondateur de la Résistance, diverse et multiforme : mais il en demeure un élément essentiel [DURAND, 2001].

En dépit de son faible impact à court terme, cet appel devient très vite un symbole. Chaque 18 juin, tous les ans jusqu'à la fin du conflit, de Gaulle réitère son appel, où qu'il soit (Le Caire, Londres, Alger, Bayeux). Et tous les 18 juin, les Français de Grande-Bretagne prennent l'habitude de se réunir à Londres pour commémorer cet appel jusqu'à la fin de la guerre. De retour au pouvoir en 1958, de Gaulle choisit d'inaugurer le Mémorial de la France combattante au Mont Valérien le 18 juin 1960. Bien après son décès, l'inauguration du Musée de la Deuxième Guerre mondiale et du général de Gaulle, à l'Hôtel national des Invalides, se déroule le 18 juin 2000.

Finalement, sur proposition de la BBC et de l'Institut national de l'audiovisuel, l'Appel du 18 juin 1940 est inscrit au Registre Mémoire du monde de l'UNESCO en juin 2005.

RESSOURCE MULTIMÉDIA

Appel du général de Gaulle, juillet 1940 :
http://www.charles-de-gaulle.org/pages/l-homme/dossiers-thematiques/1940-1944-la-seconde-guerre-mondiale/l-appel-du-18-juin/documents/video-d-un-appel-de-juillet-1940.php

Fiche 28

10 juillet 1940 : VOTE DES PLEINS POUVOIRS AU MARÉCHAL PÉTAIN

ESPACE CONCERNÉ : histoire de France,
THÈME : politique.

Un vote massif ?

Mercredi 10 juillet 1940, 649 députés et sénateurs se réunissent dans le théâtre du grand casino, à Vichy. Devant les parlementaires, Pierre Laval, vice-président du Conseil, lit une lettre du maréchal Pétain demandant les pleins pouvoirs en vue de préparer une nouvelle Constitution. Le député Vincent Badie tente de lire une motion rédigée par 27 parlementaires pour défendre la République, mais l'accès à la tribune lui est interdit par les huissiers et le président Jeanneney lui refuse la parole. Il s'écrie : « vive la République quand même ». À 18 h 50, on passe au vote et le résultat est clair : 569 voix pour, 80 contre et 20 abstentions. Les opposants sont majoritairement à gauche, comme Vincent Auriol, Jules Moch et Léon Blum (SFIO), mais quelques-uns sont des figures du centre-droit, comme le marquis Léonel de Moustier. Les communistes n'ont pas été autorisés à siéger suite au pacte germano-soviétique. C'est la fin de la IIIe République et le début de l'État français, ou « régime de Vichy ».

Dans quelle mesure les parlementaires sont-ils responsables de la fin de la IIIe République ?

✍ **Léon Blum, *Mémoires***

C'est un spectacle qu'il est difficile d'évoquer sans un certain frémissement. J'ai vu là, pendant deux jours, des hommes s'altérer, se corrompre à vue d'oeil, comme si on les avait plongés dans un bain toxique. Ce qui agissait, c'était la peur : la peur des bandes de Doriot dans la rue, la peur des soldats de Weygand à Clermont-Ferrand, la peur des Allemands qui étaient à Moulins.

Le contexte : la France dans la débâcle

Après la débâcle de l'armée française et la démission de Paul Reynaud, président du conseil, Albert Lebrun, président de la République, nomme le maréchal Pétain à la tête du gouvernement le 16 juin 1940. Dès le lendemain, Pétain annonce son intention de demander l'armistice qui est signé le 22 juin 1940. Si le territoire français est divisé, Pétain reste à la tête d'un État français libre en zone non occupée [carte C].

Carte C. La France de 1940 à 1944

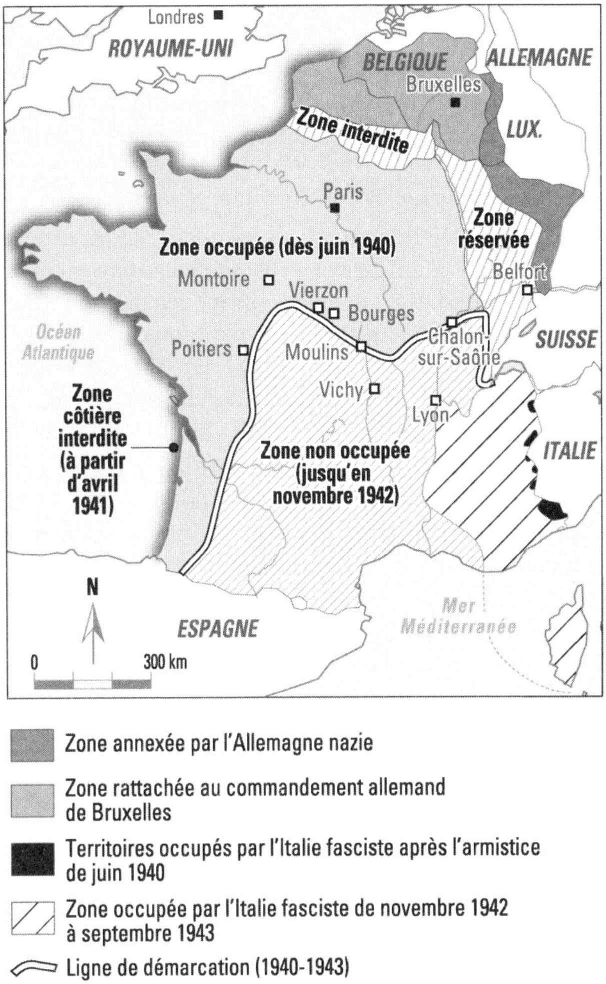

Alors que les troupes allemandes marchent vers Bordeaux, où s'est installé le gouvernement français, le transatlantique *Le Massilia* emmène un sénateur et vingt-six députés, dont Daladier et Mendès-France, vers l'Algérie, pour continuer le combat. Accusés de désertion, ils sont placés sous surveillance, puis empêchés de revenir en métropole pour voter le 10 juillet. Le maréchal s'intéresse peu aux institutions, contrairement à Laval, vice-président du conseil depuis le 23 juin, qui conçoit un projet pour amener les parlementaires à abolir la Constitution. Le 29 juin 1940, Pétain lui donne carte blanche. Le 9 juillet, Laval convoque les deux Chambres à Vichy pour réviser les lois constitutionnelles. La majorité des députés se prononce en faveur du projet, à l'exception de deux groupes parlementaires qu'il parvient à neutraliser : Laval est confiant pour le vote qui doit survenir le lendemain.

La portée : la fin de la IIIe République

Sitôt le vote acquis, la Chambre est dissoute et le nouveau chef de l'État, outrepassant la mission qui lui a été confiée, s'arroge les pleins pouvoirs par une série d'*actes constitutionnels*. Puis il promulgue les lois sur l'internement des opposants et le statut des Juifs, à l'automne 1940. La nouvelle Constitution ne verra jamais le jour. Certains des députés paient leur engagement de leur sang : Marx Dormoy et François Camel sont assassinés, dix sont déportés. Mais beaucoup de ceux qui ont voté « oui » entrent ensuite dans la Résistance.

Faut-il considérer les 80 députés qui ont voté « non » comme des résistants ? Ce serait anachronique. Mais ils ont défendu la République, dans un contexte marqué par la peur et le désarroi. Les 80 députés entrent cependant en contact avec la Résistance extérieure, comme l'atteste un texte transmis à Londres le 17 décembre 1943 dans lequel ils s'adressent au comité de la France libre et assurent le général de Gaulle et le conseil national de la résistance de leur entière confiance [SAGNES et MARIELLE, 2010].

En 2010, 70 ans plus, tard, le Sénat et l'Assemblée nationale organisent une commémoration en hommage « au vote des 80 parlementaires ». Mais la mémoire du 10 juillet 1940 reste relativement ambivalente et souvent instrumentalisée par des groupes divers [JEANNENEY, 2010] : une mouvance droitière reporte la responsabilité du vote sur la Chambre du Front populaire, d'autres considèrent que les parlementaires ont été trompés par Laval et effrayés par la présence toute proche de la Wehrmacht. Pour de Gaulle et nombre de ses contemporains, le 10 juillet n'est pas un événement majeur contrairement à l'armistice qui débouche sur la collaboration.

RESSOURCE MULTIMÉDIA

Allocution du maréchal Pétain, 17 juin 1940 :
https://www.youtube.com/watch ?v=due4avh81h4

Fiche 29
29 et 30 septembre 1941 : LES MASSACRES DE BABI YAR

ESPACE CONCERNÉ : histoire du monde,
THÈMES : guerre et diplomatie, société.

Les *Sonderkommando* en action

Dans le cadre de l'opération Barbarossa, la ville de Kiev, en Ukraine, est prise par l'armée allemande le 19 septembre 1941. Kiev compte alors 900 000 habitants, dont 160 000 Juifs environ. Suite à une opération de sabotage menée par le NKVD, des officiers allemands décident de rassembler la communauté juive de Kiev pour la massacrer. Le 28 septembre 1941, veille de la fête juive de Yom Kippour, les Juifs de Kiev reçoivent l'ordre de se rassembler le lendemain à proximité du ravin de Babi Yar. Sous la menace, et parce que beaucoup sont persuadés d'être réquisitionnés ou déportés, les Juifs de Kiev qui n'ont pas pu fuir se rendent à cette convocation. Le 29 septembre au matin, ils se dirigent donc vers Babi Yar. Sur le lieu de rassemblement, ils sont conduits par groupes de dix sur le bord du ravin, encadrés par un commando de l'Einsatzgruppe C, le Sonderkommando 4a dirigé par Paul Blobel, renforcé par des auxiliaires de police ukrainiens. Sur le trajet, ils sont roués de coups par les soldats accompagnés de chiens. Contraints de se dévêtir, ils doivent ensuite se coucher, visage contre la paroi du vaste ravin de 15 mètres de profondeur. En contrebas, trois groupes d'une douzaine de tireurs massacrent les Juifs à la mitrailleuse : les suivants doivent s'allonger sur les corps inertes avant d'être exécutés à leur tour, puis entassés au fond du ravin. La tuerie se poursuit le lendemain. En deux jours 33 771 Juifs sont massacrés.

En quoi les massacres de Babi Yar marquent-ils une étape dans la politique d'extermination nazie ?

✍ Communiqué du 28 septembre 1941

Tous les Juifs de Kiev et de ses environs devront se présenter le lundi 29 septembre 1941 à 8 heures du matin à l'angle des rues Melnikovskaïa et Degtiarev. Ils devront être munis de leurs papiers d'identité, d'argent, de leurs objets de valeurs, ainsi que de vêtements chauds, de linge, etc. Les Juifs qui ne se conformeront pas à cette ordonnance et seront trouvés dans un autre lieu seront fusillés. Les citoyens qui pénétreront dans les appartements abandonnés par les Juifs et s'empareront de leurs biens seront fusillés.

Le contexte : les Nazis mènent la guerre

Au printemps 1941, près de trois millions de soldats de la Wehrmacht sont lancés à l'assaut de l'URSS. La progression des troupes allemandes est rapide et déclenche la fuite d'un million et demi de Juifs, sur les quatre millions installés en URSS. Placés sous le contrôle de la Wehrmacht, et, à partir de l'été 1941, de quatre détachements spéciaux de SS, les « groupes mobiles d'intervention » ou *Einsatzgruppen* ciblent les Juifs dans le cadre d'une politique d'extermination qui s'intensifie, et dans laquelle le massacre de Babi Yar marque une étape importante. Assistés par des auxiliaires locaux, les *Einsatzgruppen* mettent en œuvre la « Shoah par balles » à partir d'août 1941, afin d'exterminer systématiquement les Juifs considérés comme inférieurs et viscéralement hostiles aux Allemands. Menés à l'écart des villages et des villes, les Juifs sont contraints de creuser un fossé dans lequel ils sont enterrés après avoir été exécutés d'une balle dans la nuque.

La portée : la première étape de la logique génocidaire

Durant les mois qui suivent, les tueries se poursuivent à Babi Yar, visant environ mille Juifs mais aussi des Tziganes et des prisonniers soviétiques : au total, 100 000 à 150 000 personnes ont trouvé la mort à Babi Yar. Cette « Shoah par balles » s'étend avec l'avancée de la Wehrmacht sur le front oriental. Babi Yar devient aussi un lieu de détention avec la construction du camp de concentration de Syrets, dans lequel environ 30 000 prisonniers de guerre périront.

Les massacres affectent rapidement les SS et leurs supplétifs : beaucoup sombrent dans l'alcoolisme, voire la dépression ou le suicide [HILBERG, 1995]. Les autorités allemandes envisagent alors la mise au point de nouvelles méthodes d'extermination, comme l'usage de gaz d'échappement de camions, puis la « solution finale » avec les camps d'extermination. Les exécutions de masse se poursuivent néanmoins sur le front oriental : leur bilan total s'élèverait à environ 1,5 million de victimes. Les massacres de Babi Yar marquent donc une accélération et une radicalisation de la politique d'extermination nazie [☞ 31].

Afin d'effacer toute trace de cette politique, Paul Blobel, chef du Sonderkommando 4a revient à Babi Yar pour faire exhumer puis brûler tous les corps, par 300 prisonniers juifs, en août et septembre 1943 [HILBERG, 1995].

Babi Yar est aujourd'hui un vaste parc, devenu officiellement un lieu de mémoire à partir de 1976, lorsque les autorités soviétiques décident d'ériger un monument à la mémoire des prisonniers soviétiques. Il faut attendre 1991 pour qu'un autre monument soit construit à la mémoire des Juifs massacrés. Depuis 2001, un troisième monument rappelle la mémoire des enfants tués à Babi Yar.

RESSOURCES MULTIMÉDIAS

Sur les Einsatzgruppen :
http://www.tagtele.com/videos/voir/50449/
De nombreux témoignages sur Babi Yar sur le site de Yad Vashem :
http://db.yadvashem.org

Fiche 30
7 décembre 1941 : ATTAQUE JAPONAISE SUR PEARL HARBOR

ESPACE CONCERNÉ : histoire du monde,
THÈMES : guerre et diplomatie.

L'attaque venue du ciel

Cela fait plusieurs minutes que le lieutenant Tyler se demande s'il ne ferait pas mieux de jeter un nouveau coup d'œil au radar, pour s'assurer que les intrusions détectées à 7 h du matin sont bien causées par des vols amis. On attend des bombardiers venus de Californie au ravitaillement. Il est 7 h 53 lorsqu'il se décide, après avoir pris sa dernière gorgée de café. Soudain, c'est le déferlement du feu. « Air raid Pearl Harbor. This is not a drill », peut-on entendre dans les coursives de l'*USS Arizona* avant l'explosion d'une violence encore inconnue. Rien n'était prêt, Isoroku Yamamoto le savait. Mais lui qui a défendu son plan auprès de l'empereur se demande si les 2 340 soldats tués, 166 avions et 21 navires détruits, suffiront pour gagner une guerre éclair.

En quoi l'attaque de Pearl Harbor a-t-elle représenté un tournant dans la Seconde Guerre mondiale ?

✍ **Déclaration du président américain Franklin Roosevelt (8 décembre 1941)**

Hier, 7 décembre 1941 — une date qui restera à jamais marquée dans l'Histoire comme un jour d'infamie — les États-Unis d'Amérique ont été attaqués délibérément par les forces de l'empire du Japon. Les États-Unis étaient en paix avec le Japon et étaient même, à la demande de ce pays, en pourparlers avec son gouvernement et son empereur sur les conditions du maintien de la paix.

Le contexte : l'expansion du Japon

Après de premières tentatives au début du XXe siècle, le Japon s'est lancé depuis 1937 dans la conquête de la Chine et de territoires du sud-est asiatique sans que les puissances occidentales n'y trouvent grand-chose à redire. Par exemple, lorsque le 12 décembre 1937 la canonnière américaine Panay, qui naviguait sur le fleuve Yangzi près de Nankin, est coulée par l'aviation japonaise, le gouvernement américain accepte les excuses et les indemnités de Tokyo et en reste là. Pourtant, l'expansionnisme japonais s'accompagne de brutalités sans précédents contre les civils et les prisonniers de guerre. Aux Philippines et en Chine, les morts se comptent par centaines de milliers à force de travaux forcés, de « marches de la mort » et de massacres [☞ 25]. Les plans américains ne semblent pas évoluer au cours des premiers mois de la guerre et, en raison de leur politique isolationniste, conservent un caractère strictement défensif. Poursuivant son œuvre impérialiste sans entraves, le Japon profite de la défaite française pour se faire céder des bases militaires dans le Tonkin, puis obtient le droit d'occuper toute l'Indochine (juillet 1941). Cette fois, les États-Unis répliquent en décrétant un embargo sur les hydrocarbures à destination de l'archipel. Une catastrophe pour le Japon dont 80 % du pétrole provient d'Amérique. Pour les Japonais, l'affrontement devient inéluctable [HARTER, 2011].

La portée : une nouvelle guerre commence

Les États-Unis ne souhaitaient sans doute pas faire la guerre au Japon. C'est pourtant l'embargo sur le pétrole qui constitue l'élément déclencheur. En étouffant le Japon au niveau énergétique, les États-Unis favorisent l'arrivée au pouvoir des partisans de la ligne dure qui choisissent de répondre à l'étranglement économique par la force afin de s'assurer un glacis protecteur et l'accès à des matières premières. Les conquêtes japonaises sont rapides (1941-1942) : Hong Kong, la Malaisie, Singapour, la Birmanie, l'Indonésie. Cependant, Pearl Harbor n'a pas le caractère décisif espéré par les Japonais : les Américains ont perdu 18 navires de guerre (sur les 94 présents) mais les porte-avions sont en mer et les infrastructures de la base ont peu souffert. Dans ces conditions, les États-Unis peuvent reconstituer leurs forces plus vite que prévu. D'ailleurs, à partir de 1943, l'aviation américaine recouvre le Japon d'un tapis de bombes. En mars 1945, Tokyo subit un bombardement comparable à celui de Dresde en Allemagne avec un bilan de près de 100 000 morts.

En détruisant l'Empire japonais, la guerre transforme le Pacifique en « lac américain ». À une autre échelle, elle permet le développement économique spectaculaire de la côte ouest américaine. En effet, l'équipement électronique des bateaux était perfectionné dans des petits laboratoires de la région de Los Angeles et San Francisco, préfigurant l'essor de la Silicon Valley [NDIAYE, 2001 ; ☞ 96]. Pearl Harbor a servi les intérêts américains, jusqu'à devenir un lieu et un moment de mémoire parfois mobilisable quand la situation diplomatique et géopolitique le nécessite. Ainsi, au lendemain des attaques du 11 septembre 2001, le président George W. Bush fait appel aux grands mythes de l'histoire américaine et occidentale : Pearl Harbor figure alors en bonne place aux côtés des croisades.

RESSOURCE MULTIMÉDIA

Un podcast de l'émission *La marche de l'histoire* avec Hélène Harter comme invitée : https://www.franceinter.fr/emissions/la-marche-de-l-histoire/la-marche-de-l-histoire-07-decembre-2011

Fiche 31

20 janvier 1942 : LA CONFÉRENCE DE WANNSEE

ESPACE CONCERNÉ : histoire du monde,
THÈMES : politique, société.

Un cadre bucolique pour une réunion aux lourdes conséquences

Le 20 janvier 1942, quinze hauts dignitaires nazis se réunissent dans un cadre bucolique en bordure d'un lac, dans la confortable villa Marlier, située n° 56-58 Grosser Wannsee, à l'ouest de Berlin. Heydrich, numéro deux de la SS et chef des services de sécurité (RSHA), préside la réunion. Eichmann, officier SS en charge des « affaires juives », prend en notes la conférence pour rédiger un « protocole » classé « secret du Reich ».

D'emblée, Heydrich annonce qu'il est chargé par le maréchal du Reich, Göring, de préparer « la solution finale de la question juive ». Le but de la réunion est de clarifier et d'harmoniser le projet. Heydrich s'appuie sur un document préparé par Eichmann pour dresser un bilan chiffré de la politique de persécution des Juifs depuis 1933. Il présente un projet d'évacuation des Juifs vers l'Est de l'Europe, afin de mettre en place la « solution finale de la question juive », c'est-à-dire la mort des 11 millions de Juifs d'Europe, par le travail, l'épuisement ou par un « traitement approprié ». Après l'exposé de Heydrich, des discussions s'engagent autour des travaux à mener pour la « solution finale », dans une ambiance qualifiée par Eichmann d'aimable, pleine de civilité, des soldats apportant des boissons aux participants. La conférence ne dure qu'une heure à une heure trente.

En quoi la conférence de Wannsee constitue-t-elle une étape majeure dans la mise en œuvre de la Shoah ?

✍ **Adolf Eichmann, lors de son procès, 1961**

C'était vers la fin de l'été [1941]. Lorsque Heydrich m'a convoqué, je me suis présenté devant lui, et il m'a dit : « le Führer a ordonné la destruction physique des Juifs. » Contrairement à ce qu'il faisait d'ordinaire, il fit ensuite une longue pause ; aujourd'hui encore je m'en souviens. Au premier moment je n'ai pas très bien compris ce qu'il voulait dire... Je n'ai rien répondu parce que je n'osais plus rien dire là-dessus ; je n'avais jamais pensé à une solution aussi radicale. Je n'avais plus de voix.

Le contexte : la logique d'anéantissement sur le front Est

Les personnes présentes connaissent le processus d'extermination des Juifs, déjà mis en œuvre par les *Einsatzgruppen* depuis plus de six mois sur le front Est. Dès le 7 décembre 1941, le camp d'extermination de Chelmno accueille des convois de déportés. La conférence de Wannsee vise donc seulement à entériner et étendre la « solution finale de la question juive » et à en préciser la logistique.

En effet, dès le 24 janvier 1939, Heydrich est chargé d'organiser l'émigration des Juifs allemands. Le 31 juillet 1941, Göring étend sa mission à l'ensemble de l'Europe en lui confiant l'organisation de la « solution finale », c'est-à-dire différents projets d'évacuation des Juifs vers des camps de travail à l'Est de l'Europe, où, à terme, ils devraient être exterminés. L'enlisement des troupes allemandes sur le front Est, et le coût humain et matériel qui en découle, le décident à accélérer le processus et à convoquer des responsables nazis à Wannsee. Prévue le 9 décembre, la conférence est reportée à cause de l'attaque de Pearl Harbor le 7 décembre 1941 et de l'entrée en guerre du Japon et de l'Allemagne contre les États-Unis.

La portée : vers un génocide industriel

Le procès-verbal de la conférence, épuré par Eichmann, est reproduit en trente exemplaires. Dans les semaines qui suivent, les camps d'extermination sont déployés en Pologne et la « destruction des Juifs d'Europe » s'accélère. La conférence Wannsee reste dans les mémoires comme un moment clé de la bureaucratie de la Shoah, parfois même considérée comme le point de départ du génocide. Pourtant, depuis une vingtaine d'années, de nombreux travaux d'historiens américains et allemands remettent en cause cette hypothèse. Hans Mommsen souligne qu'il n'y a jamais eu de décision de Hitler [MOMMSEN, 1997]. D'autres estiment que la décision est antérieure, en se fondant sur la « Shoah par balles » mise en œuvre dès 1941 et sur l'ouverture du camp de Chelmno en décembre 1941 [carte D]. Quelques-uns considèrent au contraire que la décision est prise plus tard, au printemps 1942. Finalement l'enjeu de la conférence résiderait davantage dans l'annonce de la promotion d'Heydrich, responsable de la « solution finale » dans son ensemble.

Carte D. Le dispositif d'extermination nazi

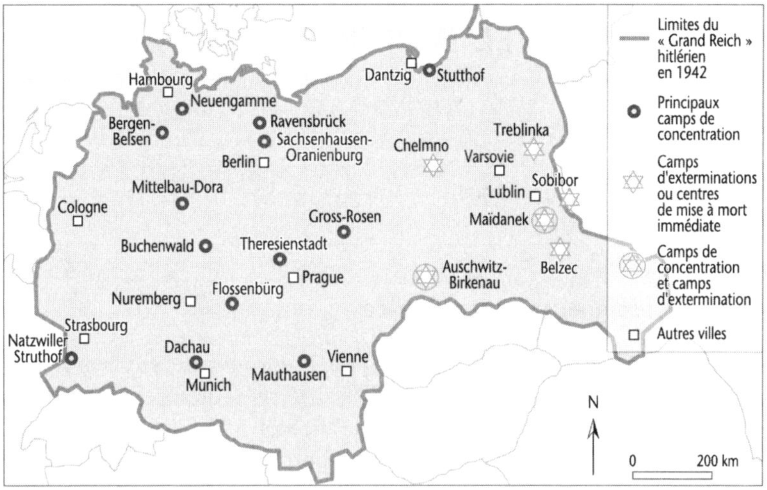

Quand la décision d'extermination a-t-elle été prise ? Philippe Burin relève un moment décisif entre la fin juillet et la fin août 1941, lorsque les femmes et les enfants sont inclus dans le massacre [BURIN, 1995]. Christian Gerlach objecte que ces massacres revêtent un caractère régional alors que la « solution finale » concerne tous les Juifs à partir de la conférence de Wannsee [GERLACH, 1999]. Si la conférence ne marque pas le début du génocide, elle en constitue un tournant radical. L'histoire savante, qui tend à relativiser l'importance de la conférence de Wannsee, et la mémoire collective, prompte à l'accentuer, trouvent ainsi un compromis.

RESSOURCE MULTIMÉDIA

http://education.francetv.fr/matiere/epoque-contemporaine/premiere/video/shoah-la-conference-de-wannsee-20-janvier-1942-apocalypse-la-seconde-guerre-mondiale

Fiche 32
16 et 17 juillet 1942 : LES RAFLES DU VÉL' D'HIV'

ESPACE CONCERNÉ : histoire de France, THÈMES : politique, société.

Une opération soigneusement préparée

Le 16 juillet 1942, à l'aube, sous une chaleur déjà éprouvante, environ 7 000 policiers et gendarmes français se déploient dans différents quartiers de Paris, munis de fiches nominatives dressées à partir du « fichier Juif ». Ils bouclent les rues, investissent les immeubles, tambourinent aux portes des Juifs recensés et répètent l'ordre : « prenez le strict nécessaire et suivez-nous ! » Sous bonne escorte, les familles gagnent les centres primaires de rassemblement avant d'être embarquées dans des autobus affrêtés par la police. Un nombre indéterminé de Juifs échappe à la police, mais 13 152 sont arrêtés, dont 4 115 enfants, 5 919 femmes et 3 118 hommes. Une partie d'entre eux part directement pour le camp de Drancy. La majorité est dirigée vers le vélodrome d'Hiver, où « le matériel humain capté » est entassé sur la piste. Dans cette prison de fortune, environ 8 160 personnes, femmes, enfants, personnes âgées, malades, s'entassent pendant cinq jours, dans des conditions telles qu'une centaine d'entre eux se suicident. Les infirmières présentes sont dépassées.

En quoi la rafle du Vél' d'Hiv' montre-t-elle l'implication de la police française dans la politique de persécution et de déportation des Juifs en France ?

✍ **Lettre de Mme G. H., membre de la Croix-Rouge (22 août 1943)**

Ces gens-là n'avaient eu le droit que d'emporter une couverture et les vêtements qu'ils avaient sur eux... Dix minutes pour se préparer, les enfants qu'on obligeait à rester ou qu'on séparait de leur mère s'accrochaient à elle – des hurlements de bêtes blessées... Certains agents pleuraient. Certes, nous avions besoin de nous débarrasser de cette racaille. Mais ne pouvions-nous pas le faire d'une façon plus humaine et plus adroite, sans nous rendre complice d'une telle cruauté ?

Le contexte : la France dans la Collaboration

La rafle du Vél' d'Hiv' répond aux exigences des autorités nazies qui planifient de grandes rafles simultanément dans différents États d'Europe, dans le cadre de l'opération « Vent printanier » [☞ 31]. Dès fin juin 1942, en France, le directeur de la police générale et le sous-directeur des Étrangers et des Affaires juives reçoivent l'ordre de préparer une grande rafle dans toute la région parisienne visant plus de 20 000 Juifs étrangers ou apatrides, le 14 juillet. Finalement organisée les 16 et 17 juillet 1942, cette rafle vise à prouver aux autorités occupantes l'efficacité et la bonne volonté de la police française. Au terme de différentes réunions entre autorités allemandes et françaises, des fiches d'arrestation sont rédigées et remises aux policiers, à l'aube du 16 juillet.

La portée : un lourd héritage tardivement assumé

Les Juifs détenus au Vél'd'Hiv sont ensuite conduits vers les camps de Drancy, Beaune-la-Rolande et Pithiviers : puis ils sont déportés vers le camp d'extermination d'Auschwitz [JABLONKA, 2012].

Le régime de Vichy cherche à valoriser sa police au service de l'occupant : en échange d'une autonomie administrative et de la reconnaissance de l'autorité de l'État français, la police française accepte de déporter massivement des Juifs. La rafle du Vel'd'Hiv' en fournit la moitié, le reste proviendra de camps et d'autres rafles opérées en zone non occupée du 26 au 28 août 1942. Les conditions dans lesquelles la rafle se produit soulèvent des protestations, y compris parmi des antisémites [lire citation]. De plus, sur les 27 361 Juifs visés, 20 000 environ sont des femmes et des enfants : des fuites ont permis aux hommes de se cacher et on pensait que seuls eux étaient visés. Les rafles suivantes sont donc organisées dans le plus grand secret, avec davantage de précautions. Déçues, les autorités allemandes reconnaissent néanmoins qu'elles n'auraient pas eu les moyens d'en faire autant que la police française [BERLIÈRE, 2001].

Parce qu'elle met en évidence les conséquences de la collaboration mise en œuvre par le régime de Vichy, et du fait de son ampleur, la rafle du Vel'd'Hiv tient une place particulière dans la mémoire de la Seconde guerre mondiale en France. En 1993, le président Mitterrand choisit d'instituer « la journée nationale à la mémoire des victimes des persécutions racistes et antisémites commises sous l'autorité de fait dite gouvernement de l'État français » le 16 juillet. En 2000, elle devient la « journée nationale à la mémoire des victimes des crimes racistes et antisémites de l'État français et d'hommage aux Justes de France ». Une plaque commémorative est également posée en bordure du quai de Grenelle, dans un square renommé « square de la place des Martyrs Juifs du Vélodrome d'Hiver ». Enfin, en janvier 2011, un musée des enfants du Vél'd'Hiv est inauguré à Orléans.

Si Charles de Gaulle puis François Mitterrand ont rejeté la responsabilité de cette rafle sur le régime de Vichy, considéré comme illégitime, le président Chirac finit par reconnaître la responsabilité de l'État français. Puis François Hollande déclare à son tour en 2012 que « ce crime fut commis en France, par la France ».

RESSOURCE MULTIMÉDIA

Document INA sur la rafle du Vel'd'Hiv :
http://www.ina.fr/video/CAB92041270

Fiche 33
2 février 1943 : LA REDDITION ALLEMANDE À STALINGRAD

ESPACE CONCERNÉ : histoire du monde,
THÈMES : guerre et diplomatie.

La fin d'une longue agonie

Depuis novembre 1942 et le déclenchement de l'opération *Uranus* par Joukov, la VIe armée allemande commandée par Paulus est encerclée dans le « chaudron » de Stalingrad. Von Manstein avait promis de lancer une opération de secours. Elle n'aura pas lieu. Quant au pont aérien organisé par Goering, il est nettement insuffisant. Dans le rude hiver russe (jusqu'à – 40° C), les soldats allemands, malades, affamés, ont reçu l'ordre d'Hitler de tenir jusqu'au bout. Pour motiver Paulus, le *führer* le nomme *feld-marechal*. Mais l'officier a compris que la résistance est vaine, le sacrifice inutile. Désobéissant aux ordres, il sollicite et signe sa reddition.

✍ **Le témoignage du lieutenant Iltchenko**

C'était le matin du 31 janvier 1943, il faisait très froid ce jour-là. Les combats faisaient rage devant un magasin universel [siège de l'état-major allemand]. Soudain, à travers une brèche dans un mur, j'aperçus un officier allemand agitant un drapeau blanc [...]. Comme les approches du magasin avaient été minées, il fallut contourner le bâtiment par la rue Ostrovski. Par radio, j'informais le colonel chef de brigade Bourmakov de la proposition de l'officier allemand de descendre dans les sous-sols où l'état-major de Paulus se trouvait. Il me dit : « agissez, lieutenant ! » À l'entrée, un Allemand nous demanda un peu gêné de nous débarrasser de nos armes. Après l'avoir toisé d'un « regard de vainqueurs », nous serrâmes encore plus fort nos mitraillettes et prîmes le chemin de la cave. Dans un long couloir humide et nauséabond nous aperçûmes plusieurs centaines d'officiers allemands aux visages émaciés, ressemblant à des fantômes. Une détonation claqua soudainement. Instinctivement je saisis la crosse de mon arme, mais il s'agissait d'un suicide.

En quoi peut-on qualifier Stalingrad de tournant de la Seconde Guerre mondiale ?

Le contexte : le réveil de l'ours

En 1941, Hitler lance l'opération Barbarossa qui vise à détruire l'URSS de Staline avec laquelle il avait signé le pacte germano-soviétique pour pouvoir concentrer ses forces à l'Ouest. Après l'échec de la prise de Moscou, Hitler impose en 1942 à ses généraux une offensive vers les puits de pétrole du Caucase. La *Wehrmacht* dispose pour cela de près d'un demi-million d'hommes, de chars, d'avions tandis que l'Armée rouge peine encore à s'organiser. Impatient, Hitler lance simultanément les deux phases qui devaient se succéder et divise donc ses forces. Ainsi la VIe armée de Paulus est-elle lancée à l'assaut de Stalingrad. Dans un premier temps, cette erreur stratégique n'apparaît guère. Les Nazis avancent rapidement et prennent le contrôle de l'ouest de Stalingrad. Hitler et ses généraux se voient déjà vainqueurs.

C'est alors que Staline et ses généraux, dont Joukov, interdisent tout nouveau recul. Des renforts sont envoyés et des mesures draconiennes de contrôle des soldats sont prises [LOPEZ, 2008]. Les Soviétiques défendent à présent la ville rue par rue, bâtiment par bâtiment. Au prix de combats menés parfois à l'arme blanche et d'importantes pertes humaines, l'avancée nazie dans la ville est stoppée.

Parallèlement, dès septembre 1942, Joukov prépare une contre-attaque visant à encercler l'armée de Paulus. Pendant deux mois, il accumule discrètement deux corps d'armées sur la rive orientale de la Volga. À l'arrière, dans l'Oural, des usines d'armement travaillent jour et nuit pour fournir l'armement nécessaire, notamment les T-34, des chars rapides, puissants et très résistants. Le 19 novembre 1942, Joukov déclenche l'opération *Uranus*. Paulus et ses hommes sont encerclés.

La portée : le tournant de la guerre ?

Un million de soldats des deux camps meurent à Stalingrad mais cela finit comme un triomphe pour les Soviétiques dont la propagande officielle tire un grand parti. À Berlin, la censure concède que Paulus a perdu mais immédiatement Goebbels annonce le début d'une « guerre totale » contre le « judéo-bolchevisme ».

Stalingrad marque la première défaite des Nazis sur le front Est et un coup d'arrêt à leur expansion. L'importance stratégique de la ville ne justifiait pas un tel acharnement dans les combats. Mais rapidement la bataille fait l'objet d'une intense propagande par chacun des deux camps. Elle devient ainsi un symbole, ce qu'impliquait déjà son nom (« la ville de Staline »). L'utilisation de Paulus par les Soviétiques après 1945, pour servir d'accusateur contre les nazis à Nuremberg puis de caution pour la RDA, en témoigne.

Chaque camp valorise sa mémoire. Pour les Soviétiques, Stalingrad est le tournant de la guerre. Pour les Anglais, c'est la « bataille d'Angleterre » (juillet 1940-mai 1941). Quant aux Américains, ils mettent en avant la bataille de Midway (juin 1942) ou le débarquement en Normandie (6 juin 1944).

RESSOURCE MULTIMÉDIA

Dans *Stalingrad* (2001), Jean-Jacques Annaud présente les exploits du tireur d'élite Vassili Zaïtsev, combattant dans Stalingrad et utilisé à des fins de propagande par le régime soviétique.

Fiche 34

27 mai 1943 : CRÉATION DU CONSEIL NATIONAL DE LA RÉSISTANCE (CNR)

ESPACE CONCERNÉ : histoire de France,
THÈMES : politique, société, guerre et diplomatie.

Une rencontre au sommet

Le 27 mai, Robert Chambeiron « Champion », Pierre Meunier « Morlaix » et Daniel Cordier « Alain », le secrétaire de Jean Moulin, se rendent dans différentes stations du métro parisien pour aller chercher huit membres des principaux mouvements de résistance des deux zones, six représentants de partis politiques et deux syndicalistes. Ils les conduisent au n° 48 rue du Four (6e), au premier étage, chez René Corbin. Daniel Cordier se poste à la sortie de la station Croix Rouge afin de prévenir « Rex », Jean Moulin, d'une menace éventuelle ; « Morlaix » et « Champion » sont postés à l'angle de la rue de Rennes. La première réunion du Conseil de la Résistance se tient dans la salle à manger de René Corbin, sous la présidence de Jean Moulin qui transmet les instructions adressées par le général de Gaulle. Georges Bidault lit une motion préparée par Jean Moulin, puis s'ouvre un débat animé. Après deux heures, le Conseil approuve à l'unanimité les instructions transmises par de Gaulle.

En quoi la création du CNR contribue-t-elle à la refondation de la République ?

✍ **Motion du Conseil National de la Résistance, extrait, 27 mai 1943**

La France, déjà présente sur tous les fronts, aspire à rentrer plus intensément encore dans la guerre libératrice et à y jeter toutes les ressources de son Empire libéré. Pour atteindre pleinement son but, il faut qu'elle ait, au plus tôt, un gouvernement unique et fort qui coordonne et qui ordonne, affirmant aux yeux du monde son prestige retrouvé de grande nation.

Le contexte : unir les forces

Le Conseil de la Résistance, qui devient le CNR quelques mois plus tard, résulte d'un processus d'unification des mouvements de résistance implantés en France, sous la direction du général de Gaulle installé à Londres. Il s'agit à la fois de coordonner et de renforcer l'action de la Résistance française, tout en renforçant la légitimité du général de Gaulle comme représentant de la France libre auprès des Alliés.

L'idée d'un Conseil National de la Résistance émerge à partir de 1942 et se concrétise peu à peu à partir de janvier 1943. Le 15 février 1943, Jean Moulin est à Londres pour travailler sur ce projet dont il reçoit la responsabilité. Il parvient à convaincre les mouvements de résistance d'accepter la présence des anciens partis politiques et syndicats, pour rassembler les forces vives de la nation, et rendre le futur CNR crédible aux yeux des Alliés.

La portée : refonder la République

Plébiscité par les représentants de la Résistance, de Gaulle quitte Londres pour établir un Gouvernement Provisoire de la République Française à Alger, le 3 juin 1943. Jusque-là contesté, il peut ainsi s'imposer comme l'interlocuteur privilégié et légitime des Alliés.

Moins d'un mois plus tard, Jean Moulin est arrêté par la Gestapo, dans des circonstances troubles, et périt sous la torture. De septembre 1943 à mars 1944, le CNR ne se réunit que trois fois. Mais les cinq membres du bureau, Georges Bidault, Louis Saillant, Pascal Copeau, Maxime Blocq-Mascart et Pierre Villon, se voient toutes les semaines. Le programme du CNR, nommé « Les jours heureux », est ainsi rédigé, puis adopté à l'unanimité par les membres du CNR le 15 mars 1944. Ce texte rassemble des « mesures à appliquer dès la Libération », qui concernent l'épuration, la politique (droit de vote des femmes...), l'économie (nationalisations...), ainsi que des mesures sociales, afin de rétablir une République démocratique sur de nouvelles bases (sécurité sociale...) : il débouche sur la mise en place d'un État-providence [WIEVIORKA, 2013]. Après la Libération du territoire, le CNR s'efface cependant de la vie politique française et disparaît dès l'été 1945. Mais son programme perdure bien au-delà. « Symbole actif d'une politique démocratique » [ANDRIEU, 2006], il inspire la reconstruction du pays et demeure un texte de référence de la vie politique française à long terme. Aujourd'hui devenu un symbole de la Résistance, il reste revendiqué par diverses personnalités politiques, de gauche comme de droite.

Depuis la loi n° 2013-642 du 19 juillet 2013, le 27 mai, « jour anniversaire de la création du Conseil national de la Résistance », est devenu journée nationale de la Résistance. Le texte prescrit : « dans le cadre de cette journée anniversaire, les établissements d'enseignement du second degré sont invités à organiser des actions éducatives visant à assurer la transmission des valeurs de la Résistance et de celles portées par le programme du Conseil national de la Résistance. »

RESSOURCE MULTIMÉDIA

Jean Moulin dans les archives de l'INA :
https://www.youtube.com/watch ?v=9A21EH2_Qh4

Fiche 35

29 avril 1945 : LES FEMMES VOTENT EN FRANCE

ESPACE CONCERNÉ : histoire de France, THÈMES : politique, société.

Les femmes devant les urnes

Les Françaises votent pour la première fois, aux élections municipales, à l'occasion du premier scrutin organisé en France depuis la fin de la guerre. La presse se fait l'écho de l'événement, comme le *Figaro* qui propose un « guide abrégé à l'usage des électrices parisiennes ». Douze millions d'électrices sont attendues dans les isoloirs. Les femmes sont filmées devant les panneaux électoraux, dans les bureaux de vote... Irène Joliot-Curie, l'épouse du général de Gaulle, l'actrice Jeanne Boitel, mais aussi des « mères de famille » et des religieuses apparaissent glissant leur bulletin dans l'urne, dans les Actualités françaises diffusées dans les cinémas.

Ce premier scrutin est un succès : on enregistre des taux de participation féminine identiques à ceux des hommes. Certaines sont élues, comme Odette Roux, 28 ans, à la mairie des Sables-d'Olonne ou Pierrette Petitot à celle de Villetaneuse. Mais le nombre de femmes conseillères municipales ne représente que 3 % des élus en 1945. À Paris, neuf femmes font leur entrée au Conseil de Paris, sur 90 élus.

Le droit de vote des femmes, avancée décisive ou simple étape dans la féminisation de la vie politique française ?

✍ **Maurice Schumann, Radio-Londres (16 décembre 1943)**

Si, dans la dernière guerre, la femme a donné des centaines d'héroïnes à la liberté, pour la première fois, dans cette guerre, elle lui a donné des centaines de milliers de combattantes... La délivrance de la patrie entraînera l'émancipation de la Française.

Le contexte : de nombreux combats politiques

La participation active des femmes à la vie politique est une question ancienne. En septembre 1791, la *Déclaration des droits de la femme* rédigée par Olympe de Gouges insiste sur le droit de la femme de « monter à la tribune », en vain. Cette cause est ensuite relayée au XIXe notamment par Hubertine Auclert [*Le droit des femmes*, 1876] et surtout au XXe siècle par le mouvement des suffragettes puis par différents mouvements féministes. De fait, avant 1945, le droit de vote est accordé aux femmes dans de nombreux États, sur tous les continents, dès 1893 en Nouvelle Zélande. En France, dans l'entre-deux-guerres, différentes initiatives ont permis à des femmes de participer activement à la vie municipale. Ainsi, le maire d'Évreux, Pierre Mendès-France, organise un référendum local dans lequel hommes et femmes élisent des conseillères municipales [ZANCARINI-FOURNEL, 2005]. En 1936, le gouvernement du Front populaire comporte trois femmes sous-secrétaires d'État.

Par l'ordonnance du 17 septembre 1943, est créée à Alger une Assemblée consultative provisoire, regroupant des résistants ou des membres de partis politiques. Au sein de cette Assemblée est mise en place une commission de la législation et de la réforme de l'État, afin d'organiser les élections dans la France libérée. Parmi les membres de cette commission figurent deux femmes, actives résistantes : Marthe Simard et Lucie Aubrac.

La proposition de loi déposée par l'économiste François de Menthon prévoit d'accorder aux Françaises le droit d'être élue mais pas d'élire. Fernand Grenier, député communiste de la Seine et résistant, dépose un amendement incluant le droit de vote des femmes. De nombreuses objections sont soulevées, notamment par Paul Giacobbi (Radical) : le rôle de mère et d'épouse ne serait pas compatible avec l'exercice du droit de vote ou d'un mandat politique et, à défaut d'une éducation suffisante, les femmes seraient sous l'influence de l'Église ou de leur époux. Le 23 mars 1944, l'Assemblée consultative qui siège à Alger adopte le principe du droit de vote des femmes, par 51 voix contre 16. Le 21 avril 1944, le général de Gaulle signe l'ordonnance qui instaure le droit de vote des femmes. Mais les résistances et les réticences persistent au-delà même de l'ordonnance : ainsi les radicaux font-ils valoir la difficulté d'organiser à temps l'inscription sur les listes électorales des femmes... De plus, seules les femmes de métropole peuvent voter : ainsi les Algériennes doivent attendre la Ve République (1958) pour participer à un scrutin.

La portée : vers de nouveaux défis

12 millions d'électrices se mobilisent à nouveau lors du premier scrutin national le 21 octobre 1945. La participation des femmes est alors nettement plus importante dans les villes que dans les campagnes. De même, c'est dans les villes que les femmes font acte de candidature.

Le droit de vote n'a cependant pas remis en cause la masculinité du pouvoir : nommée ministre en 1947, Germaine Poinso-Chapuis quitte le gouvernement dès 1948. Il faut ensuite attendre la nomination de Simone Weil en 1974 pour qu'une femme occupe à nouveau un poste ministériel. Malgré différentes mesures législatives comme la loi sur la parité hommes-femmes du 6 juin 2000 [☞ 85], complétée par deux autres lois en 2001 et 2007, l'accès des femmes aux mandats électoraux et aux fonctions électives demeure marqué par de fortes inégalités. Jusqu'en 1997, le nombre de femmes députées stagne autour de 30 élues, soit 5 % de l'Assemblée nationale. Ce nombre s'élève alors à 59 élues. Il atteint aujourd'hui 224.

RESSOURCE MULTIMÉDIA

Le vote des femmes aux élections du 29 avril 1944, INA : http://www.ina.fr/video/AFE86003075

Fiche 36

22 juillet 1944 : ACCORDS DE BRETTON WOODS

ESPACE CONCERNÉ : histoire du monde,
THÈMES : économie, guerre et diplomatie.

En chemin vers l'accord

Une houle légère suffit pour indisposer les passagers du *Queen Mary*. Certains profitent du soleil de juin pour mesurer, accoudés aux balustrades, l'immensité d'un océan qu'il reste à traverser. Un voyage aux risques que l'on mesure. L'Atlantique est le terrain de jeu des U-Boots. Dans sa cabine, John Maynard Keynes s'impatiente déjà de pouvoir poser le pied sur le sol américain, là où l'avenir attend. Pragmatique, il se dit que l'angoisse est une chose de la guerre, l'inconfort aussi. Celui de sa cabine et celui de l'hôtel Mount Washington, au nord de Boston, où c'est au coude à coude qu'il sera chargé, avec les meilleurs experts financiers internationaux, de reconstruire le système monétaire international. Rien de moins.

En quoi les accords de Bretton Woods ont-ils été l'un des moteurs de la reconstruction du monde d'après-guerre ?

✍ **Lettre de John Maynard Keynes adressée au Chancelier de l'Échiquier, le 21 juillet 1944**

Le rythme de travail ici est franchement incroyable [...]. Tout se passe dans des commissions qui comptent jusqu'à deux cents personnes entassées dans des salles mal sonorisées [...]. Beaucoup de participants n'ont qu'une connaissance médiocre de l'anglais ; chacun veut figurer sur le procès-verbal pour faire bon effet dans les journaux de son pays, sans compter qu'une des plus importantes délégations, les Russes pour ne pas les nommer, a beaucoup de peine à comprendre de quoi il retourne [...]. Mais le climat est dans l'ensemble excellent.

Le contexte : les États-Unis, principaux vainqueurs de la guerre

Les négociateurs présents à Bretton Woods ont des préoccupations multiples. Au-delà de la question de l'organisation des moyens de paiements internationaux, ceux-ci ont la volonté d'éviter de nouvelles crises économiques mondiales. Ils estiment en effet que la mauvaise gestion économique de l'après-Première Guerre mondiale [☞ 14] et la crise de 1929 [☞ 18] sont en grande partie responsables de l'arrivée d'Hitler au pouvoir [☞ 21] et donc de la Seconde Guerre mondiale. Ainsi, ils aspirent à poser les bases d'un système économique mondial stable.

Un autre élément de contexte majeur est à mettre en avant : en 1944, l'équilibre mondial s'est déplacé vers les États-Unis. Plus encore qu'en 1919 le pays sort renforcé de la Seconde Guerre mondiale. Sa puissance tient en quelques éléments factuels : en 1945 les États-Unis réalisent 50 % de la production industrielle mondiale et 25 % du commerce international ; encouragée par l'administration américaine, la multinationalisation des grandes firmes s'accélère avec la création de nombreuses filiales en Europe et en Asie. La guerre permet également au capitalisme américain d'accroître son avance technologique sur ses concurrents. La reconstruction de l'Europe lui ouvre des débouchés importants et lui donne un rôle important de créditeur (plan Marshall).

La portée des accords : les États-Unis, superpuissance économique

Les accords de Bretton Woods sont négociés du 1er au 22 juillet 1944. Ils modifient en profondeur le système monétaire mondial autour de trois principes. La libre convertibilité des monnaies est garantie et les États-Unis font ainsi du dollar, dont ils ont la maîtrise, la monnaie internationale. La BIRD (Banque internationale pour la reconstruction et le développement), surnommée Banque mondiale, prête à long terme aux États pour financer des projets productifs. La discipline monétaire est assurée par le FMI. Le fonctionnement de cette institution illustre le poids des Américains dans l'équilibre économique mondial. Les réserves du Fond proviennent des quotes-parts versées par les États proportionnellement à leur poids dans le commerce mondial ; ils reçoivent en échange un certain nombre de droits de vote. Les États-Unis fournissant 20 % du total ont un droit de veto sur les décisions qui doivent être prises à la majorité, qualifiée de 85 % des droits de vote. Au lendemain de la guerre, le Fond constitue un moyen apprécié d'obtenir des prêts pour nombre d'États en reconstruction.

Pour autant, le système de Bretton Woods ne semble pas avoir joué le rôle attendu dans l'importante expansion économique mondiale du quart de siècle qui suit la guerre. En premier lieu, les emprunts tirés sur le FMI ne concernent qu'une petite partie des pays touchés par la guerre ou à la recherche de crédit pour lancer des plans de développement économique. De plus, le pays à qui l'on prête le plus, le Royaume-Uni, est aussi celui qui connaît la croissance la plus faible [DUBOIS, 2005]. Les accords de Bretton Woods ont néanmoins participé à la reconstruction économique d'un monde fondé sur le modèle libéral, tout comme l'essor du commerce mondial facilité par les progrès du transport maritime [☞ 51] et le développement d'une société de consommation [☞ 19].

RESSOURCE MULTIMÉDIA

Une vidéo qui revient sur l'hégémonie progressive du dollar américain après Bretton Woods :
http://education.francetv.fr/matiere/economie/seconde/video/bretton-woods-l-hegemonie-du-dollar-americain

Fiche 37

26 juin 1945 : ADOPTION DE LA CHARTE DE L'ONU

ESPACE CONCERNÉ : histoire du monde,
THÈMES : guerre et diplomatie.

Le jour du vote

Après neuf semaines de délibérations, à l'invitation de Roosevelt, et parfois à ses frais, la conférence internationale de San Francisco s'achève. 850 délégués de cinquante États ont travaillé, jour et nuit, dans les locaux de l'opéra de la ville et dans les hôtels attenants, pour parvenir à un accord qui ravive les espoirs de paix, après les échecs cuisants d'une Société des Nations que tous gardent en mémoire. Ces hommes, parmi lesquels Joseph Paul-Boncour pour la France, viennent de donner corps à l'idée de communauté internationale. À l'issue de cette journée, ils témoignent du sentiment d'avoir vécu un moment historique et fondateur.

Comment expliquer la pérennité de l'ONU ?

✍ **Introduction de la Charte des Nations Unies (26 juin 1945)**

Nous, peuples des Nations Unies, résolus à préserver les générations futures du fléau de la guerre qui deux fois en l'espace d'une vie humaine a infligé à l'humanité d'indicibles souffrances, à proclamer à nouveau notre foi dans les droits fondamentaux de l'homme.

Le contexte : en finir avec les guerres

L'ONU est fille de la guerre. D'une première mondiale, d'abord, qui vit l'émergence d'une association d'États visant à assurer la sécurité de tous : la Société des Nations (SDN). Ce fut un échec, en raison de l'absence de possibilité de coercition mais également de l'absence en son sein des États-Unis puis des retraits ou des exclusions successifs du Japon, de l'Italie, de l'Allemagne [☞ 22], de l'URSS... Créer une communauté internationale opérante redevient une nécessité alors que le monde sort d'une nouvelle guerre mondiale. Dès 1941, Roosevelt persuade Churchill d'adopter la Charte de l'Atlantique en vue de poser les « fondements d'une nouvelle politique internationale » garante de paix et de justice. La conférence de Téhéran (1943) permet de promouvoir l'idée auprès de Staline. Dès le 21 août 1944, la Conférence de Dumbartown (Washington DC) rassemble les États-Unis, le Royaume-Uni, l'Union soviétique et la République de Chine. Durant près de deux mois, les représentants des grandes puissances posent les principes de certaines institutions qui constituent l'organisation internationale en germe

(Assemblée générale, Conseil de sécurité, Cour internationale de justice de la Haye...). L'ONU doit être un des édifices de la reconstruction du monde, le garant de sa paix et de ses équilibres.

La portée : l'espoir d'un monde meilleur

L'Organisation voit le jour après la signature de la Charte des Nations Unies à San Francisco par les représentants de 51 États le 26 juin 1945. Le cœur de ses institutions est son assemblée générale, qui élit pour deux ans les six membres non-permanents du Conseil de sécurité, accompagnés de cinq membres permanents (États-Unis, Royaume-Uni, URSS, Chine, France) disposant d'un droit de veto. Ce conseil décide de questions cruciales telles que l'adoption de sanctions ou l'envoi de « Casques bleus ». Pour éviter les blocages, à la différence de la SDN, les décisions de l'Assemblée générale se prennent par vote majoritaire. Le siège de l'ONU est d'abord nomade. En 1949, le site de New York est mis en chantier.

Dès 1945, l'URSS pratique la politique de la chaise vide, estimant que l'Organisation prend parti pour le camp « impérialiste » en attribuant le siège de la Chine à Taïwan, qui ne sera remplacé qu'en 1971 par la République Populaire de Chine. Durant toute la Guerre Froide, l'utilisation du droit de veto (242 fois en 45 ans), alternativement par les États-Unis et l'URSS, paralyse l'ONU. L'organisation joue cependant un rôle majeur dans le processus de décolonisation, relayant les discours indépendantistes et accueillant ses membres en son sein. [BERTRAND, 2006]

Au-delà de l'analyse des institutions, il convient d'en décrire les pratiques. L'Organisation a pu jouer tour à tour un rôle de tribunal après l'affaire des missiles de Cuba [☞ 57] ou de médiatisation de causes diverses, par exemple lorsque Malala Yousafzai vient y défendre l'éducation des jeunes filles en 2013. De ce fait, les multiples acteurs des relations internationales lui reconnaissent une certaine légitimité sans pour autant que son action soit forcément décisive. Ses résolutions sur Israël et la Palestine restent sans suite [☞ 81] et elle est parfois court-circuitée par des grandes puissances. Ses échecs sont nombreux, au premier rang desquels son incapacité à éviter de nouveaux actes génocidaires au Rwanda et en Bosnie. L'importance accordée aux actions entreprises par l'organisation est aussi fonction de sa capacité à démocratiser son fonctionnement. Son assemblée générale compte à présent 193 membres, mais les cinq membres permanents du Conseil de sécurité continuent à disposer d'un poids unique en raison de leur droit de veto. Pour autant, l'ONU a peut-être garanti sa pérennité par les faiblesses ainsi décrites. Car nul ne doute que bien des États n'accepteraient pas une institution capable de s'imposer à eux.

RESSOURCE MULTIMÉDIA

Le site officiel de l'organisation permet une première approche qu'il faut croiser avec des sources plus critiques :
http://www.un.org/fr/aboutun/history/

Fiche 38
du 17 juillet au 2 août 1945 : CONFÉRENCE DE POTSDAM

ESPACE CONCERNÉ : histoire du monde,
THÈMES : guerre et diplomatie.

Le dernier jour de la conférence

Des trois hommes qui signent les accords, un seul a mené son pays de bout en bout à travers la guerre : Staline. Lorsqu'on le croise dans le somptueux palais, en dépit des épreuves traversées, on retrouve le même visage étrangement paisible qu'il arborait aux côtés de Winston Churchill et de Franklin Roosevelt lors de la conférence de Yalta. En apposant sa signature sur le document, il pense peut-être à ses armées, qui ont fait capituler Berlin et mourir Hitler, à tout ce qu'il a gagné de terres et d'hommes, à tout ce qu'il pourrait perdre s'il ne rattrape pas son retard technologique sur les États-Unis, alliés d'hier, sans doute ennemis de demain [☞ 39]. Lorsqu'il faut prendre la pose, les trois fauteuils de Yalta sont remis côte à côte, une dernière fois, pour l'histoire. Autour d'eux, le jardin en fleurs d'une demeure bucolique de la banlieue de Berlin. Au loin, les ruines d'un monde dévasté.

Poignée de main entre Winston Churchill, Harry Truman et Joseph Staline (1945)

➡ *lien vers le document en grand format :*

https ://commons.wikimedia.org/wiki/File :Potsdam_conference_1945-1.jpg

À Potsdam, les alliés de la guerre jouent l'alliance ferme et joyeuse aux yeux des photographes, qui se sont invités au cours des différentes rencontres-clés de la guerre. Les images de Yalta sont encore fraîches et sont déjà internationalement connues. La mise en scène de ces poignées de main vise à rassurer les opinions publiques. Si, en coulisses, des dissensions émergent, en façade la concorde semble régner.

La conférence de Potsdam annonce-t-elle le début de la Guerre froide ?

Le contexte : la conférence de Postdam, une conférence de plus ?

Au début du conflit, l'objectif principal des Alliés est la survie de la Grande-Bretagne puis de l'Union soviétique, à partir de l'attaque allemande contre elle en 1941 (opération Barbarossa). La configuration exacte de l'Europe d'après-guerre ne fait pas encore partie des préoccupations immédiates. Mais, à partir de 1943, il est devenu impossible d'ignorer les implications politiques des campagnes militaires victorieuses en cours. Les trois chefs d'État alliés se rencontrent une première fois à Téhéran, en novembre 1943, puis à Yalta en février 1945. On y dessine en particulier le partage de l'Allemagne en zones d'occupation. Pour l'Europe de l'Est, il reste peu de marges de négociations aux Américains car les Soviétiques l'occupent déjà militairement à la suite des reculs allemands. Conscient de cet avantage, Staline en profite pour mettre en place dans les pays libérés des gouvernements communistes et impose un profond remodelage de la carte de l'Europe orientale. L'alliance antihitlerienne, déjà fragilisée, n'a plus vraiment de raison d'être après le suicide d'Hitler, le 30 avril 1945, et la capitulation du reliquat de son armée le 7 mai. Les Trois Grands se retrouvent une dernière fois en juillet, à Potsdam, une banlieue cossue de Berlin, pour finaliser leurs discussions.

La portée : premières passes d'armes entre alliés

Lorsque s'ouvre la conférence de Potsdam, les hommes, autant que leurs alliances, sont soumis à de puissantes forces contraires. Franklin Roosevelt est mort. Truman, inexpérimenté, lui succède. Churchill perd les élections. Il est remplacé par Clement Attlee. Surtout, une bombe atomique expérimentale a explosé avec succès la veille de l'ouverture [☞ 39]. Alors qu'à Yalta les Américains comptaient sur les Soviétiques pour gagner la guerre contre le Japon, à Potsdam, Staline mesure avec méfiance l'écart technologique qui se creuse [lire extrait].

✍ **Mémorandum du Général L. R. Groves lu à Truman et à Churchill au début de la conférence de Potsdam**

> Le test a réussi au-delà de nos attentes les plus optimistes [...]. Pendant un court instant, il y a eu comme un éclair de lumière qui a illuminé toute la région dans un rayon de trente kilomètres à la ronde [...]. Le Dr. Kistiakovski s'est jeté au cou du Dr Oppenheimer et l'a embrassé avec des cris de joie. Tous avaient l'air de penser qu'ils venaient d'assister à la naissance d'une nouvelle ère.

Quelques points d'accords sont maintenus lors de la conférence (démilitarisation et dénazification de l'Allemagne, mise en place de tribunaux internationaux...), mais nuancés en raison des rapports tendus qui s'installent entre les délégations. Ainsi, les frontières dessinées à Yalta sont confirmées selon les souhaits de l'URSS, mais Américains et Britanniques veulent y voir une solution provisoire [PAXTON et HESSLER, 2011]. À l'évidence elle ne l'est pas, d'autant qu'elle impose des transferts de populations majeurs. En effet, l'URSS absorbe une partie du territoire polonais, qui fait de même sur le territoire allemand, impliquant le départ forcé des populations allemandes. Ils ont été 5 millions à subir le même sort depuis la Pologne, la Tchécoslovaquie ou la Hongrie. Le communiqué final de la conférence dit vouloir un transfert « ordonné et humain ». Mais des pogroms anti-allemands ont parfois lieu au fil de l'avancée de l'Armée rouge, quand ce n'est pas celle-ci qui organise les mauvais traitements de ses prisonniers.

Mais la mise en récit de l'histoire ne doit pas se faire par anticipation. La mésentente entre alliés est alors perceptible sans être encore tout à fait ouverte. Si Staline refuse de signer un document qui acte l'emploi de l'arme nucléaire contre le Japon, le temps des concertations n'est pas clos. Un conseil des ministres des affaires étrangères impliquant soviétiques et américains va continuer à se réunir à Paris puis à Washington jusqu'en 1947, pour ne pas rompre le dialogue entamé depuis 1943. Les alliés d'hier s'observent donc certes avec méfiance de part et d'autre des décombres, mais ce n'est pas encore la Guerre froide.

RESSOURCE MULTIMÉDIA

Le site de l'INA propose un reportage sur la conférence de Potsdam. Un éclairage critique aide à en percevoir la portée historique :
http://fresques.ina.fr/jalons/fiche-media/InaEdu00269/la-conference-de-potsdam.html

Fiche 39
6 août 1945 : EXPLOSION ATOMIQUE À HIROSHIMA

ESPACE CONCERNÉ : histoire du monde,
THÈMES : guerre et diplomatie, techniques

Le dernier matin d'Hiroshima

Le temps est clair. Il est 7 h ; Hiroshima s'éveille dans une tranquillité sereine. Les rues bruissent déjà de marchands et de passants qui s'affairent pour profiter des dernières fraîcheurs de la journée. Quelques militaires rappellent l'état de guerre auquel est soumis le pays, tout comme les ouvriers qui prennent le chemin des usines d'armement. Pourtant c'est un peu comme si l'odeur de feu et de mort n'était pas parvenue jusqu'ici. Les bombardements américains n'ont jamais été menaçants, au point que l'on ne s'effraie pas vraiment des sirènes qui tout à coup raisonnent et s'arrêtent une demi-heure plus tard sans que rien n'ait changé. Puis tout disparaît : la ville, la vie même. Une explosion, une seule, à 600 mètres au-dessus d'Hiroshima. Dans le bombardier qui prend le chemin du retour, le capitaine Lewis observe un champignon de cauchemar : « mon dieu, qu'avons-nous fait ? »

En quoi l'explosion atomique à Hiroshima représente-t-elle l'aboutissement de la guerre d'anéantissement dans le Pacifique ?

✍ **Extrait de l'allocution d'Harry Truman le 9 août 1945**

Nous nous sommes servis de la bombe contre ceux qui nous ont attaqués sans avertissement à Pearl Harbor, contre ceux qui ont affamé, battu et exécuté des prisonniers de guerre américains [...]. Nous avons utilisé l'arme atomique pour raccourcir l'agonie de la guerre.

Le contexte : en finir avec la guerre

Alors que les Américains ont pris le contrôle des Philippines en mars 1945, ils s'engagent dans des combats sur l'île d'Iwo Jima, à 1 000 km au sud de Tokyo, combats au cours desquels l'armée japonaise montre la radicalité de son engagement (charges « banzaï »...). Après des mois de bombardements, des assauts d'une extrême violence. Ainsi, seuls 200 soldats japonais se font prisonniers sur les 22 000 présents sur l'île. La dureté de la bataille conduit l'état-major américain à s'interroger sur le coût humain que pourrait avoir le débarquement de ses troupes sur l'archipel nippon. En effet, rien que pour le mois de février 1945, les Américains perdent 70 000 hommes. Malgré la reddition de l'Allemagne le 8 mai 1945 et des ébauches de négociations avec Tokyo, le suicide collectif des civils se jetant des falaises dans la mer sur l'île de Saïpan et le harcèlement de l'aviation kamikaze laissent penser aux Américains qu'ils vont se heurter à une guérilla épuisante de la part des soldats et de la population civile fanatisée en débarquant au Japon.

La portée : de multiples conséquences

Le bilan humain est très lourd. Sur les 350 000 habitants d'Hiroshima, près de 80 000 sont tués au moment de l'explosion et 60 000 autres périssent dans l'année. Le 9 août 1945, 60 000 nouvelles victimes sont frappées à Nagasaki. Les Japonais négocient depuis juillet pour sortir de la guerre et plusieurs hauts gradés américains, le général Eisenhower en tête, considèrent l'utilisation de la bombe comme inutile. Mais Truman écarte ces réserves pour en finir au plus vite, considérant l'argument selon lequel le gouvernement japonais, dominé par les ultranationalistes, n'oserait pas capituler sans le traumatisme de deux explosions atomiques.

Plusieurs historiens américains ont récemment remis en cause cette justification. Dès l'été 1945, l'empire japonais a recherché une paix négociée par peur d'une occupation soviétique. En outre, un blocus de l'archipel, exsangue économiquement, aurait de toute façon amené à la reddition du Japon. Dans ces conditions, l'emploi, redoublé, de l'arme atomique, apparaît comme le désir de punir un ennemi haï depuis Pearl Harbor [SHERWIN, 2003]. Cette explication met en exergue l'évolution des pratiques alliées au fil de la guerre. À partir de 1943, lorsque la situation militaire devient plus favorable, ce sont des « tapis de bombes » qui s'abattent de nuit sur les villes allemandes et japonaises. Une stratégie qui prend pour cadre la guerre d'anéantissement en cours puisqu'elle vise autant les militaires que les civils et le territoire. De fait, le Japon sort ruiné de la guerre. Comme en Europe, les pertes démographiques liées à ces bombardements sont considérables et les grandes villes sont détruites à plus de 40 %.

Pour beaucoup de Japonais contemporains des bombardements atomiques, ceux-ci n'ont été, sauf pour ceux les ayant vécus, qu'un aspect parmi d'autres des horreurs de la guerre. Leur singularité, à savoir la capitulation qui s'ensuit et l'effet à long terme des blessures, n'a pour effet immédiat que d'entraîner la stigmatisation des victimes et la crainte de la contamination. Par la suite, la mémoire des bombardements atomiques explique l'existence d'un important mouvement pacifique et antinucléaire au Japon. Elle innerve aussi la culture japonaise. Les *mangas* empruntent ainsi un de leurs thèmes récurrents à l'explosion atomique et à la survie dans un monde dévasté (*Astroboy* ou *Gen d'Hiroshima*, par exemple). Au-delà, certains historiens considèrent les bombardements atomiques comme le premier acte de la Guerre froide, une manière pour l'Amérique de mettre son allié soviétique sous pression pour les négociations de paix. La dissuasion nucléaire sera également une des clés de l'« équilibre de la terreur » durant la Guerre froide [☞ 54].

RESSOURCE MULTIMÉDIA

Un dossier complet comprenant des éléments de contexte et des documents d'archive :
https://www.franceinter.fr/histoire/hiroshima-il-y-a-70-ans-la-premiere-bombe-atomique

Fiche 40

21 octobre 1945 : FIN DE LA IIIe RÉPUBLIQUE

ESPACE CONCERNÉ : histoire de France,
THÈME : politique.

Une journée politique historique

Pour la première fois depuis neuf ans, les Français et les Françaises votent. Et pour la première fois aussi, les militaires participent au scrutin. Tous déposent deux bulletins dans deux urnes. À la question « Voulez-vous que l'assemblée élue ce jour soit constituante ? », plus de 72 % des électeurs répondent oui. Ils se prononcent également sur une deuxième question : « si le corps électoral a répondu oui à la première question, approuvez-vous que les pouvoirs publics soient, jusqu'à la mise en vigueur de la nouvelle Constitution, organisés conformément au projet ci-contre ? » et répondent oui à plus de 54 %. Les citoyens élisent aussi leurs députés, à la proportionnelle pour former une Assemblée constituante. Le PCF devient le premier parti de France : avec le parti socialiste et les démocrates chrétiens du MRP, ces trois partis rassemblent les trois quarts des votes. Parmi les élus figurent 33 femmes.

En quoi le référendum du 21 octobre 1945 ouvre-t-il la voie à un renouvellement des institutions républicaines françaises ?

✍ **Charles de Gaulle, Assemblée constituante (1er janvier 1946)**

La formule qui s'impose, à mon avis, après toutes les expériences que nous avons faites, c'est un gouvernement qui ait et qui porte seul, je dis : seul, la responsabilité entière du pouvoir exécutif.

Le contexte : refonder la République

La constitution de la IIIe République est suspendue depuis le 10 juillet 1940, lorsque l'Assemblée nationale a voté les pleins pouvoirs au maréchal Pétain [☞ 28], le chargeant en même temps de rédiger une nouvelle constitution... qui n'a jamais vu le jour. En 1945 la France libérée est désorganisée, en ruines et appauvrie. Avant même la fin de la guerre, le Conseil National de la Résistance dirigé par le général de Gaulle envisage un ensemble de réformes pour reconstruire mais aussi moderniser la société et l'économie françaises sur de nouvelles bases. Des hommes politiques passent d'une action clandestine à une activité politique légale : la restauration de l'État, la mise en place de nouvelles institutions républicaines et d'un État providence reposent donc en partie sur un personnel politique renouvelé.

De Gaulle impose un référendum pour décider d'une éventuelle nouvelle constitution, malgré les réticences des partis politiques. Le 21 octobre 1944, la question posée propose une alternative : soit le retour à la Constitution de la IIIe République, soit la mise en place d'une Assemblée constituante qui rédige une nouvelle constitution à soumettre au référendum. Les électeurs doivent donc également voter pour une liste, afin de former une Assemblée constituante.

La portée : une solution temporaire ?

Rendue responsable de la défaite, la IIIe République est désavouée par deux tiers des électeurs. Mais du fait de l'abstention, un tiers seulement des inscrits votent sa dissolution. Davantage préoccupés par la dureté de la vie quotidienne dans une France dévastée, les Français ne se mobilisent pas sur des enjeux institutionnels. Ce référendum débouche néanmoins sur l'adoption de la loi constitutionnelle, promulguée le 2 novembre 1945 : c'est la fin officielle de la Troisième République.

S'ensuit un débat houleux sur la nature du régime républicain à mettre en place, parlementaire ou présidentiel. Faute de consensus, ces débats institutionnels s'éternisent jusqu'à l'automne 1946 : minés par les difficultés du quotidien, les Français se désintéressent de ces questions et l'abstention progresse. Le 2 novembre 1945, de Gaulle est choisi par l'assemblée constituante pour exercer les fonctions de président du Gouvernement provisoire : mais, en opposition avec les trois partis majoritaires, il démissionne dès le 20 janvier 1946. Dans les semaines qui suivent, différents projets de constitution sont débattus. Lors d'un discours prononcé à Bayeux le 16 juin 1946, de Gaulle se prononce pour un pouvoir exécutif fort, « au-dessus des partis », contrairement au Parti communiste qui opte pour une assemblée unique aux pouvoirs renforcés. Adoptée le 13 octobre, la Constitution de la IVe République entre en vigueur le 27 octobre 1946. Laïque et démocratique, la IVe République est un régime parlementaire qui repose sur deux chambres chargées de l'investiture du président du Conseil. La nouvelle Assemblée nationale est élue le 10 novembre et le Conseil de la République le 8 décembre 1946. Élu président de la République le 16 janvier 1947, le socialiste Vincent Auriol désigne Paul Ramadier président du Conseil. Le premier gouvernement regroupe notamment cinq ministres communistes, huit socialistes et cinq issus du Mouvement Républicain Populaire (MRP). La IVe République s'avère vite instable : 22 gouvernements se succèdent en douze ans, avec une durée moyenne de sept mois. Mais le personnel politique gouvernemental reste stable, ce qui permet la mise en œuvre de réformes importantes à moyen et à long termes [DELACROIX, ZANCARINI-FOURNEL, 2010].

RESSOURCE MULTIMÉDIA

Le référendum du 21 octobre 1945 sur le site de l'INA :
http://fresques.ina.fr/jalons/fiche-media/InaEdu00007/le-referendum-et-les-elections-legislatives-du-21-octobre-1945.html

Fiche 41

5 mars 1946 : LE DISCOURS DU « RIDEAU DE FER »

ESPACE CONCERNÉ : histoire du monde,
THÈMES : guerre et diplomatie.

Un discours qui marque l'histoire

Battu aux élections de 1945, Churchill ne renonce pas pour autant à s'impliquer dans la vie politique. N'exerçant plus de fonctions officielles, il retrouve même une certaine liberté de ton. Invité à donner une conférence au Westminster College de Fulton (Missouri), l'ancien *prime minister* britannique saute sur l'occasion. Face au président américain Truman, il se lance dans un discours de quarante minutes appelé à marquer l'histoire avec l'expression du « rideau de fer ».

✍ **Extraits du discours de Churchill à Fulton (5 mars 1946)**

> De Stettin dans la Baltique jusqu'à Trieste dans l'Adriatique, un rideau de fer est descendu à travers le continent. Derrière cette ligne se trouvent toutes les capitales des anciens États de l'Europe centrale et orientale. Varsovie, Berlin, Prague, Vienne, Budapest, Belgrade, Bucarest et Sofia, toutes ces villes célèbres et les populations qui les entourent se trouvent dans ce que je dois appeler la sphère soviétique, et toutes sont soumises [...] au contrôle de Moscou [...]. Les partis communistes, qui étaient très faibles dans tous ces États de l'Est européen, se sont vus élevés à une prédominance et un pouvoir bien au-delà de leur importance numérique et cherchent partout à accéder à un contrôle totalitaire. Des gouvernements policiers dominent dans presque tous les cas.

Le discours de Fulton de Churchill marque-t-il le début de la Guerre froide ?

La portée : un discours trop précoce ?

Si Churchill n'a pas forgé l'expression de « rideau de fer », il lui a donné une notoriété mondiale. Il l'a cependant peut-être employée de manière quelque peu précoce [☞ 38]. En effet, en 1946, l'Union soviétique n'a pas encore de doctrine précise quant à l'avenir de l'Europe et elle se montre ouverte sur d'autres dossiers. Elle recule par exemple ses troupes en Iran et en rabat sur ses prétentions sur le Bosphore. Globalement, le souci prioritaire de Staline n'est pas d'ordre offensif mais d'assurer la défense et la protection de l'URSS [GROSSER, 2007].

Du côté des États-Unis, le président Truman déclare en janvier 1946 : « le temps des compromis est passé, je suis fatigué de pouponner les Soviétiques ». Mais même si la situation se tend, les ponts ne sont cependant pas encore rompus en 1947. Des liens existent encore entre bloc Ouest et Bloc Est. Les journalistes et le personnel culturel lié aux ambassades peuvent encore circuler librement. Pologne et République Tchèque pensent au départ accepter le plan Marshall. En 1949, la République Tchèque commerce encore avec l'Occident et 25 % du charbon consommé en Europe occidentale vient de Pologne.

La portée : un discours prophétique ?

Si le discours de Churchill semble quelque peu trop précoce, il est par bien des aspects prophétique voire performatif. En 1947, Truman met en place sa politique de *containment* [endiguement] contre le communisme et crée la CIA. Il lance également le plan Marshall, accompagnant la nouvelle d'une intense propagande (tournée de « trains pour l'Europe » remplis de vivres qui sillonnent les pays bénéficiaires sous le regard de la presse). À Paris, en 1948, seize pays créent l'Organisation Européenne de Coopération Économique pour en répartir les fonds. Treize milliards de dollars sont distribués en trois ans. Cela permet à la fois de contrer l'influence communiste et de soutenir l'économie des États-Unis, qui trouve ainsi des clients en Europe. Mais, surtout, pour faire face à l'Armée rouge présente en Europe de l'Est, la résolution Vandenberg est adoptée le 11 juin 1948, organisant la présence de troupes américaines en Europe.

En réaction à ce qui est considéré comme une série d'agressions, l'URSS met en place le *Kominform*, organisation centralisée du mouvement communiste international, et adopte la doctrine Jdanov (septembre 1947) qui divise le monde en deux blocs : un « camp impérialiste et antidémocratique » dirigé par les États-Unis et un « camp anti-impérialiste et démocratique » dirigé par l'URSS.

La situation se tend à Berlin : suite à la réunification des zones occidentales, qui contrevient aux accords conclus durant la guerre, l'URSS décrète le blocus de la ville, mis en échec par un pont aérien organisé par les Américains. En 1948, le « coup de Prague » (prise de contrôle de la sécurité d'État par les communistes puis élections législatives dans le cadre de listes uniques contrôlées par les communistes), rappelle l'affaire des Sudètes dix ans plus tôt et déclenche une « war scare » aux États-Unis. Truman ordonne à la CIA de peser sur les élections qui approchent en Italie. La démocratie-chrétienne reçoit des fonds importants et les remporte effectivement.

La rupture du monde en deux blocs est entérinée et le « rideau de fer », cette fois, s'abat en effet sur l'Europe.

RESSOURCE MULTIMÉDIA

La Fabrique de l'Histoire a consacré le onzième épisode de la Fabrique de la Guerre froide au discours de Fulton :
https://www.franceculture.fr/emissions/la-fabrique-de-la-guerre-froide/episode-11-5-mars-1946-le-discours-du-rideau-de-fer

Fiche 42
1er octobre 1946 : FIN DES TRAVAUX DU TRIBUNAL DE NUREMBERG

ESPACE CONCERNÉ : histoire du monde,
THÈMES : politique, guerre et diplomatie.

La clôture du procès de Nuremberg

Le 1er octobre 1946, la ville de Nuremberg connaît une forte agitation : sous surveillance étroite de la police militaire, la Cour du tribunal de Nuremberg se réunit pour la dernière fois, à 13 h 50. Introduits un par un, les accusés écoutent la lecture de leur peine, chacun leur tour, debout, le plus souvent impassibles. Puis ils sont ramenés dans leurs cellules. Douze d'entre eux sont condamnés à mort par pendaison : Goering, Ribbentrop, Keitel, Kaltenbrunner, Streicher, Frank, Frick, Rosenberg, Sauckel, Jodl et Seyss-Inquart, ainsi que Bormann par contumace. Hess, Funk et Raeder sont condamnés à la prison à vie, Neurath, Dönitz, von Schirach et Speer à plusieurs années de détention. Seuls Schacht, von Papen et Fritzche bénéficient d'un acquittement, contre lequel s'élèvent le juge américain Robert Jackson ainsi que les Soviétiques. Inédit et impressionnant à tous points de vue, ce procès bénéficie d'un très fort retentissement à l'échelle internationale. Procès incomplet et imparfait, il laisse d'importantes questions en suspens : s'agissait-il d'une justice partiale et partielle ?

En quoi le procès de Nuremberg constitue-t-il un acte fondateur d'une justice internationale ?

✍ Albert Speer lors du procès de Nuremberg

Ce procès est nécessaire. Même sous une dictature, de si abominables crimes réclament une responsabilité commune. Se retrancher derrière l'obéissance aux ordres serait une excuse inadmissible.

Le contexte : juger la guerre, préparer l'après-guerre

Réunis en octobre 1943 à Moscou, les ministres des affaires étrangères des trois Grands dénoncent les atrocités commises par les Allemands dans l'Europe occupée et décident d'organiser un vaste procès commun. Le 8 août 1945, les Alliés signent à Londres un accord quadripartite pour poursuivre les criminels de guerre et définir un « statut pour le tribunal militaire international de Nuremberg ». Celui-ci doit juger aussi bien les criminels de guerre que des organisations nazies, sur la base de trois catégories de crimes : la conjuration contre la paix, les crimes contre la paix et les crimes contre l'humanité [☞ 31]. Le procès s'ouvre le 20 novembre

1945 à Nuremberg : 403 audiences se déroulent jusqu'au 1er octobre 1946 pour juger 24 accusés, hauts dignitaires nazis, comme Göring ou Rosenberg, qui ne sont pas parvenus à échapper à leur juge par fuite ou par suicide (Hitler, Goebbels). Le Tribunal auditionne 33 témoins à charge et 61 témoins à décharge. Lors de la séance du 30 septembre 1946 a lieu la lecture du jugement, après un mois de délibérations. Après avoir rappelé l'origine et les buts du NSDAP, le document détaille la responsabilité du régime nazi dans le déclenchement de la guerre, les crimes commis, les responsabilités et les accusations retenues contre les accusés.

La portée : vers la fondation d'une justice internationale

Les condamnés à mort sont pendus le 16 octobre 1946, excepté Goering qui s'est empoisonné la veille dans sa cellule. Le dernier survivant des condamnés de Nuremberg, Rudolf Hess, se suicide le 17 août 1987 dans la forteresse de Spandau, à Berlin-Est, à l'âge de 93 ans. Nuremberg se présente comme une innovation majeure. Mais dès 1946, surgissent différentes polémiques sur ce procès « entré dans l'Histoire comme un événement à part entière » [WIEVIORKA, 2006], débouchant sur une abondante littérature.

Certains juristes interrogent d'abord la légitimité du procès, puis ses prolongements possibles, Nuremberg étant à l'origine d'un nouveau droit international. Le procès de Nuremberg serait une « justice des vainqueurs », parce que tous les juges sont issus de la Grande Alliance. Un procès organisé dans un État resté neutre ou par des Allemands ayant lutté contre le nazisme aurait semblé plus équitable, en particulier aux yeux du peuple allemand [ROVAN, 1990]. De plus, parmi les vainqueurs représentés figure l'URSS, impliquée dans l'invasion de la Pologne et dans différents crimes de guerre, par exemple à Katyn. Pour certains, c'est la sévérité du verdict qui pose question dès 1946. Du point de vue juridique, l'utilisation d'une juridiction rétroactive contrevient au principe fondamental « nulle peine sans loi antérieure au crime ». D'autres procès viennent compléter celui de Nuremberg, en Allemagne, au Japon, en France, jusque dans les années 1980.

Pour autant, Nuremberg se présente comme une avancée majeure, bien qu'imparfaite, vers la mise en place d'une justice internationale. Les notions de crime contre l'humanité puis celle de génocide demeurent des fondements juridiques utilisés lors d'autres procès tenus dans le cadre de tribunaux internationaux (TPIY, TPIR, Cour pénale internationale). Nuremberg est donc « à la fois productif et décevant » [WIEVIORKA, 2006].

RESSOURCE MULTIMÉDIA

Un documentaire de qualité : *Le procès du siècle* réalisé par Peter Hartl (2016) : http://www.arte.tv/guide/fr/069108-000-A/le-proces-du-siecle ?country=FR

Fiche 43

1er juillet 1946 : PREMIER VOL COMMERCIAL ENTRE PARIS ET NEW YORK

ESPACE CONCERNÉ : histoire de France, histoire du monde,
THÈMES : technologie, société.

L'envol du *Ruban étoilé*

Le 30 juin 1946, le DC4 « Ciel de France » décolle d'Orly avec 33 passagers à son bord. Après deux escales à Shannon (Irlande) et à Gander (Terre-Neuve), il se pose le 1er juillet à midi à l'aéroport de La Guardia (New York). C'est un succès qu'exploite aussitôt Air France en créant entre les deux villes une ligne régulière baptisée « ligne du Ruban étoilé ». La presse a été largement sollicitée pour couvrir cette première, qui devient un véritable événement en Europe comme en Amérique.

En quoi l'essor de l'aérien participe-t-il à fonder un nouveau monde ?

Le contexte : le temps des pionniers

Grâce aux pionniers (frères Wright, Clément Ader...), les premiers avions « plus lourds que l'air » sont mis au point. Ils sont d'abord utilisés à des fonctions sportives ou de loisirs. Le public se passionne alors pour les courses aux records (premier vol à travers la Manche par Blériot en 1909, premier vol transatlantique sans escale par Lindbergh en 1927). La Première Guerre mondiale joue un rôle ambigu à l'égard de l'aviation. Elle met fin aux premières expériences de lignes régulières. Mais elle pousse aussi à perfectionner les appareils. Durant l'entre-deux-guerres, on voit apparaître les premières lignes régulières de transport de passagers et de courrier, parfois par la reconversion d'anciens appareils militaires, en France, aux États-Unis comme en Allemagne (KLM). La Compagnie générale aéropostale (1927-1933) et ses pilotes dont certains, comme Mermoz, Saint-Exupéry ou Guillaumet deviennent des célébrités, n'a qu'une brève existence. Mais elle marque durablement les imaginaires en trouvant sa place dans nombre de romans, de films ou de revues illustrées.

Le développement des moteurs à réaction durant la Seconde Guerre mondiale permet à l'aviation civile de gagner en sécurité et en rapidité. De nombreux anciens appareils militaires sont reconvertis dans le transport (Douglas C-47 ou C-54) avant que Lockheed ne lance des appareils proprement adaptés au marché du transport des passagers comme le Constellation [DUFOUR, 2016]. Comme en témoigne le vol du 1er juillet 1946, des lignes régulières transcontinentales sont ouvertes.

La portée : l'avion, vecteur de la mondialisation

Le succès du vol du 1er juillet 1946 pousse Air France à augmenter la fréquence de ses vols vers New York : deux embarquements par semaine sont prévus en 1946 puis un par jour à partir de 1954. Le vendredi, c'est un avion en configuration luxe « Parisien spécial », avec compartiments couchettes, salons, bar, qui décolle. Les progrès techniques permettent de transporter plus vite, plus loin et à moindre coût davantage de passagers. Bientôt, des vols sans escale relient Paris à New York ou Los Angeles à Tokyo. Certains appareils marquent par leur aspect innovant. Le Concorde, dont le premier vol date de 1969, est ainsi capable de voler à Mach 2 (environ 2 400 km/h) et il est le premier à être doté de commandes de vol électriques. Il reste le seul avion supersonique de transport de voyageurs à avoir été mis en service.

Le développement de l'aviation civile est rapide. En 1950, on recense moins de cent mille passagers transportés dans l'année. Ils sont 500 000 en 1969, un milliard en 1986, deux milliards en 2005 et le cap des trois milliards est franchi en 2012. L'essor du transport aérien remet en cause les autres modes de transport de passagers [☞ 6]. La Compagnie Générale Transatlantique, fondée en 1855, disparaît en 1975. Le secteur ferroviaire ne survit qu'en passant à la grande vitesse (mise en service en octobre 1964 au Japon du premier Shinkansen).

L'aviation civile est aussi au cœur d'enjeux économiques majeurs. Le secteur a connu des phases de concentration importantes. Dans les années 1990, Boeing rachète ainsi ses deux principaux concurrents : Rockwell Internation et McDonnell Douglas. Airbus se constitue comme un consortium européen dont font partie l'espagnol Casa ou British Aerospace. Des entreprises disparaissent (Lockheed en 1995). D'autres prennent leur essor, notamment dans les pays émergents (Embraer au Brésil, Chengdu en Chine). Les rivalités géopolitiques sont très fortes dans un domaine qui reste symbolique car il témoigne de la capacité financière, scientifique et technique d'un pays [extrait].

✍ Journal télévisé de TF1 (22 novembre 1977)

Concorde, jusqu'à aujourd'hui, était l'expression du génie français, pardon, du génie franco-britannique, qui se battait contre les méchants Américains jaloux d'avoir trouvé plus forts qu'eux au moins dans ce domaine-là.

RESSOURCE MULTIMÉDIA

Le site internet d'Air France propose de multiples articles agrémentés de vidéos retraçant l'histoire de la compagnie.

Fiche 44

14 mai 1948 : PROCLAMATION DE L'ÉTAT D'ISRAËL

ESPACE CONCERNÉ : histoire du monde,
THÈMES : politique, guerre et diplomatie.

La montée de drapeau

La fin du mandat britannique en Palestine, fixée au 14 mai 1948, approche. Le 12 mai, le Conseil général sioniste met en place un parlement dirigé par David Ben Gourion. Après près de douze heures de discussion, la décision est prise de proclamer la création de l'État d'Israël dès le 14 mai 1948. La cérémonie se déroule au musée de Tel-Aviv. Ben Gourion lit la déclaration devant quelques centaines de personnes. Il est 16 h. Le mandat britannique expire à minuit mais l'annonce a été anticipée pour ne pas enfreindre le shabbat du vendredi.

✍ **Proclamation du 14 mai 1948**

Nous, membres du Conseil national, représentants du peuple juif en Palestine et du Mouvement sioniste mondial, sommes réunis en assemblée extraordinaire en ce jour qui met un terme au mandat britannique en Palestine. Et c'est en vertu des droits historiques et naturels du peuple juif et de la résolution de l'Assemblée générale des Nations-Unies que nous proclamons ici la création d'un État juif en Palestine, qui s'appellera désormais Médinat Israël [l'État d'Israël].

En quoi la création de l'État d'Israël bouscule-t-elle les données géopolitiques au Proche-Orient ?

Le contexte : une région sous tension

À partir des années 1880, dans un contexte de montée de l'antisémitisme (pogroms en Europe de l'Est), de nombreux Juifs quittent l'Europe. La plupart se rendent en Amérique mais quelques organisations (« Amants de Sion » notamment) financent des départs et installations vers la Palestine, province de l'Empire ottoman. En 1897, Herzel préside le 1er congrès sioniste en Suisse. Il veut fonder un État juif avant 50 ans. Par contrat, des terres sont achetées pour installer des Juifs. Malgré ces apports, on compte moins de 10 % de Juifs en Palestine en 1914 (50 % à Jérusalem cependant), guère plus que les chrétiens.

Durant la Première Guerre mondiale, les Britanniques multiplient les promesses contradictoires. Ils proposent, contre alliance, des provinces de l'Empire ottoman aux Russes et aux Italiens, l'indépendance aux Arabes, la création d'un État aux Juifs (déclaration Balfour de 1917), tout en voulant garder un pied dans la région pour consolider la route des Indes, joyau de leur empire. C'est ainsi qu'ils se font attribuer par la SDN [☞ 22] le mandat sur la Palestine [DAKHLI, 2007].

Les Arabes ont été largement trompés. On leur refuse à la fois l'indépendance et l'unité. En parallèle, les achats de terres et les constructions pour immigrés juifs en Palestine s'intensifient. Cela provoque de premières émeutes (grèves générales en 1929 et 1936). Les Britanniques tentent un temps de stopper l'immigration juive mais l'arrivée des nazis au pouvoir en Allemagne ravive le processus. En 1939, les Juifs représentent 20 % de la population en Palestine et se militarisent (Haganah, Irgoun, « groupe Stern »...). Suite au génocide des Juifs, des visas leur sont accordés en nombre et l'ONU ouvre en 1947 des discussions sur l'avenir de la Palestine. Elle prévoit un plan de partage entre deux États. Les Juifs obtiennent 50 % du territoire. Les délégués des pays arabes à l'ONU refusent catégoriquement.

La portée : une situation inextricable ?

La proclamation de 1948 déclenche une guerre, principalement contre l'Égypte et la Syrie. Israël, qui a acheté des armes en Tchécoslovaquie, en sort vainqueur, accroissant sa superficie de 26 %. Suite à la « guerre des Six jours » de 1967, Israël s'étend encore et prend le contrôle de Gaza, de la Cisjordanie, du Sinaï, du Golan et des quartiers palestiniens de Jérusalem (dont le Mur des Lamentations, censé être un vestige du temple de Salomon). Les conséquences de cette guerre menée sont multiples : impossibilité de créer un État palestinien, nouveaux flux de réfugiés, destruction de villages palestiniens, début des colonies sur le Golan et autour de Jérusalem.

La guerre du Kippour menée par l'Égypte et la Syrie en 1973 lave en partie l'humiliation subie par les pays arabes en 1967. Un nouvel équilibre régional s'instaure et permet d'entamer de premières négociations. En 1977, Sadate, président égyptien, reconnaît ainsi Israël.

En Palestine, la situation reste très tendue. En 1969, Yasser Arafat, chef du Fatah, est élu à la tête de l'Organisation de Libération de la Palestine (OLP), le « parlement » des organisations palestiniennes. Le déclenchement d'une première *intifada* [guerre des pierres] en 1987, par une population exaspérée par ses conditions de vie et les brimades qu'elle subit, le pousse à déclarer l'indépendance de la Palestine en 1988 puis de tendre la main à Israël après avoir renoncé au terrorisme. Les accords d'Oslo, signés en 1993, organisent la création d'une Autorité palestinienne [☞ 81]. Depuis, les négociations sont bloquées. Israël refuse la création d'un État palestinien de plein droit au nom de la lutte contre le terrorisme. Il imagine également difficilement d'autoriser le droit au retour sur leurs terres des réfugiés palestiniens ayant fui lors des différentes guerres (plus de cinq millions selon l'ONU quand Israël compte huit millions d'habitants) et le démantèlement des colonies juives des territoires occupés (plus de 150 colonies et d'un demi-million de colons).

RESSOURCE MULTIMÉDIA

Un documentaire en deux parties retraçant l'essentiel du sujet : *Palestine, histoire d'une terre* (Simone BITTON et Jean-Michel MEURICE, 2007).

Fiche 45

29 juin 1949 : PREMIER JOURNAL TÉLÉVISÉ

ESPACE CONCERNÉ : histoire de France, histoire du monde,
THÈMES : politique, culture, technologie, société.

Le pari de Pierre Sabbagh

Tout a été difficile pour Pierre Sabbagh. Peu de journalistes ont accepté de le suivre, comme l'a fait Georges de Caunes, dans l'aventure télévisuelle quand la radio domine et que la presse garde un très grand prestige. Peu de moyens lui ont été affectés : une voiture et quelques caméras. Avant 1954, les reportages se limitent donc à Paris et à ses environs. Les films sont alors muets et commentés par une voix *off*. Quant au premier reportage préparé pour le journal télévisé (JT), il se solde par un fiasco. Le ballon dans lequel Pierre Sabbagh et son équipe ont pris place pour offrir des plans aériens de Paris s'écrase dans un champ et prend feu. Mais Pierre Sabbagh a du flair (il lance son JT au moment du Tour de France, pour bénéficier d'une actualité propice à faire de l'audience) autant que de l'acharnement. La première française – et mondiale – du 29 juin 1949 est promise à un bel avenir.

✍ **Témoignage de Pierre Tchernia**

Un jour Dumayet [un présentateur] me dit : « Il y a Pierre Sabbagh qui va créer à la télévision le premier journal télévisé. Pourquoi t'irais pas faire un tour là-bas ? » Moi, j'y vais. J'ai été voir Sabbagh qui m'a pris à l'essai et j'ai fait partie de l'équipe du journal télévisé. J'avais 21 ans. Dumayet devait en avoir 24 et Sabbagh devait en avoir 27. Vous vous rendez compte ? On confiait le journal télévisé, cette nouvelle création, à des gens qui étaient tout jeunes. Mais personne ne s'intéressait à la télévision. Il y avait 3 000 postes [en France] et il y en a 2 500 qui ne devaient jamais servir.

Quel a été l'impact de la télévision sur la société française ?

Le contexte : la télévision, un média sous contrôle

Dès les années 1930, les premières expériences de télévision sont menées en France. Le gouvernement crée une émission officielle diffusée depuis le ministère des Postes, Télégrammes et Télécommunications. Des revues techniques voient le jour. En 1937, les premières émissions quotidiennes sont émises depuis la tour Eiffel, entre 20 h et 20 h 30. Mais il n'y a alors qu'à peine une centaine de postes capables de les recevoir.

Le gouvernement contrôle l'ensemble du secteur télévisuel : autorisations d'émission, recrutement des personnels, surveillance des contenus… Ce contrôle politique se renforce durant l'Occupation. Les Allemands installent un émetteur Telefunken au sommet de la tour Eiffel et dotent certains lieux collectifs de postes récepteurs. À la Libération, la reprise en main de la télévision – et de la radio : ☞ 53 – par l'État est immédiate. Des studios sont installés à Paris, rue Cognacq-Jay, pour produire des émissions. Les innovations techniques comme les premiers directs hors des studios ne remettent pas en cause ce contrôle du politique sur la télévision [D'ALMEIDA et DELPORTE, 2010].

La portée : le « JT », une création promise à un bel avenir

Le « JT » de Pierre Sabbagh ne peut évidemment se montrer critique envers le gouvernement. Il donne essentiellement la parole aux ministres pour des déclarations et relaie les résultats sportifs (football, catch, cyclisme…). En 1958, de Gaulle donne sa première allocution télévisée : il a saisi tout l'intérêt politique de cet outil. De 1964 à 1974, l'Office de radiodiffusion-télévision française (ORTF) veille sur la conformité des programmes avec la ligne gouvernementale. Quelques télévisions émettent aux frontières et ébrèchent le monopole de l'État sur l'offre télévisuelle, mais cela reste marginal (TMC depuis Monaco à partir de 1954, Télé-Luxembourg à partir de 1955).

Peu à peu, l'offre télévisuelle s'étoffe : émissions musicales, littéraires, sportives, cinéma, bulletin météo, jeux (*Télé Match* en 1954)… En 1950, seul 10 % du territoire français est couvert mais l'équipement progresse en province où des antennes-relais sont régulièrement installées. Le premier million de postes installés en France est franchi en 1958. Cet essor s'explique à la fois par des contenus plus riches mais aussi par une baisse des prix des équipements et des innovations qui permettent de séduire de nouveaux téléspectateurs. En 1967, la deuxième chaîne passe à la couleur. En 1969, le premier alunissage est retransmis en direct. En 1972, une troisième chaîne est créée.

La grande nouveauté est le lancement en 1984 de la première chaîne privée en France : Canal+. C'est le début d'une restructuration de fond du paysage audiovisuel français. En 1986, on voit successivement le lancement de La Cinq dirigée par l'homme d'affaire italien Berlusconi, de TV6 (future M6) et la privatisation de TF1. Cela fait suite au développement des radios privées avec la fin du monopole public de la radio en 1981.

À partir des années 2000, le rayonnement de la télévision semble prendre fin. Le développement de la télévision numérique fragmente les offres. En outre, l'essor d'internet et des services de « programmes à la demande » concurrencent fortement la traditionnelle télévision.

RESSOURCE MULTIMÉDIA

L'INA a mis en ligne sur son site de nombreuses vidéos retraçant l'histoire des journaux télévisés, notamment :
http://www.ina.fr/video/I10061269

Fiche 46

1er octobre 1949 : MAO PROCLAME LA RÉPUBLIQUE POPULAIRE DE CHINE

ESPACE CONCERNÉ : histoire du monde,
THÈMES : politique, guerre et diplomatie.

De défaite en défaite jusqu'à la victoire

Quand le 22 janvier 1949 les troupes communistes de Mao Zedong entrent dans Pékin, cela fait suite à plus de vingt ans de défaites contre ses adversaires politiques comme contre les Japonais. Aussi, en ce 1er octobre 1949, il s'agit de faire les choses en grand. La proclamation se tient sur la place Tiananmen, en plein centre de la capitale, à l'entrée de la cité impériale. Mao, vêtu simplement et qui se place en retrait, au milieu de ses compagnons, prend la parole. En quelques phrases, il annonce la création de la République populaire de Chine (RPC) avant de lancer « les Chinois se sont levés ». La foule, rassemblée en masse, exulte.

✍ **Témoignage de Guo Fengxian (reproduit par *Le Monde* en 2009)**

Le 1er octobre, parce que les lieux de la célébration étaient tout proches de mon travail, je suis allé rejoindre la foule sur Tiananmen [...]. Je me souviens tout de même de l'atmosphère de fête qui régnait ce jour-là. Il flottait un air de liberté. On reprenait confiance [...]. Les magasins avaient rouvert, les commerçants voyaient de nouveau l'avenir avec sérénité et on se sentait heureux comme des enfants. La joie ambiante ne se percevait pas tant dans les couleurs des rues, dans la musique des orchestres que sur le visage des gens.

En quoi Mao refonde-t-il une nouvelle Chine ?

Le contexte : la Chine, un pays plongé dans le chaos

La Chine connaît une série de crises sociales importantes à partir de 1850. Les tentatives de réformes sont nombreuses mais échouent. En outre, les puissances européennes imposent des formes de tutelle sur le pays (concessions à Shanghaï, Macao, Hong Kong...). Plus humiliante encore, est la défaite en 1895 contre le Japon, pays jugé inférieur. La Chine doit lui céder Taïwan et des positions dans le nord.

Des mouvements populaires récurrents se lèvent, en vain, contre ces renoncements : révolte des Boxers (1899-1901), mouvement du 4 mai en 1919 contre les grandes puissances négociant le traité de Versailles qui confient au Japon l'administration des territoires du Shandong qui étaient sous domination allemande [PAULÈS, 2013].

À partir de 1931, la Chine entre en état de guerre contre le Japon qui met le pied en Mandchourie et porte, en 1937, une nouvelle attaque, commettant massacres et crimes de guerre, notamment à Nankin [☞ 25].

Le parti nationaliste chinois (le Guomindang) et le Parti Communiste Chinois (PCC) sont en lutte directe depuis 1927 pour la prise du pouvoir. En 1934-35, harcelés par les nationalistes, les membres du PCC fuient dans une « Longue Marche ». Mais les deux partis négocient une trêve en 1937 pour mener de concert la lutte contre les Japonais. En 1945, le conflit achevé, ils se retrouvent à nouveau face à face. La guerre civile reprend entre les deux anciens partenaires, dont le PCC de Mao Zedong sort vainqueur en 1949. Tchang Kaï-chek, leader du Guomindang, se réfugie à Taïwan avec ses troupes et y fonde la République de Chine.

La portée : une grande puissance en émergence

En 1949, Mao engage d'abord son pays dans un développement imitant le modèle soviétique (plan quinquennal en 1953). Mais le pays connaît très vite une atmosphère de « révolution permanente » voulue par le pouvoir. De 1958 à 1961, par exemple, c'est le temps du « Grand Bond en avant » pour pousser à une modernisation accélérée de l'économie. Désorganisé, le pays connaît une terrible famine engendrant probablement plus de 30 millions de morts.

De 1966 à 1969, la Chine vit à l'heure de la « Révolution culturelle ». Mao mobilise étudiants et lycéens au sein des « Gardes rouges » pour s'en prendre à ses opposants et à toutes les vieilles élites. Le pays se trouve dans un état d'ébullition provoquant plusieurs millions de morts, la déchéance de nombreux intellectuels et la destruction de vestiges des temps impériaux.

À l'international, dénonçant en 1956 le tournant de la déstalinisation pris par Khrouchtchev et refusant de condamner Staline, Mao coupe peu à peu les ponts avec l'URSS. Il se rapproche même des États-Unis, ce qui lui permet de récupérer le siège qu'occupait la République de Taïwan au nom de la Chine au Conseil de sécurité de l'ONU (1971).

Mao meurt en 1976, laissant le pays dans l'incertitude car il n'a pas désigné de successeur [☞ 69]. Sous sa direction, la Chine s'est peu à peu dotée des principaux attributs de la puissance : arme atomique en 1964, siège au Conseil de sécurité de l'ONU en 1971... Le prix à payer a été lourd : entrave aux libertés, répressions... Mais le personnage reste central dans l'histoire comme dans les mémoires ou dans l'espace public chinois. Quant au 1er octobre 1949, il est devenu la fête nationale et marque le début de l'une des deux « semaines d'or » (semaine de vacances nationales).

RESSOURCES MULTIMÉDIAS

La *Marche de l'histoire* (France Inter) a réalisé plusieurs émissions sur le sujet, notamment :

- « L'histoire chinoise et Mao » (https ://www.franceinter.fr/emissions/la-marche-de-l-histoire/la-marche-de-l-histoire-08-septembre-2016) ;
- « La grande famine en Chine (1958-1961) » (https ://www.franceinter.fr/emissions/la-marche-de-l-histoire/la-marche-de-l-histoire-08-novembre-2012).

Fiche 47

27 juillet 1953 : SIGNATURE DE L'ARMISTICE DANS LA GUERRE DE CORÉE

ESPACE CONCERNÉ : histoire du monde,
THÈMES : politique, guerre et diplomatie.

L'établissement d'une paix fragile

Les négociations de paix durent dix-sept jours, dix-sept jours de tensions et de pressions réciproques. Le 27 juillet 1953, dans un petit village en bordure de la zone de front, la cérémonie de signature ne prend que dix minutes et se réalise sans le moindre échange de mots entre les protagonistes. Le document prévoit la fin des hostilités pour le soir à 22 h. Mais il ne s'agit pas d'un traité de paix, seulement d'un armistice. L'état de guerre reste donc officiellement en vigueur. Pour Radio-Pékin, les communistes ont remporté une « glorieuse victoire » et doivent rester « toujours vigilants et se préparer à toute action agressive de la part de l'autre côté. » Quant à l'émissaire des Nations Unies, il se montre tout aussi martial [lire déclaration].

✍ **Déclaration du général Mark Clark, commandant des troupes de l'ONU (1953)**

Il n'y aura pas de retrait immédiat ou même prochain de nos troupes de la Corée. L'ONU reste de garde, pour rappeler à l'ennemi et à ses émissaires que notre puissance appuie les garanties données par les Nations Unies de défendre la République de Corée contre tout agresseur.

Pourquoi la partition de la Corée perdure-t-elle malgré la fin de la Guerre froide ?

Le contexte : la première guerre de la Guerre froide

La Guerre de Corée s'inscrit dans les cadres de la Guerre froide. Lors de la conférence de Yalta, Américains et Soviétiques s'entendent pour reprendre la péninsule aux Japonais et se la partagent par la ligne du 38e parallèle. Cette partition devait être technique et temporaire. Mais les communistes de Corée du Nord entendent réunifier le pays sous leur égide. Kim Il-sung, leur leader, prévoit d'attaquer en 1949. Staline s'y oppose. Il estime que les troupes communistes ne sont pas prêtes et il ne veut pas rompre avec les Américains. Mao Zedong pense également qu'une telle attaque pousserait ces derniers à intervenir en Asie orientale et il veut garder les mains libres pour la reconquête de Taïwan [☞ 46]. Mais Kim Il-sung insiste. Il entraîne et équipe ses troupes et multiplie les pressions sur Moscou et Pékin.

Après l'envoi de quarante-huit télégrammes, il reçoit enfin l'accord de Staline et de Mao et attaque le 25 juin. Jusqu'à la mi-septembre, les communistes remportent victoire sur victoire. Les troupes sud-coréennes ne tiennent plus qu'un réduit autour de Busan. Mais les Américains obtiennent à l'ONU l'envoi de troupes internationales en Corée. L'URSS qui boycottait l'instance jugée à la solde des capitalistes n'a pas posé son veto à la résolution. Une erreur qu'elle ne commettra plus. Dirigées par Mac Arthur, héros de la Seconde Guerre mondiale, les troupes de l'ONU (Américains essentiellement mais aussi Colombiens, Turcs, Français, Thaïlandais...) repoussent les communistes loin au nord du 38e parallèle. Cela pousse les Chinois à s'engager. 1,7 million de volontaires entrent en Corée. Séoul est prise avant qu'une contre-offensive ne ramène chacun des deux camps à ses positions de départ, autour du 38e parallèle. Pour un gain territorial nul, le conflit aura causé la mort de 800 000 personnes, détruit des villes entières (Séoul à 70 %) et provoqué près de 3 millions de réfugiés [FONTAINE, 2006].

La portée : un conflit qui s'enkyste

Les conséquences de la guerre de Corée sont nombreuses. La Corée est durablement partagée en deux camps irréconciliables. Aux incompatibilités idéologiques s'ajoutent les traumatismes d'un conflit douloureux. Pour l'ONU, la guerre marque l'entrée de l'instance dans une période de paralysie. L'URSS comprend qu'en ne s'y impliquant pas, elle prend le risque qu'elle soit utilisée contre elle. Désormais et jusqu'à la guerre contre l'Irak en 1991, elle utilisera son droit de veto, comme les Américains le font de leur côté, chaque fois que leurs intérêts stratégiques sont en jeu. À l'échelle du monde, la guerre de Corée marque l'entrée définitive dans la Guerre froide [carte E]. Les anciens alliés qui jusque-là se sont opposés de manière indirecte se retrouvent impliqués dans un conflit.

Pour l'Asie de l'Est, enfin, la guerre de Corée explique le maintien de troupes américaines en nombre dans la région, ce qui n'est pas sans provoquer des tensions, notamment avec la Chine. Depuis 1953, le régime nord-coréen se maintient malgré son isolement et des périodes de crises graves (famine...). Kim Il-sung transmet le pouvoir à son fils, Kim Jong-il, qui lui-même le transmet à son fils, Kim Jong-un. Cela s'explique par un contrôle très fort de la société par l'État et le parti communiste mais aussi par la mise au point d'une filière nucléaire qui empêche toute agression contre la Corée du Nord et lui permet de réaliser une forme de chantage face à la communauté internationale. Ainsi, le conflit perdure malgré la fin de la Guerre froide.

Cette attitude dangereuse amène cependant Pékin à s'éloigner de plus en plus de Pyongyang, ce qui pourrait à terme rebattre les cartes dans la région.

RESSOURCE MULTIMÉDIA

Une émission de *La marche de l'histoire* est consacrée à la guerre de Corée :
https ://www.franceinter.fr/emissions/la-marche-de-l-histoire/la-marche-de-l-histoire-15-avril-2013

Carte E. Le monde de la Guerre froide

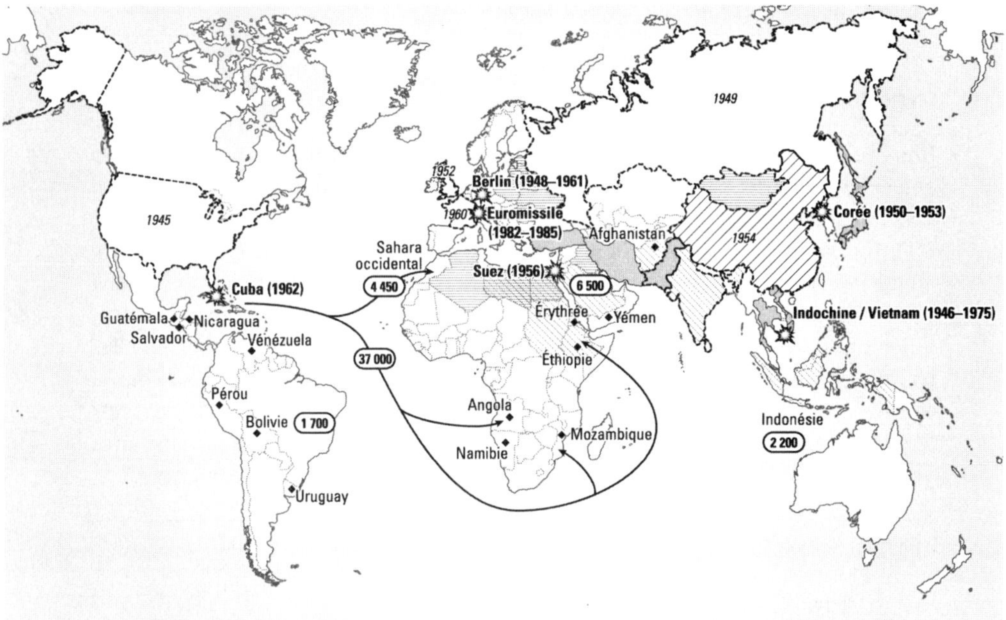

- (1945) Puissance nucléaire et date de la première bombe A
- État dans l'ère d'influence américaine } parmi les participants de Bandung
- État dans l'ère d'influence soviétique } parmi les participants de Bandung
- État neutre } parmi les participants de Bandung
- ◆ Guérillas marxistes
- → Envoi de troupes cubaines
- (2 200) Effectifs comunistes (conseillers soviétiques + soldats cubains)
- Alliés soviétiques dont les membres du pacte de Varsovie
- Principales crises de la guerre froide

Fiche 48
4 juillet 1950 : LANCEMENT DE *RADIO FREE EUROPE*

ESPACE CONCERNÉ : histoire du monde,
THÈMES : guerre et diplomatie, culture, société.

La première émission

L'ombre des hauts feuillages frémissant à l'approche de brises longtemps attendues empêche de rendre l'atmosphère trop irrespirable au sein de l'étrange convoi qui s'est installé dans les bois de Lampertheim. Deux camions s'enrobent de silence. À l'intérieur, les opérateurs ont les visages tendus de fatigue et de concentration. Tout a pourtant été préparé avec minutie. Les bandes ont été enregistrées à New York et il ne reste plus qu'à les diffuser. Une demi-heure qui doit en permettre tellement d'autres. Derrière les portes de « Barbara », le camion émetteur, les techniciens s'affairent et se demandent si toute cette agitation n'est pas vaine, si certains, en Tchécoslovaquie, ont osé ramasser, puis lire, l'un des milliers de tracts largués à travers ciel. Puis, soudain, une voix perce le silence, quelques minutes de liberté, pensent-ils, offertes à ceux qui s'enfoncent dans un profond hiver.

En quoi *Radio Free Europe* a-t-elle influé sur le cours de la Guerre froide ?

✍ **Cord Meyer, responsable de *Radio Free Europe* entre 1954 et 1972**

> Je n'étais pas assez naïf pour croire que les émissions de RFE pouvaient rapidement faire tomber les dictatures communistes. Mais je croyais fermement qu'exposer les hommes du bloc soviétique aux réalités du monde pouvait, à tout le moins, dissuader les régimes communistes d'aventures agressives.

Le contexte : la Guerre froide par les ondes

En 1950, les États-Unis sont inquiets de la victoire communiste en Chine, du premier essai nucléaire soviétique et de la constitution d'un bloc soviétique solide en Europe de l'Est. Le président Truman répond à ce sentiment en affirmant une politique mondiale d'endiguement de la menace communiste. Très tôt, il perçoit la nécessité de faire participer l'opinion publique au combat contre l'URSS. Au printemps 1950 est lancée la *Campaign of Truth* qui veut démontrer aux Américains la nécessité de contrer la propagande soviétique. Quand l'URSS peut s'appuyer sur des partis communistes puissants en Europe de l'ouest, les États-Unis tentent, par la musique ou le cinéma, de diffuser à l'Est un modèle culturel et sociétal et des valeurs remettant en cause l'idéologie soviétique.

Appel à contribution au « Freedom-gram »

➡ *lien vers le document en grand format :*

https ://commons.wikimedia.org/wiki/File :FreedomGram.jpg

Les États-Unis déploient une intense propagande durant la Guerre froide. Aux comics (Captain America), s'ajoutent par exemple des « croisades pour la liberté » (« Freedom-gram ») qui ont pour objectif de mobiliser l'opinion publique pour la défense du monde libre et la place de l'Amérique à sa tête.

La portée : quel effet au-delà du rideau de fer ?

L'idée de « destinée manifeste », qui justifierait en premier lieu la progressive conquête de l'ouest américain, n'est pas un concept laissé inerte au XXe siècle. Il aura pour terrain de jeu le reste du monde et on lui substituera plus volontiers, au cours de la Guerre froide, le terme de croisade pour la défense de la liberté et de la démocratie. Une notion qui se traduit en actes concrets : en juin 1949 est ainsi fondé le *National Committee for a Free Europe* qui a pour but annoncé d'aider les réfugiés politiques de l'Est et de leur fournir les moyens d'organiser la propagande américaine par-delà le rideau de fer. L'organisation dépend intellectuellement du département d'État et financièrement de la CIA. L'accueil aux États-Unis de ces réfugiés est alors un enjeu majeur. Par leurs connaissances fines des sociétés est-européennes et de leur langue, ils représentent une source d'informations unique. Ils sont donc sollicités lorsqu'il faut informer des événements du bloc soviétique et deviennent des acteurs centraux du lancement de *Radio Free Europe* (*RFE*) vers les pays satellites puis, en 1953, de *Radio Liberty* (*RL*) vers l'URSS [FAURE, 2002]. Car si les États-Unis émettent en Union soviétique dès 1947 par le biais de *Voice of America*, la ligne éditoriale n'est pas suffisamment adaptée pour être efficace.

Pour séduire et convaincre, on joue de l'information mais aussi de la culture populaire occidentale, en particulier de la musique, du jazz, des Beatles et des Rolling Stones, comme d'une arme. L'intensité de ces offensives psychologiques est variable en fonction de l'état des relations américano-soviétiques. En conséquence du dégel entamé par Krouchtchev après la mort de Staline en 1953, les intellectuels exilés perdent leur place et la propagande antisoviétique se fait plus discrète. *RFE* ne change donc pas le cours de la Guerre froide. De surcroît, il est difficile de mesurer l'impact et l'audience réelle d'une telle radio. L'énorme succès des Rolling Stones à Varsovie en 1967 montre en tout cas qu'il n'était pas nul. Mais au fond, dans un monde où l'on veut définir la parole comme libre, l'outil médiatique devient un élément symbolique plus essentiel encore que le contenu qu'il propose. Dans ce domaine, le succès de *Radio Free Europe* a été celui de faire naître une génération, même restreinte, de journalistes et militants d'Europe de l'Est, qui ont associé très tôt la lutte pour la démocratie à l'investigation journalistique et perpétué le mythe d'une radio libre par-delà le rideau de fer.

RESSOURCE MULTIMÉDIA

Une émission de *La marche de l'histoire* sur la guerre des ondes pendant la Guerre froide :

https://www.franceinter.fr/emissions/la-marche-de-l-histoire/la-marche-de-l-histoire-28-fevrier-2012

Fiche 49

5 mars 1953 : MORT DE STALINE

ESPACE CONCERNÉ : histoire du monde,
THÈMES : politique, société, guerre et diplomatie.

La mort du tyran

« L'hémorragie gagnait le cerveau. Les dernières douze heures, le manque d'oxygène devint évident. Son visage devenait de plus en plus noir. L'agonie fut terrible. Il étouffait sous nos yeux. À un moment, vers la fin, il ouvrit soudain les yeux pour envelopper tous ceux qui l'entouraient. Ce fut un regard horrible, entre la démence et le courroux, plein d'horreur face à la mort et aux visages inconnus des médecins penchés sur lui [...]. Et soudain – chose incompréhensible et terrifiante que je ne comprends pas encore aujourd'hui, mais que je ne puis oublier – il leva sa main gauche. On aurait dit qu'il indiquait quelque chose là-haut et qu'il nous maudissait », raconte Svetlana Allilouïeva, fille de Staline. Âgé de 74 ans, malade depuis plusieurs années, Staline est victime d'une hémorragie cérébrale dans sa datcha de Kountsevo. Il s'éteint à 21 h 50, entouré de sa troisième femme Rosa Koganovitch, sa fille Svetlana, son fils, le général de l'armée de l'air Vassily Staline et de ses proches collaborateurs, Khrouchtchev, Beria, Malenkov, Boulganine, Kaganovitch et Vorochilov, et de médecins.

En quoi la mort de Staline marque-t-elle une rupture dans l'histoire de l'URSS ?

✍ Édouard Herriot, président de l'Assemblée nationale (6 mars 1953)

Il n'est pas opportun, aujourd'hui, et dans cette enceinte, de juger le puissant chef de parti dont les doctrines ont si largement agi au-dedans et au-dehors de son pays. Mais il est un souvenir dont nous ne pouvons nous affranchir, celui du rôle joué par le maréchal Staline dans la fin de la guerre et la préparation de la victoire.

Le contexte : vers une nouvelle purge ?

La mort de Staline survient dans un climat très tendu. Après la Grande Terreur de 1936-1938, suivie de la campagne anticosmopolite visant des milliers de Juifs à partir de 1949, « l'affaire des blouses blanches » éclate le 13 janvier 1953 par un communiqué officiel affirmant qu'un « groupe terroriste de médecins ayant pour but d'abréger la vie de dirigeants importants en leur administrant des traitements nocifs » a été démasqué. Cette « vaste conspiration » regroupant intellectuels, Juifs, militaires, cadres supérieurs du parti et de la Sécurité d'État rappelle les pires moments de la Grande Terreur et prélude certainement à une nouvelle purge générale, remise en cause par la mort de Staline [WERTH, 2003].

Différentes versions retraçant les derniers jours de Staline s'opposent. Mais toutes montrent que ses collaborateurs retardent l'arrivée des médecins. Le 28 février 1953, après une journée de travail au Kremlin, Staline se fait projeter un film en compagnie de Beria, Malenkov, Khrouchtchev et Boulganine, avant d'aller dîner tous ensemble dans sa datcha à Kountsevo, jusque très tard dans la nuit. Le lendemain, Staline demeure reclus dans ses appartements : alertés, ses collaborateurs reviennent et le trouvent allongé sur le sol, supposément ivre. Son état perdurant, ils reviennent le lendemain, soit dix heures après son attaque, accompagnés de médecins, et organisent des tours de garde à son chevet.

Officiellement, Staline a été victime d'une hémorragie cérébrale, le 3 mars au soir, dans son bureau du Kremlin. Le 4 mars au matin un communiqué officiel annonce que les jours du Guide sont en danger ; puis la radio diffuse des œuvres de Jean-Sébastien Bach...

La portée : du héros au monstre

Le vendredi 6 mars, à 4 heures du matin, après des roulements de tambour, Radio-Moscou annonce : « le cœur du compagnon d'armes de Lénine, le porte-drapeau de son génie et de sa cause, le sage éducateur et guide du parti communiste et de l'Union soviétique, a cessé de battre le 5 mars 1953 à 21 h 50, heure de Moscou ». Staline, qui dirigeait l'URSS d'une main de fer depuis trois décennies, n'a pas préparé sa succession : un sentiment de désarroi s'empare de nombreux Soviétiques. L'Occident salue le vainqueur du nazisme. Le corps de Staline est embaumé et exposé à la Maison des syndicats. Le 9 mars, lors de ses obsèques à Moscou, une foule immense est rassemblée, provoquant une bousculade et des dizaines de morts. La dépouille de Staline est déposée à côté de celle de Lénine dans le mausolée de la place Rouge, jusqu'à son transfert vers le cimetière où reposent les hauts dignitaires soviétiques, en 1961, sur ordre de Khrouchtchev.

La disparition de Staline marque la fin d'une époque et fait ressortir le paradoxe d'un système « prétendument inscrit dans les lois du développement social, et dans lequel tout dépend tellement d'un seul homme que, cet homme disparu, le système a perdu quelque chose qui lui était essentiel » [FURET, 1995]. Une troïka succède à Staline : Malenkov devient président du Conseil des ministres et secrétaire général du parti, Beria vice-président du Conseil des ministres et ministre des Affaires intérieures et de la Sécurité d'État et Molotov, ministre des Affaires étrangères. Quelques mois plus tard, Khrouchtchev s'impose à la tête de l'URSS, grâce à une alliance avec Malenkov qui lui permet d'écarter Molotov et d'éliminer Beria, exécuté fin 1953.

En 1956, lors du XXe Congrès du Parti Communiste d'Union Soviétique, Khrouchtchev lance la « déstalinisation », dénonçant le culte de la personnalité dont Staline était l'objet et les « excès » de la période.

RESSOURCE MULTIMÉDIA

La mort de Staline sur le site de l'INA :
http://www.ina.fr/video/AFE85004974

Fiche 50
24 avril 1955 : CLÔTURE DE LA CONFÉRENCE DE BANDUNG

ESPACE CONCERNÉ : histoire du monde,
THÈMES : politique, guerre et diplomatie.

Une conférence pour le monde

Lors de la huitième et dernière journée de réunion de la conférence de Bandung, 400 journalistes du monde entier et des représentants de toute l'Asie et l'Afrique se retrouvent dans un amphithéâtre en liesse. La séance de clôture débute avec quelques heures de retard, car d'importantes divergences autour de la définition du « colonialisme » ont retardé la finalisation du communiqué. Finalement, le texte stipule que « la Conférence afro-asiatique prend note de l'existence du colonialisme dans beaucoup de régions d'Asie et d'Afrique, quelle que soit la forme qu'il puisse prendre [...]. Toutes les manifestations colonialistes sont des maux qu'il faut déraciner rapidement. » Un sentiment de victoire envahit toute la salle de conférence où le président Sastroamidjojo proclame : « j'espère que nous continuerons à avancer sur la voie que nous avons choisie ensemble, et que la Conférence de Bandung deviendra le phare qui guidera l'avenir de l'Asie et de l'Afrique ».

La conférence de Bandung marque-t-elle l'émergence d'un troisième pôle sur la scène internationale ?

✍ **« À Bandung, une voie étroite entre les blocs », *Le Monde* (26 avril 1955)**

Mais ce qui compte, ce ne sont pas les textes, c'est autre chose : la prise de conscience des hommes qui sont ici, voilà l'événement. Les espoirs soulevés, les mots d'ordre lancés ici. « L'Asie veut aider l'Afrique », a dit Nehru.

La conférence de Bandung (avril 1955)

➡ *lien vers le document en grand format :*
https ://commons.wikimedia.org/wiki/File :Asian–African_Conference_at_Bandung_April_1955.jpg

Du 18 au 24 avril 1955, l'Indonésie accueille dans sa capitale, Bandung, plus de 300 représentants de 29 pays d'Asie et d'Afrique, ainsi que Tito, chef de l'État yougoslave. Le Japon est aussi représenté. De nombreux partis politiques indépendantistes sont invités à s'exprimer. Le « Tiers-Monde » affirme ainsi son existence sur la scène internationale.

Le contexte : l'émergence du « Tiers-Monde »

À partir de 1947 s'amorce en Asie un vaste mouvement de libération nationale, qui gagne peu à peu l'Afrique [carte F]. Mais la Guerre froide divise ces continents comme le reste du monde, et l'indépendance économique reste à conquérir. Ce contexte incite à l'élaboration d'une nouvelle conception des relations internationales, sous l'impulsion de nouveaux hommes politiques comme Nehru, Tito ou Nasser. Dès décembre 1954, les leaders de cinq pays, l'Inde, l'Indonésie, la Birmanie, Ceylan (actuel Sri Lanka) le Pakistan, se réunissent à Bogor, sur l'île de Java, pour organiser la conférence qui se tiendra à Bandung. Celle-ci se déroule du 18 au 24 avril 1955 et rassemble plus de 300 représentants, chefs d'États mais aussi de partis politiques nationalistes indépendantistes, invités en tant qu'observateurs, issus de 29 pays d'Asie et d'Afrique, ainsi que la Yougoslavie de Tito. Un seul pays industrialisé est représenté, le Japon. Le discours inaugural est prononcé par le président indonésien Soekarno. Pendant une semaine, les dirigeants indien (Nehru), indonésien (Soekarno) et égyptien (Nasser) dominent les discussions orientées vers une coopération politique, économique et culturelle. Après la cérémonie d'ouverture, la conférence est divisée en deux phases. La première phase, d'ordre général, s'étend du 18 au 19 avril. Puis, du 20 au 24 avril, sont abordés les problèmes spéciaux, comme le nucléaire. Des divergences entre les nations naissent rapidement, entre les pays communistes (Chine, Vietnam du Nord), pro-occidentaux (Pakistan, Turquie) et non-engagés (Inde, Égypte). Un consensus se fait cependant sur la coexistence pacifique, le respect de la souveraineté et de l'intégrité territoriale des nations, l'égalité entre tous les peuples et tous les pays, la destruction des armes nucléaires, la non-ingérence dans les affaires intérieures d'une nation, la lutte contre le colonialisme et en faveur de la décolonisation [LACOUTURE, 2005] et le règlement des conflits par des méthodes pacifiques.

La portée : un espoir sans lendemain

Bandung demeure marquée par une ambiguïté : elle réunit des pays engagés par différents pactes militaires, tout en adoptant comme principe le « refus de recourir à des arrangements de défense collective destinés à servir les intérêts particuliers des grandes puissances quelles qu'elles soient ». Les principes fondateurs du mouvement des non-alignés émergent néanmoins, notamment une politique d'indépendance nationale et un soutien aux mouvements de libération nationale. Aucune organisation permanente n'est fondée, mais la portée symbolique de l'événement est considérable. Bandung marque l'entrée sur la scène internationale des nations du Tiers-Monde et consacre les dix règles de la coexistence pacifique. Dès 1960, sous l'impulsion des nouveaux États et des pays socialistes, l'ONU adopte la résolution 1514 « sur l'octroi de l'indépendance aux pays et aux peuples coloniaux ». Ces revendications rencontrent un écho enthousiaste dans une partie des élites intellectuelles en Occident. De plus, Bandung renforce le prestige de certains leaders politiques comme l'égyptien Nasser, le Yougoslave Tito ou le Chinois Mao Zedong. Le mouvement des non-alignés est cependant vite miné par ses dissensions internes : la solidarité du tiers-monde demeure ténue.

RESSOURCE MULTIMÉDIA

Conférence de Bandung, INA :
http://www.ina.fr/video/CAF97516582

Carte F. Les décolonisations de 1945 à 1990

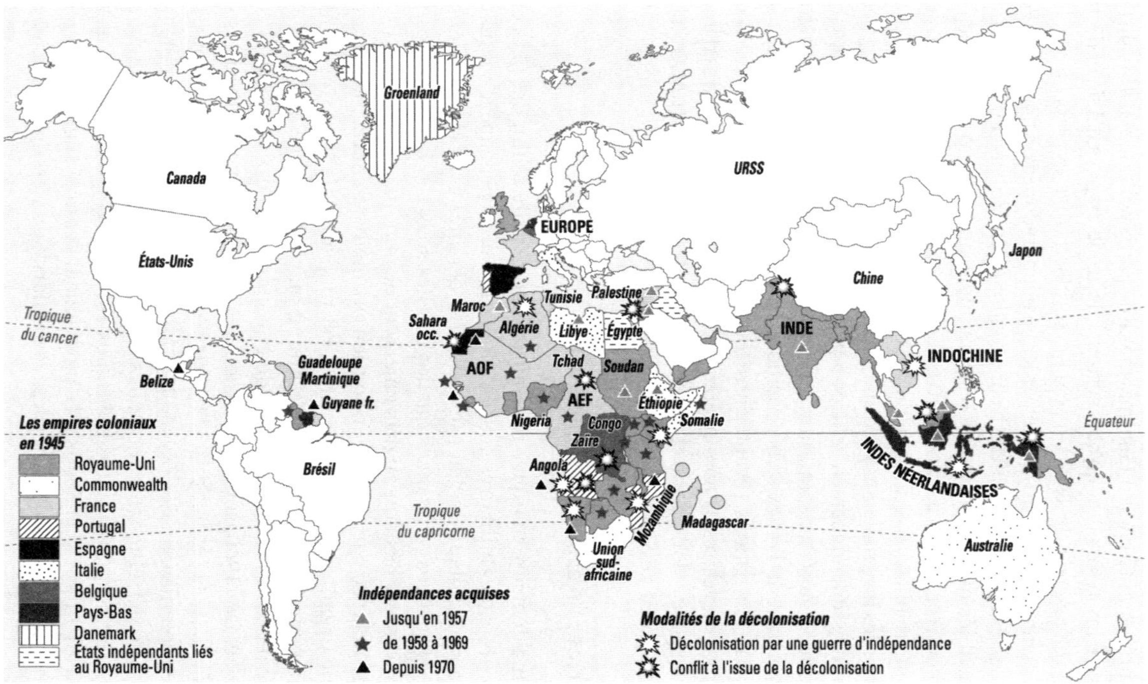

Fiche 51

1er juillet 1966 : AVEC LE CONTENEUR, MALCOM MAC LEAN RÉVOLUTIONNE LE MONDE DES TRANSPORTS

ESPACE CONCERNÉ : histoire du monde,
THÈMES : économie, sciences et techniques.

Une première sans tambour ni trompette

En 1965, l'armée américaine est engagée massivement au Viêt Nam. Elle fait alors face à une difficulté logistique majeure : tout le matériel doit y être importé et le pays ne dispose pas d'infrastructures portuaires adaptées. Pendant plusieurs mois, Mac Lean tente de convaincre le Pentagone que la solution à ses problèmes réside dans le conteneur. En avril, il obtient un contrat qui doit servir de test. Les premiers pas sont difficiles, notamment en raison des réticences des services d'intendance de l'armée américaine. Mais les chiffres qui tombent au 1er juillet sont sans appel. Alors que le volume des expéditions par voie classique stagne malgré les besoins, celui du transport par conteneur montre une augmentation de 55 % en un an. Mac Lean a vaincu l'engorgement portuaire et prouvé le bien-fondé de son idée.

✍ **Témoignage de M. Bonner**

Malcolm McLean a inventé le conteneur d'expédition dans les années 1930, alors qu'il se trouvait assis sur un quai du New Jersey à attendre toute une journée qu'une cargaison qu'il avait apportée dans son camion soit chargée sur un navire. Il imagina un meilleur moyen d'emballer les marchandises et de les transporter par mer : les placer dans de grandes boîtes en acier faciles à charger sur les navires. Il lui venait ainsi une idée qui devait changer la face du commerce mondial.

Pourquoi peut-on qualifier le conteneur de pilier de la mondialisation ?

Le contexte : le fruit de la volonté

C'est en 1956 que Malcolm Mac Lean concrétise une idée qui lui est venue dans les années 1930 mais que la Seconde Guerre mondiale a reléguée un temps à l'arrière-plan : le conteneur. Il est alors à la tête d'une entreprise de transport routier et estime que le temps de transbordement des marchandises du camion au navire est trop long, ce qui lui fait perdre de l'argent. Le problème devient d'autant plus crucial pour lui quand il achète quatre navires et se lance dans le fret à l'international. C'est ainsi qu'il met au point des boîtes susceptibles de contenir toutes sortes de marchandises et d'en accélérer les opérations de manutention. Cette année-là, il fait ainsi charger 1958 conteneurs en aluminium à bord de l'*Ideal X*, pour les envoyer du port de Newark vers le port de Houston. Durant dix ans, Mac Lean bataille contre de multiples adversaires. Les syndicats de dockers comprennent le danger que le conteneur représente pour leurs emplois car les besoins en main-d'œuvre pour les utiliser sont moindres. Le port de New York, responsable du port de Newark, rechigne à investir dans les équipements nécessaires à la manutention de ces nouvelles boîtes. Enfin, Malcolm Mac Lean peine à se fixer sur un standard de taille et doit faire face à ceux des entreprises concurrentes comme Matson Navigation. En l'absence de norme, les équipements pour gérer les boîtes manquent d'efficacité.

La portée : une révolution dans le monde du transport

Malgré ces difficultés, dès le mois d'octobre 1966, Robert Mac Namara, secrétaire d'État à la Défense, prend parti pour le transport par conteneur dans un discours tenu au Viêt Nam. Cela donne un coup de fouet à ce nouveau mode de transport qui se diffuse peu à peu pour le transport civil avant que les années 1980 ne voient sa généralisation à l'échelle mondiale. C'est que le conteneur permet de transporter plus vite, plus facilement, plus sûrement et pour un moindre coût de gros volumes de marchandises. Avec le temps, les conteneurs se diversifient et permettent de transporter une grande variété de produits : conteneurs-citernes, conteneurs réfrigérés...

Aujourd'hui, on estime qu'il existe plus de 5 000 navires porte-conteneurs dans le monde, lesquels transportent chaque année un total de plus de 120 millions de conteneurs « équivalent 20 pieds ». 90 % du transport mondial de marchandises s'effectue par voie maritime et on estime que plus de la moitié de ce trafic se réalise par conteneurs.

Le conteneur a permis l'intensification des échanges marchands à travers le monde, en réduisant fortement leur coût de transport. Il bouleverse aussi la géographie des ports. Certains, qui n'ont pas su ou pu en prendre le tournant, notamment pour faire face à l'accroissement de la taille des navires et de leur tirant d'eau, ont périclité (Liverpool). D'autres en sont nés (Yangshan). La physionomie même des ports a changé. Les dockers disparaissent et avec eux toute une vie portuaire [LEVINSON, 2011]. Pour certaines marchandises, le temps de déchargement a été réduit de 95 % avec l'invention de Mac Lean et les terre-pleins pour conteneurs sont de plus en plus robotisés.

Le conteneur, objet incontournable, devient même l'objet de réappropriation. C'est ainsi qu'en 2006 aux Pays-Bas ont été conçus les premiers logements à partir de conteneurs.

RESSOURCE MULTIMÉDIA

Le Musée de la Marine a réalisé en 2014 une exposition permettant de saisir en quoi le conteneur a révolutionné le monde des transports : « De l'amphore au conteneur ». Le site internet créé à cette occasion dispose de nombreuses ressources : http://www.musee-marine.fr/content/paris-de-lamphore-au-conteneur-dossier-pedagogique

Fiche 52
25 mars 1957 : TRAITÉ DE ROME

ESPACE CONCERNÉ : histoire du monde,
THÈMES : politique, économie.

L'adoption de deux traités

Ce 25 mars 1957, une cérémonie est organisée à Rome, dans la salle des Horaces et des Curiaces, pour la signature de deux traités, instituant pour une durée illimitée la Communauté économique européenne (CEE) et la Communauté européenne de l'énergie atomique (CEEA ou Euratom). Les objectifs politiques de ces traités sont rappelés dans le préambule : sauvegarder la paix et la liberté en Europe et établir « les fondements d'une union sans cesse plus étroite entre les peuples européens. » Solennellement, les représentants des gouvernements des six États membres se succèdent pour parapher les deux documents : Antonio Segni et Gaetano Martino pour l'Italie, Christian Pineau et Maurice Faure pour la France, Konrad Adenauer et Walter Hallstein pour l'Allemagne, Joseph Luns et Johannes Linthorst Homan pour les Pays-Bas, Paul-Henri Spaak et Jean-Charles Snoy et d'Oppuers pour la Belgique, Joseph Bech et Lambert Schaus pour le Luxembourg. Chacun appose sa signature sur un paquet de feuilles blanches... car la mise en page définitive du texte n'est pas prête : tout rentre dans l'ordre au moment du scellage qui marque l'adoption officielle des deux traités.

Le traité de Rome, étape vers une communauté économique ou vers une construction européenne globale ?

✍ **Discours de Christian Pineau (25 mars 1957)**

L'œuvre dont nous franchissons aujourd'hui la deuxième étape, après celle de la Communauté européenne du charbon et de l'acier, n'aura point pour effet la création, comme certains nous le reprochent, d'une petite Europe isolée, mais sera l'ébauche de la grande Europe qui constitue notre objectif final.

Le contexte : l'Europe dans la guerre froide

Le contexte international évolue beaucoup entre 1953 et 1957. La mort de Staline (1953 ; ☞ 49) puis le XXe Congrès du PCUS (1956) ouvrent de nouvelles perspectives d'apaisement et de dialogue dans les relations Est-Ouest, même si l'emprise soviétique sur l'Europe se maintient. Parallèlement, la France se heurte à une décolonisation difficile en Asie et au Maghreb. La crise de Suez (1956) remet en cause la puissance française et britannique. Tout cela ouvre des perspectives pour la construction européenne.

La Communauté Européenne de Défense, rejetée par la France (1954), est remplacée par l'Union de l'Europe occidentale (1955). Mais les partisans de l'Europe fédérale, tels que Jean Monnet et Paul-Henri Spaak, insatisfaits, relancent l'idée d'une Europe des Six. Un comité intergouvernemental se constitue autour de Spaak pour élaborer un projet de construction européenne. Fin mai 1956, les six ministres des Affaires étrangères réunis à Venise approuvent le rapport Spaak et chargent le comité d'élaborer deux traités, un pour le Marché commun, l'autre pour la Communauté européenne de l'énergie nucléaire. Les négociations durent neuf mois et débouchent sur la signature de deux traités, le 25 mars 1957.

La portée : une première étape dans l'intégration européenne

Ratifiés entre juillet et décembre 1957 par les six pays membres, les traités entrent en vigueur le 1er janvier 1958. Les membres de l'assemblée de la CECA (1951) deviennent l'Assemblée parlementaire pour les trois communautés, avec mission d'exercer un contrôle sur les commissions. Le traité précise le fonctionnement de la Communauté, détaillant ses institutions, leur rôle et la nature des décisions qui en émanent (règlements, directives...). L'Euratom doit assurer le développement de l'industrie nucléaire et le traité instituant la CEE planifie la mise en place d'une Union douanière à partir de janvier 1959 afin de favoriser la libre circulation des marchandises, des capitaux et des hommes. Mais le traité est plus évasif sur d'autres politiques comme les règles de concurrence ou l'adoption de politiques communes dans différents domaines comme la monnaie, l'industrie, l'aménagement du territoire... autant de débats cruciaux qui sont reportés. Le traité ébauche une politique sociale visant à améliorer les conditions de vie et de travail des populations : un Fonds social européen (FSE) est créé pour financer la reconversion de chômeurs longue durée [BITSCH, 1996]. Enfin une Banque européenne d'investissement (BEI) est mise en place pour soutenir le développement de régions ou de secteurs défavorisés. D'importantes missions sont ainsi confiées à la Communauté européenne : mais elle ne dispose pas encore de ressources propres et dépend des contributions des États membres.

Le traité de Rome relatif à la CEE constitue une étape déterminante dans la construction européenne car il vise à dépasser l'approche sectorielle initiée par la CECA, au profit d'une approche d'ensemble [NOËL, 2008]. Il se présente comme un traité cadre pour développer différentes ambitions communautaires d'abord économiques, puis politiques, sociales et culturelles. Depuis, la communauté européenne a développé des politiques communes de plus en plus diversifiées et s'est élargie par étapes [☞ 90 et 94].

RESSOURCE MULTIMÉDIA

La signature du traité de Rome, INA :
http://www.ina.fr/video/CAB97100665

Fiche 53
19 octobre 1959 : « SALUT LES COPAINS » DEVIENT UNE QUOTIDIENNE

ESPACE CONCERNÉ : histoire de France,
THÈMES : économie, société, culture.

Un succès foudroyant

Quand Frank Ténot et Daniel Filipacchi lancent ce 19 octobre 1959 la première quotidienne de 1959, ils savent leur succès garanti. Lancée durant l'été sous la forme d'une émission hebdomadaire, *Salut les copains* a immédiatement conquis son public, comme en témoignent la masse de courriers et d'appels téléphoniques adressés au siège d'Europe 1. L'émission, qui reprend le titre d'une chanson à succès de Gilbert Bécaud, devient le rendez-vous incontournable de toute une part de la jeunesse qui se presse de quitter son école, son collège ou son lycée pour goûter à côté du poste de radio.

✍ Témoignage de Frank Ténot

L'émission Salut les copains avait beaucoup de succès et attirait un courrier fantastique. L'abondance de ce courrier a suggéré à Daniel Filipacchi de créer un magazine qui puisse répondre aux désirs des auditeurs. Le n° 1, lancé en juin 1962, a donc été tiré à 200 000 exemplaires et il a été épuisé en 48 heures. Nous sommes arrivés à un million d'exemplaires en juin 1963.

En quoi *Salut les copains* est-elle révélatrice des mutations de la société française dans les années 1960 ?

Le contexte : la naissance de la « jeunesse »

Salut les copains est lancée par Europe 1, une radio alors atypique. Face au monopole de l'État sur l'audiovisuel [☞ 45], « Europe n° 1 » obtient en Allemagne un droit d'émettre avec une puissante antenne pour couvrir la France, sur le modèle de TMC (Monaco) ou de RTL (Luxembourg). En 1955, elle installe cependant siège et studio à Paris. Elle lance alors ses premières émissions et dès la première année traite du sujet tabou de l'utilisation de la torture par l'armée française en Algérie. En 1959, profitant des difficultés financières de la station, l'État en acquiert plus d'un tiers des parts. « Europe n° 1 » garde cependant une large indépendance et sa liberté de ton lui assure un succès important. En outre, les nouveautés techniques comme le « nagra » (enregistreur sonore portable) permettent de réaliser des reportages de terrain, plus vivants. C'est ainsi qu'en 1968 des journalistes d'Europe 1 retransmettent en direct des barricades – ce qui irrite le gouvernement. Si *Salut les copains* est le fruit de cette mutation radiophonique, elle entre aussi en concordance avec l'émergence de la jeunesse en tant que groupe social. Avec le *baby-boom*, les moins de 20 ans représentent 34 % de la population en 1966. L'allongement de la scolarité mais aussi la hausse du niveau de vie (argent de poche) expliquent la naissance d'une « culture jeune », qui se constitue en grande partie hors du cadre familial ou professionnel.

La portée : jeunesse désirée, jeunesse incomprise, jeunesse instrumentalisée

La jeunesse n'a jamais été uniforme. Mais des goûts et des engagements communs dépassent les clivages sociaux. C'est le cas lors de son implication contre la guerre d'Algérie, des événements de mai 1968, de sa contestation du pouvoir gaulliste vu comme conservateur et autoritaire ou de son combat en faveur de sujets sociétaux (droit à la contraception, à l'avortement…). Les politiques tiennent compte de ces aspirations. Ainsi, en 1974, Valery Giscard d'Estaing abaisse la majorité électorale à 18 ans puis fait adopter la loi Veil qui légalise l'avortement sous conditions (après la loi Neuwirth, en 1967, qui autorise l'usage de contraceptifs) [BANTIGNY, 2007].

Cela ne résout pas tous les problèmes d'une jeunesse confrontée à de multiples difficultés. Elle est ainsi largement touchée par le chômage (25 % en 2016 pour les moins de 25 ans). En outre, la jeunesse n'est que rarement prise pour elle-même. Elle se retrouve souvent stigmatisée, comme lors d'émeutes (1981 aux Minguettes, dans la banlieue de Lyon ou en 2005 à Clichy-sous-Bois après la mort de deux jeunes suite à une intervention policière). Peu de mouvements de jeunesse autonomes ont vu le jour. Ceux-ci sont souvent contrôlés par des organisations « adultes ». De même, une large part de la production culturelle à destination de la jeunesse, est le fruit de groupes médiatiques en quête de marchés, ce dont témoigne *Salut les copains*. Ainsi, la jeunesse reste en grande partie sous contrôle.

RESSOURCE MULTIMÉDIA

Paru en 2010, un abondant documentaire, *Salut les copains, l'intégrale*, retrace l'histoire de l'émission. Franck Ferrand a également traité du sujet dans *Au cœur de l'histoire*, sur… Europe 1 :
http://www.europe1.fr/mediacenter/emissions/au-coeur-de-l-histoire/sons/l-integrale-au-caeur-de-l-emission-salut-les-copains-1238883

Fiche 54
12 avril 1961 : YOURI GAGARINE, PREMIER HOMME DANS L'ESPACE

ESPACE CONCERNÉ : histoire du monde,
THÈMES : sciences et techniques, guerre et diplomatie.

Le premier homme dans l'espace

Gagarine est réveillé à 2 h 30 au matin du 12 avril 1961. Deux jours plus tôt, dans une lettre écrite à sa femme, il estime ses chances de survie à 50 %, le taux de succès du lanceur. Il prend donc quelques calmants après avoir enfilé sa tenue. À 6 h 07, c'est le décollage. Son pouls passe de 64 à 157 battements par minute. Après onze minutes de vol, le voilà en orbite. Il s'y maintient 1 h 48 avant d'entamer la descente et d'atterrir dans un champ. Une paysanne qui est présente commence à fuir et Gagarine lui crie : « je suis un ami, je suis soviétique ! ». Très vite, il est mené à un téléphone et il peut rassurer les autorités : il est vivant, le vol est un succès.

✍ **Message de Gagarine (12 avril 1961)**

À mes chers amis connus et inconnus pour moi, à mes chers compatriotes et à tous les peuples du monde. Dans les prochaines minutes, un puissant vaisseau spatial va m'emporter vers les confins de l'univers.

En quoi le vol de Gagarine marque-t-il l'histoire ?

Le contexte : un acte de guerre froide

Dès les années 1920, les premiers pionniers travaillent à des programmes spatiaux en Union soviétique. Leur travail prend de l'ampleur mais la dynamique est cassée lors des purges staliniennes en 1937. À la fin de la Seconde Guerre mondiale, URSS comme États-Unis récupèrent les plans et technologies des missiles balistiques nazis (V2 notamment). Cela permet de relancer les recherches spatiales. En 1957, les Soviétiques prennent l'avantage dans la course à l'espace. Avec Spoutnik, ils lancent le premier satellite puis, un mois plus tard, le premier être vivant dans l'espace avec la chienne Laïka. Dès 1958, les autorités soviétiques envisagent l'envoi d'un homme dans l'espace. Korolev, responsable du programme spatial soviétique, lance rapidement le projet de lanceurs Vostock. Les tests de l'année 1960 en montrent les limites. Un sur deux à peine réussit son décollage. Cela n'empêche pas de réaliser de multiples analyses biologiques sur des chiens envoyés dans l'espace et d'entamer le programme de recrutement de cosmonautes [LEHOT et CLERVOY, 2015].

Ces réalisations sont autant de coups reçus par les Américains. D'une part, elles donnent un grand prestige à l'Union soviétique. D'autre part, elles lui confèrent un avantage technique et militaire dangereux. Sa maîtrise spatiale pourrait lui donner un atout décisif en cas de guerre (envoi de missiles...).

La portée : la compétition est lancée

Dès le 14 avril, le cosmonaute est reçu triomphalement à Moscou par Khrouchtchev et Brejnev. L'URSS met en scène l'exploit de Gagarine pour lui donner une portée universelle et pacifiste. Elle en fait ainsi une pièce importante de son système de propagande à l'international. En 1961 et à nouveau en 1962, il participe à deux tournées mondiales organisées par le régime, au sein de pays du bloc de l'Est comme du bloc de l'Ouest. Gagarine est décoré de l'ordre de Lénine, la plus haute distinction en URSS, et nommé responsable de l'entraînement des cosmonautes. Il participe au programme Soyouz à partir de 1962.

Dans le même temps, le plus grand secret entoure le lieu du décollage du vol spatial, le nom du responsable du programme spatial et même la taille précise de Gagarine. Dans une logique de guerre froide, il s'agit de ne pas partager des connaissances avec ses adversaires mais de les utiliser pour prendre l'ascendant sur lui.

C'est en partie réussi. Les Américains, par la voix du vice-président Lyndon Johnson, sont contraints d'adresser leurs félicitations à Gagarine pour son exploit. Mais le 25 mai Kennedy annonce dans une conférence de presse sa volonté de reprendre l'avantage dans la course à l'espace. La presse lui emboîte le pas, à l'image du *Washington Post* qui appelle à une mobilisation générale pour battre l'URSS dans ce domaine. La NASA (National Aeronautics and Space Administration), créée en 1958, voit ses crédits gonfler. L'URSS envoie la première femme dans l'espace, Valentina Terechkova en 1963. Mais en 1969, les efforts des États-Unis finissent par payer et ils marquent l'histoire en envoyant les premiers hommes sur la Lune [☞ 62].

Gagarine meurt en 1968 dans un accident d'avion. Mais le régime n'en cesse pas moins d'utiliser son nom, en baptisant de son patronyme un cratère lunaire et un astéroïde.

RESSOURCE MULTIMÉDIA

Franck Ferrand a traité des « Cinquante ans du vol de Youri Gagarine » dans son émission (*Au cœur de l'histoire*, Europe 1) :
http://www.europe1.fr/mediacenter/emissions/au-coeur-de-l-histoire/sons/les-50-ans-du-vol-de-youri-gagarine-496495

Fiche 55

5 octobre 1961 : PRÉSENTATION DE LA RENAULT 4 LORS DU SALON DE L'AUTOMOBILE

ESPACE CONCERNÉ : histoire de France, THÈMES : économie, société, sciences et techniques.

Une première pour une dernière

Pour la dernière fois en ce mois d'octobre 1961, le Mondial de l'automobile se tient au Grand Palais (Paris). C'est donc sous les verrières de ce lieu prestigieux que la régie automobile Renault présente sa dernière nouveauté : la Renault 4, vite adoptée sous le nom de 4L. Les curieux se pressent, brochure en main, autour du véhicule. L'ambiance est feutrée. Le public n'est pas encore accueilli par des sonorisations bruyantes et des hôtesses peu vêtues. En costume-cravate, des techniciens répondent patiemment aux questions des passants.

La commercialisation de la Renault 4 marque-t-elle une rupture dans l'industrie automobile française ?

Le contexte : Renault, une entreprise populaire

En 1961, Renault est une marque bien connue des Français. Durant la Première Guerre mondiale, les taxis Renault, lors de la bataille de la Marne, comme les chars de combat FT-17 ont acquis un prestige bien au-delà de leur impact réel sur les combats. Durant l'Occupation, la collaboration active de Renault avec les Allemands lui fait perdre son entreprise, nationalisée par l'État à la Libération. Renault devient ainsi, d'une certaine manière, l'entreprise de tous les Français. Cette image populaire est renforcée par celle de l'usine de Boulogne-Billancourt, bastion ouvrier, et par la politique industrielle de l'entreprise [FRIDENSON, 2001]. Alors que Citroën vise le haut de gamme, Renault se tourne délibérément vers la production de véhicules à bas prix.

C'est dans cette optique qu'est pensée et réalisée la Renault 4. Robuste, fiable, peu coûteuse, elle n'en est pas moins innovante. Après l'Estafette, c'est en effet le second véhicule en France à utiliser le principe de la traction.

La portée : la R4, emblème de Renault

Renault vise un public large. La Renault 4 fait donc l'objet de nombreuses publicités, dans la presse comme à la radio ou à la télévision [lire extrait]. Ses contrats avec la gendarmerie, les PTT ou la Poste font de ce véhicule un élément du quotidien des Français. Pour toucher tous les marchés, la Régie multiplie les versions comme la

Renault 4 « Luxe », la Renault 4 « Parisienne » à destination des femmes ou encore une Renault 4 déclinée en fourgonnette.

✍ **Publicité chantée par Michel Fugain (1973)**

Fais un tour en Renault 4, demande-lui beaucoup.
Va partout en Renault 4, elle ira jusqu'au bout.
Son coffre est très grand.
On y met tout dedans.
On peut aussi coucher dehors,
Du Sahara jusqu'au pôle Nord.
Elle tient la route.
Ça ne fait aucun doute.
Elle freine sans le moindre problème.
C'est pour ça que je l'aime.
Va sur tous les terrains.
Elle ne te refusera jamais rien.

Le succès est important. La Renault 4 est en tête des ventes d'automobile en France 7 années sur 9 entre 1962 et 1968. Avec plus de 8 millions de véhicules produits entre 1961 et 1992, elle est la deuxième voiture la plus vendue de l'histoire en France. La Renault 4 est produite dans 28 pays au cours de son histoire, jusqu'en Afrique du Sud, à Madagascar, au Maroc, en Colombie ou en Argentine.

La Renault 4 est donc au cœur d'évolutions majeures qui affectent l'industrie de l'automobile à partir des années 1960 : production de masse, développement de stratégies *marketing*, internationalisation... Elle n'est évidemment pas la seule dans ce cas. D'autres véhicules présentent des identités proches et l'ont même devancée comme la « Coccinelle » de Volkswagen (22 millions de véhicules produits entre 1938 et 1983) ou la 2 CV de Citroën (5 millions de véhicules produits de 1948 à 1990). Comme elles, elle est devenue une icône.

La fin de la production de l'ensemble de ces véhicules témoigne de nouvelles mutations au sein du secteur industriel à l'échelle mondiale : robotisation des procédés de productions [☞ 56], fusions (Renault acquiert ainsi Nissan et Dacia en 1999), privatisation (en 1996 pour Renault), ouverture des marchés, concurrence accrue (notamment de constructeurs asiatiques comme Toyota ou Hyundai), souci environnemental (développement des véhicules électriques ou hybrides)...

Au-delà, Renault garde une image particulière en France, celle d'une entreprise qui appartiendrait au patrimoine national, de même que ses usines de Boulogne-Billancourt incarnaient la classe ouvrière : politiques, intellectuels (Sartre) ou journalistes s'y pressaient pour rencontrer manœuvres et techniciens. Cette image efface quelque peu la dureté des conflits sociaux que Renault a pu connaître. Quant au site de Boulogne-Billancourt, remplacé par des bureaux, des jardins et un campus, son destin incarne celui de la désindustrialisation de la France.

RESSOURCE MULTIMÉDIA

L'INA dispose de nombreuses archives dédiées à l'histoire de Renault et de ses usines de Billancourt, comme par exemple :
http://www.ina.fr/video/CAB7700307901

Fiche 56

1961 :
MISE EN SERVICE D'UNIMATE, LE PREMIER ROBOT INDUSTRIEL

ESPACE CONCERNÉ : histoire du monde,
THÈMES : économie, sciences et techniques.

Un lancement en toute discrétion

C'est dans une usine General Motors du New Jersey qu'a lieu en 1961 la grande première : l'utilisation d'Unimate, un robot à des fins de production industrielle. Mais cela se réalise en toute discrétion. Ce premier robot, un gros bloc marron et beige muni d'une pince, manque en effet de fiabilité. Il effectue parfois des mouvements incohérents et incontrôlés. Mais Unimate finit par réussir à effectuer la tâche simple pour laquelle il a été programmé : sortir d'une presse chaude des pièces à peine embouties, pour les plonger dans un bain refroidissant. À l'issue de cette expérience, General Motors ne commande que 66 exemplaires d'Unimate à ses concepteurs, George Devol et Joseph Engelberger. C'est un succès mitigé. Les dirigeants de General Motors ne croient pas encore à la généralisation de ce procédé.

✍ **Extrait d'un reportage de la BBC**

Unimate pèse 10 hommes à lui tout seul, ne râle jamais et ne demande ni promotion ni augmentation.

En quoi la mise en service d'Unimate ouvre-t-elle une ère nouvelle ?

Le contexte : le résultat de nombreuses années d'avancées techniques

Les concepteurs d'Unimate sont des chercheurs expérimentés. Joseph Engelberger, fasciné par l'œuvre d'Isaac Asimov, *bachelor* en physique et *master of science* en ingénierie électrique, travaille comme ingénieur chez Manning, Maxwell and Moore. George Devol est le père des portes automatiques et des codes-barres et il a fait partie de l'équipe qui a mis au point le four à micro-ondes.

Pour concevoir Unimate, tous deux s'inspirent des téléopérateurs utilisés dans l'industrie nucléaire dans les années 1950 pour la manipulation d'éléments radioactifs. Ils fondent en 1956 la société Unimation Inc. Après cinq années de travaux, de recherches de financement auprès de 46 entreprises et de démarchages d'industriels, après le refus de Ford d'expérimenter leur robot, ils obtiennent en 1961 l'accord de General Motors pour un essai de leur création.

La portée : une invention qui révolutionne le monde

Le succès d'Unimate est d'abord le succès d'Unimation Inc. L'entreprise s'impose comme le leader de la robotique dans les années 1960. Sa réussite attise les convoitises et elle est rachetée en 1983 par le géant industriel Westinghouse.

L'usage des robots industriels se diffuse. En France, Renault est la première entreprise à les mettre en service, en 1976. Aujourd'hui, on compterait plus de 2 millions de robots industriels dans le monde. Mais les disparités sont fortes : on compterait 124 robots pour 10 000 salariés en France contre 273 pour l'Allemagne et 160 pour l'Italie. Quant aux pays aux coûts salariaux bas (Asie du Sud-Est par exemple), la robotisation n'y est encore que balbutiante.

Cette innovation révolutionne le monde de l'industrie qui était jusque-là fondé sur les procédés du fordisme [☞ 3] et du toyotisme (gestion à flux tendus, « zéros défauts »...). Elle est devenue incontournable et incarne à la fois une menace pour l'emploi comme l'espoir d'un avenir où l'homme serait libéré des tâches dangereuses et fastidieuses.

Mais l'industrie n'est pas la seule activité impactée par le développement de la robotisation. Les progrès techniques, notamment de l'informatisation, permettent de mettre au point des robots capables d'accomplir des tâches nouvelles : robots de précision, robots agricoles, robots de chantiers (forages sous-marins...), drones de combat, véhicules dotés de pilotes automatiques, robots d'accueil, robots hospitaliers...

Si la robotisation a déjà largement modifié les procédés de production, elle reste aussi au cœur de l'imaginaire de la science-fiction et garde encore l'image d'une technologie d'avenir.

RESSOURCE MULTIMÉDIA

Diverses ressources dédiées aux robots sont disponibles sur le site Futura-Sciences (textes, photographies, vidéos, animations...).

Fiche 57

25 octobre 1962 :
LA CRISE DES MISSILES DE CUBA À L'ONU : LA DERNIÈRE CHANCE DE PAIX MONDIALE ?

ESPACE CONCERNÉ : histoire du monde,
THÈMES : guerre et diplomatie.

Le récit de la réunion du Conseil de sécurité de l'ONU

Le 25 octobre 1962, le Conseil de sécurité de l'ONU se réunit à la demande des États-Unis. Adlai Stevenson veut le constituer en « prétoire de l'opinion mondiale » afin d'y faire juger – et condamner – l'Union soviétique. Offensif, il dévoile les clichés pris onze jours plus tôt par un avion espion U2. Celui-ci révèle la présence, sur le sol cubain, de rampes de lancement de missiles susceptibles d'envoyer des fusées capables d'atteindre le sol américain. L'opération Anadyr (envoi d'hommes et de matériel à Cuba) est révélée. Valerian Zorin, délégué soviétique, grommelle : « des preuves truquées ». L'assistance hésite, perplexe. U Thant, secrétaire général des Nations unies depuis septembre 1961, est effondré. La communauté internationale peine à s'organiser pour apaiser les tensions [BUGNION, 2012]. Alors que les États-Unis organisent le blocus de Cuba et se déclarent prêts à couler tout navire approchant afin d'empêcher l'arrivée sur l'île d'ogives nucléaires, il confie à Castro : « je vois le futur du monde sous un jour très sombre. »

La crise des missiles de Cuba est restée dans les représentations comme le moment où le monde parut basculer dans la guerre, une guerre nucléaire opposant les deux grandes puissances et leurs alliés. Elle incarne aussi la victoire d'une Amérique déterminée, emmenée par un jeune président, Kennedy, face à une Union soviétique qui finit par plier.
Ces jugements résistent-ils à l'analyse des faits ?

✍ ***Inter Actualités* (24 octobre 1962)**

Guerre ou paix ? Ce soir, cette nuit, le commandant du navire soviétique *Poltava* et le commandant d'un bateau de guerre américain peuvent en décider. Cette nuit en effet, le premier des 25 cargos soviétiques qui ont mis le cap sur Cuba rencontrera l'un ou l'autre des cent navires de guerre américains qui font le blocus [...] de Cuba. « Coulez les navires, si c'est nécessaire », a dit Kennedy. À Moscou, on dit « nous ne céderons pas ».

Le contexte : la Guerre froide à son acmé

La crise des missiles de Cuba mêle de multiples problématiques.

Du côté cubain, on vit dans la peur d'une invasion. L'île a déjà dû faire face à plusieurs bombardements et débarquements de mercenaires payés, équipés et entraînés par les États-Unis. Castro, qui au départ n'était pas communiste, s'est rallié à l'Union soviétique pour assurer sa sécurité.

Pour les Soviétiques, l'enjeu est triple. Khrouchtchev a bien conscience qu'il ne peut se désolidariser de Cuba, au risque de perdre sa crédibilité sur le continent latino-américain. Dans le même temps, il doit modérer ses alliés cubains qui le poussent à lancer une attaque nucléaire contre les États-Unis. Enfin, il ne doit pas perdre la face devant les exigences de Washington.

Kennedy, arrivé depuis peu à la Maison blanche, se trouve également face à de lourdes problématiques. Il a dû assumer l'assaut raté de la Baie des cochons contre Cuba, organisé en partie dans son dos par ses services secrets. On attend également de lui qu'il se montre ferme face à Castro qui a nationalisé des terres et des biens (hôtels notamment) de grandes entreprises américaines. Surtout, il doit faire face à la menace nucléaire. C'est ainsi que le 22 octobre il fait un discours télévisé très ferme, annonçant son intention d'empêcher par tous les moyens possibles, y compris par la force, l'arrivée des ogives nucléaires à Cuba. Il se doit de montrer à des Américains terrorisés qu'il peut les protéger [carte G].

La portée : plus de guerre ou plus de paix ?

En première analyse, les États-Unis semblent l'avoir emporté : les navires soviétiques embarquant les ogives nucléaires font demi-tour et Washington pérennise son emprise sur l'enclave de Guantanamo, alors que Castro espérait pouvoir la récupérer. Médiatiquement, les États-Unis ont su utiliser l'ONU pour se placer dans le camp de la paix et mettre l'URSS dans celui des agresseurs. Enfin, Kennedy s'est donné une stature.

Si aux yeux du grand public l'URSS a donné l'impression de céder, elle a obtenu des contreparties importantes à son recul. Les États-Unis retirent des missiles d'Italie et de Turquie. En outre, ses liens avec Cuba sont renforcés et se maintiendront jusqu'à la fin de la Guerre froide [LAGONOTTE, 2007].

Cuba, de son côté, doit finalement renoncer à accueillir des missiles nucléaires. Mais l'île se voit donner la garantie, informelle il est vrai, de son indépendance par les États-Unis, et gagne un certain prestige pour sa posture de résistance face à l'ogre américain.

Enfin, si la crise de Cuba est un moment de fortes tensions, elle aboutit à une période de détente. Pour faciliter les échanges entre dirigeants, une ligne directe entre Washington et Moscou est mise en place, le « téléphone rouge ».

La crise débouche donc finalement non pas sur une guerre mais sur une issue qui peut finalement sembler fructueuse pour toutes les parties.

RESSOURCE MULTIMÉDIA

Le documentaire *Le jour où la terre s'arrêta : 1962, la crise des missiles de Cuba* (2015) permet une vue de l'intérieur du pouvoir américain lors de la crise des missiles.

Carte G. La crise des missiles de Cuba

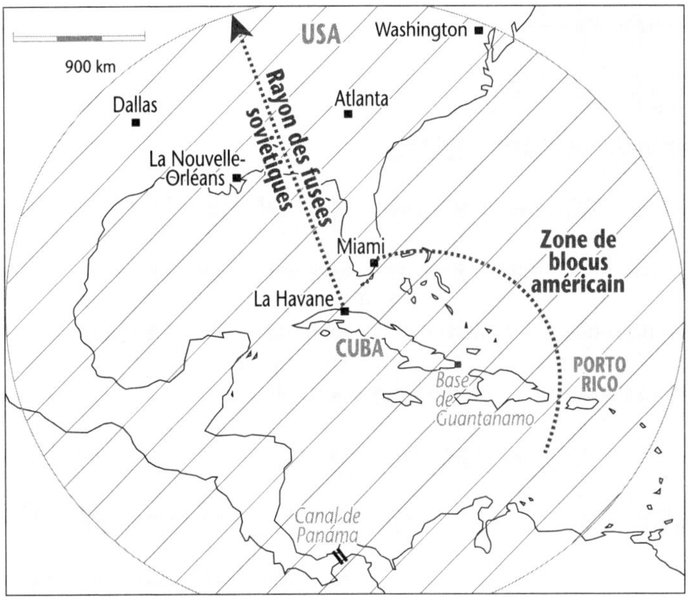

Fiche 58
28 octobre 1962 : RÉFÉRENDUM SUR L'ÉLECTION DU PRÉSIDENT DE LA RÉPUBLIQUE AU SUFFRAGE UNIVERSEL DIRECT

ESPACE CONCERNÉ : histoire de France,
THÈME : politique.

La victoire du président de Gaulle

Le 28 octobre 1962, les Français se rendent aux urnes pour participer au référendum sur la réforme constitutionnelle : la question posée porte sur l'élection du président de la République au suffrage universel direct. Le sujet divise profondément la classe politique. Mais dans les 38 000 communes de France moins de 50 % des électeurs se déplacent pour voter. À la mairie de Colombey-les-deux-églises, Charles de Gaulle accomplit son devoir civique et dépose son bulletin dans l'urne. En fin de journée, sur les Champs-Élysées, les Parisiens peuvent suivre les résultats au fur et à mesure de leur arrivée. Dans la soirée, au Ministère de l'Intérieur, Roger Frey rapporte les comptes définitifs devant les journalistes : 62,10 % des suffrages se sont reportés sur le « oui ». Le Nord, l'Ouest et les grandes agglomérations ont davantage voté « oui » et le Sud plutôt « non ». À l'échelle nationale, c'est une victoire du gaullisme sur les partis traditionnels et le « cartel des non ».

En quoi cette réforme constitutionnelle accroît-elle la présidentialisation du pouvoir exécutif ?

✍ **Le général de Gaulle, conférence de presse (janvier 1964)**

L'autorité indivisible de l'État est confiée toute entière au Président par le peuple. Il n'en existe aucune autre, ni ministérielle, ni civile, ni militaire, ni judiciaire, qui ne soit conférée et maintenue par lui.

Le contexte : la France en guerre

De 1958 à 1962, dans un contexte marqué par les « événements » d'Algérie, la pratique du pouvoir a renforcé le poids du président de la République. Le général de Gaulle songe à faire élire le président de la République au suffrage universel depuis longtemps : il l'affirme lors d'une allocution télévisée dès le 8 juin 1962. Mais il se heurte à d'importantes réticences, héritées du souvenir du XIXe siècle, à droite comme à gauche : en effet, élu président au suffrage universel masculin en décembre 1848, Louis Napoléon Bonaparte se maintient au pouvoir par un coup d'État et utilise des plébiscites pour conforter son pouvoir autoritaire. En 1962, le contexte paraît favorable pour introduire cette réforme constitutionnelle : la guerre d'Algérie prend fin et l'émotion générée par l'attentat du Petit-Clamart perpétré par des membres de l'OAS contre le général de Gaulle, le 22 août 1962, est habilement utilisée par ce dernier. Le 20 septembre, il annonce son intention de soumettre cette réforme directement au peuple, par référendum, en contournant le vote de l'Assemblée : il soulève de fortes contestations à droite comme à gauche. Le 5 octobre, l'Assemblée nationale vote une motion de censure contre le gouvernement Pompidou : de Gaulle dissout l'Assemblée. Les leaders de l'opposition constituent un « cartel des non » pour faire campagne contre la réforme. Deux jours avant le référendum, de Gaulle exhorte les Français à voter « oui » lors d'une allocution télévisée.

La portée : la constitution d'un nouveau régime politique

Malgré un fort abstentionisme, les élections législatives des 18 et des 25 novembre 1962 consacrent la victoire du parti gaulliste qui rassemble 42 % des suffrages. Conforté par le référendum et disposant d'une confortable majorité à l'Assemblée, le président de Gaulle triomphe des « anciens partis » et poursuit la présidentialisation du pouvoir [DELACROIX, ZANCARINI-FOURNEL, 2010]. De Gaulle peut se consacrer à sa politique de « grandeur » et d'indépendance nationale. Les partis politiques engagés dans le « cartel des non » sortent amoindris et très divisés de cette épreuve [GUILLAUME, 2004].

L'élection présidentielle au suffrage universel direct est appliquée trois ans plus tard, les 5 et 19 décembre 1965. Charles de Gaulle est réélu au second tour avec 54,8 % des voix, face au candidat Mitterrand. Mais ce mandat est interrompu en avril 1969 par sa démission.

En donnant au président une assise populaire, par le vote au suffrage universel direct des citoyens, le référendum de 1962 fonde réellement la Ve République, un régime dans lequel le président occupe une place inédite. Dans aucune autre démocratie, y compris aux États-Unis, il ne dispose de pouvoirs aussi étendus.

À long terme, la réforme constitutionnelle de 1962 ouvre la voie à la cohabitation, vingt-quatre ans plus tard, et renforce la bipolarisation et la présidentialisation de la vie politique française. La réforme du quinquenat mettra fin aux cohabitations mais en renforçant encore le poids du pouvoir présidentiel [☞ 86].

RESSOURCE MULTIMÉDIA

Le référendum du 28 octobre 1962 vu par l'INA :
http://fresques.ina.fr/jalons/fiche-media/InaEdu00094/le-referendum-du-28-octobre-1962.htm

Fiche 59

26 juin 1963 : DISCOURS DE KENNEDY À BERLIN

ESPACE CONCERNÉ : histoire du monde, THÈME : guerre et diplomatie.

Un président à Berlin

Une Cadillac au pas et un homme qui salue, une pluie de confettis et une foule en liesse. L'arrivée de John Fitzgerald Kennedy à Berlin ne déroge pas au rituel festif de ses entrées présidentielles. Le cortège s'avance vers *Checkpoint Charlie*. Le visage du président se fait plus dur, le sourire de Willy Brandt, le maire, plus crispé. Lui a vu le mur s'étendre lorsqu'il n'était encore que barbelés et gardes. On s'arrête devant les marches de l'hôtel de ville que le président américain gravit lentement. Quelques mots échangés avec son interprète : « write me "I am a Berliner" ». Écrit phonétiquement, on pouvait lire en fin de discours : « Ish bin ine bear-LEAN-ar ».

Comment Berlin est-elle devenue la ville symbole de la guerre froide ?

✍ Extrait du discours de Kennedy à Berlin

Il ne manque pas de personnes qui ne veulent pas comprendre [...] quel est le litige entre le communisme et le monde libre. Qu'elles viennent donc à Berlin [...]. Le mur fournit la démonstration éclatante de la faillite du système communiste [...]. Tous les hommes libres, où qu'ils vivent, sont citoyens de cette ville de Berlin-Ouest et pour cette raison, en ma qualité d'homme libre, je dis : *Ich bin ein Berliner*.

Le contexte : Berlin, au cœur de la guerre froide

En cohérence avec les décisions prises lors des conférences de Yalta et de Postdam [☞ 38], la Seconde Guerre mondiale se clôt avec la partition de l'Allemagne en quatre zones contrôlées par les puissances victorieuses et la France [carte H]. Berlin, située en zone soviétique et elle-même partagée en quatre, devient vite un objet de tensions entre l'URSS et les États-Unis. Dès 1948, Staline tente de récupérer Berlin-Ouest en organisant un blocus de la zone occidentale, isolée au centre de l'Allemagne de l'Est. Un puissant pont aérien américain permet de contrer la manœuvre qui entérine cependant le partage de l'Allemagne (RFA à l'ouest et RDA à l'est) et de Berlin en deux à partir de 1949.

Carte H. L'Allemagne en 1946

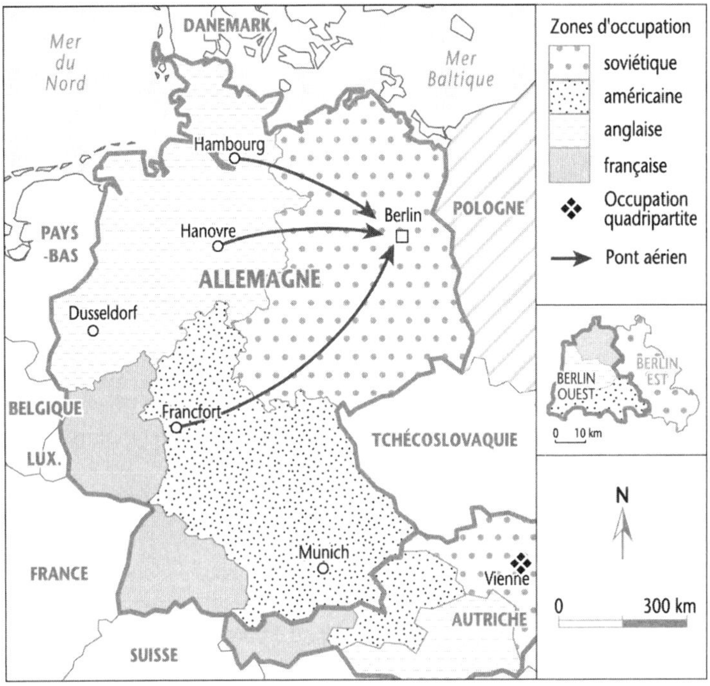

Le cas allemand n'est alors pas unique : l'Autriche et Vienne, la Corée, le Vietnam sont également partagés. Mais Berlin, en plein cœur de l'Europe, semble déjà être perçue comme un enjeu central de la Guerre froide.

Dans la ville, quelques pas suffisent pour passer d'un camp à l'autre : seuls les panneaux indiquent au passant qu'il change de secteur. Il devient dès lors facile de fuir le régime est-allemand, ce que font trois millions de personnes de 1949 à 1959, soit 15 % de la population de la RDA. Il s'agit essentiellement de jeunes (50 % ont moins de 25 ans), souvent très qualifiés (médecins...) voire des cadres du régime (jeunes communistes, policiers...). Ces fuites inquiètent les dirigeants d'Allemagne de l'Est, d'autant que le passage est aussi très simple pour les agents de la CIA. L'Opération « muraille de Chine » est lancée le 13 août 1961. Les États-Unis, surpris, ne réagissent pas : mieux vaut un Mur qu'une guerre, d'autant que ce mur est finalement le signal que l'URSS ne souhaite pas s'étendre à l'Ouest [SOUTOU, 2011]. Mais après l'échec de Cuba, Kennedy veut marquer l'opinion mondiale.

La portée : un discours sans effets réels ?

Kennedy prononce son discours alors que se commémorent les 15 ans du blocus de Berlin [☞ 41]. Réactiver cette mémoire et ses conséquences exposées plus haut c'est, pour le président Américain, faire de la ville le symbole d'un monde bipolaire. Mais c'est d'abord la vie des hommes et des femmes de Berlin que ces divisions affectent. Jusqu'en août 1961, un demi-million d'Allemands transitent chaque jour dans un sens ou dans l'autre pour travailler, visiter leur famille ou leurs loisirs. Le mur, qui entrave la vie quotidienne, étend son emprise au sol, année après année. On y rajoute un *no man's land*, les immeubles attenants sont murés. On y pratique des activités caractéristiques de la guerre froide : propagande par haut-parleurs, espionnage [TAYLOR, 2009].

Pour autant, si Berlin incarne aux yeux de nombreux contemporains la guerre froide en actes, le sujet principal de tension, à savoir la circulation entre les deux parties de la ville, est en partie résolu dès 1971. En effet, un accord garantit la circulation entre la RFA et Berlin et permet aux Berlinois de l'Ouest de se rendre à l'est pour rencontrer leurs familles.

Au fond, la ville n'est pas tant un symbole de la guerre froide en raison des enjeux, en fait assez mineurs si l'on songe aux dangers d'une guerre nucléaire qui pèse lors de la crise de Cuba, ou à ce qu'a été la guerre du Vietnam, mais dans l'image, celle du soldat Conrad Schumann qui saute les barbelées à l'été 1961, dans les mots qui, médiatisés, pénètrent l'imaginaire collectif tels que *Checkpoint Charlie* (point de contrôle où transitent les personnels diplomatiques), dans les arts qui s'approprient un « mur de la honte » transformé en icône.

RESSOURCES MULTIMÉDIAS

Une présentation du discours et de son contexte accompagné d'une une de la presse allemande :

https://www.franceinter.fr/emissions/l-ephemeride-de-frederic-pommier/l-ephemeride-de-frederic-pommier-26-juin-2014

Fiche 60

29 août 1966 : DERNIER CONCERT PUBLIC DES BEATLES

ESPACE CONCERNÉ : histoire du monde,
THÈMES : culture, société.

Une dernière pour faire du neuf

Ils entament l'ultime étape d'une tournée mondiale. En dix-sept jours aux États-Unis, les Beatles ont donné dix-neuf concerts. La dernière date est programmée à San Francisco, ce 29 août 1966, au Candlestick Park. 25 000 spectateurs en ébullition hurlent à l'entrée des « Fab Four ». Musicalement, c'est un désastre : les enceintes ont beau être poussées à leur maximum, elles ne couvrent pas les cris de la foule. Présents en nombre, les policiers multiplient les interventions pour attraper les fans qui franchissent les grilles dans l'espoir de toucher l'une de leurs idoles. Personne ne le sait encore, mais les Beatles donnent là leur dernier concert public.

Quelle a été la place des Beatles dans la révolution culturelle des années 1960 ?

Le contexte : le poids de la gloire

Après différentes configurations, les Beatles s'organisent autour de quatre musiciens : Paul Mac Cartney, John Lennon, George Harrison et Richard Starkey (connu sous le surnom de Ringo Star). Originaires de Liverpool, ils sont autodidactes et issus de milieux relativement populaires. Quand ils sortent leur premier *single* en 1962 (*Love Me Do*), ils bénéficient du travail de pionniers comme Elvis Presley qui a cassé les codes conventionnels de la musique, réutilisant le *blues* pour le dépoussiérer et s'adresser aux jeunes. Leurs premiers albums sont d'ailleurs emplis de reprises de standards américains. Les Beatles s'inscrivent alors dans une vague qui les dépasse. 1962 marque en effet également les débuts de The Animals ou des Rolling Stones, par exemple.

✍ **John Lennon**

Rien ne m'a vraiment touché jusqu'au jour où j'ai entendu Elvis. S'il n'y avait pas eu Elvis, il n'y aurait pas eu les Beatles.

Pour autant, leur succès n'est pas qu'une question de circonstances. Les Beatles sont d'infatigables travailleurs. Ils multiplient les prises en studio avant de procéder aux montages. Durant leurs deux premières années d'activités, ils sortent pas moins de six albums. Cette volonté de produire en masse ne nuit pas à la créativité. Avec George Martin, il dispose d'un ingénieur-son qui expérimente beaucoup. Il met au point la technique du « vari-speed », se lance parmi les premiers dans l'utilisation des enregistreurs à quatre puis huit pistes. C'est à lui que les Beatles doivent d'être les premiers à enregistrer un « larsen » sur une chanson (*I Feel Fine*, 1964). La créativité des Beatles ne se limite pas à des aspects techniques. Ils n'hésitent pas à mêler les styles et sont ainsi les premiers à recourir à un quatuor à cordes dans une chanson *pop* (*Yesterday*, 1965, la chanson la plus reprise dans l'histoire mondiale de la musique).

Enfin, les Beatles ont un sens aigu du marketing et des affaires. Ils jouent ainsi devant 70 millions de téléspectateurs en participant au Ed Sullivan Show sur CBS le 9 février 1964 et deviennent le premier groupe de musique à se produire dans un stade, au Shea Stadium à New York en 1965. Ils poussent également plus loin que tous les autres artistes la vente de produits dérivés ou la participation à des annonces publicitaires.

Un à un, les Beatles battent les records de ventes. Entre leur début et le concert de San Francisco en 1966, ils placent onze titres en tête des ventes au Royaume-Uni comme aux États-Unis. Mais ce succès a un prix : la pression des fans. Les sorties publiques sont devenues impossibles. Les concerts sont inaudibles. Des menaces sont parfois proférées contre eux, comme par exemple celle du KKK aux États-Unis après que John Lennon ait estimé que les Beatles étaient plus connus que Jésus. Tout cela crée des tensions et pousse les Beatles à cesser les concerts publics.

La portée : une renaissance inachevée

De retour en studio, les Beatles retrouvent un certain apaisement et leur sens de la créativité. Dès 1967, ils livrent un album considéré comme l'une des créations musicales majeures de la période : *Sgt. Pepper's Lonely Hearts Club Band*. Il s'agit du premier « concept album » (album dans lequel les titres sont liés par un thème ou une histoire).

Ils poursuivent sur leur lancée médiatique [GUESDON et MARGOTIN, 2014]. Le 25 juin 1967, ils jouent ainsi *All You Need Is Love* dans l'émission de la BBC *Our World*, retransmise en direct dans le monde entier : 400 à 700 millions de téléspectateurs assistent à la performance. Ils poursuivent de même leurs expérimentations, avec Phil Spector et son « wall of sound » (album *Let It Be*, 1969). Sur leur album « blanc » (1968), ils utilisent des instruments orientaux, font tourner les pistes à l'envers, posent les bases du *hard rock*. Si leur société Apple Corps est un échec, cet essai témoigne de leur volonté de garder la maîtrise financière de leur destin.

Avec un milliard de disques écoulés, les Beatles restent le groupe le plus vendu dans l'histoire de la musique. Leur succès ne se dément pas. Une compilation commercialisée en 2000, soit 30 ans après leur séparation, se vend à 3,6 millions d'exemplaires en une seule semaine et plus de 12 millions d'exemplaires en trois semaines.

Les Beatles, dans la cérémonie d'ouverture des Jeux olympiques de Londres (27 juillet 2012)

➡ *lien :*
https ://fr.wikipedia.org/wiki/Sgt._Pepper%27s_Lonely_Hearts_Club_Band_(album)#/media/File :2012_Summer_Olympics_opening_ceremony_(13).jpg

Les Beatles font désormais partie du patrimoine culturel britannique et même mondial. C'est ce dont témoigne la présence d'une fanfare très directement inspirée de la pochette de leur album culte, Sgt. Pepper's Lonely Hearts Club Band*, lors de la cérémonie d'ouverture des Jeux olympiques de Londres en 2012.*

Ainsi, les Beatles ont participé à l'émergence d'une culture de masse, notamment à destination des « jeunes » [☞ 53], tout autant qu'ils ont participé à refonder la musique populaire et la faire entrer dans une nouvelle ère.

RESSOURCE MULTIMÉDIA

Les documentaires sur les Beatles abondent. On pourra notamment visionner *The Beatles: Eight Days A Week – The Touring Years*, qui offre de nombreuses prises et enregistrements inédits (2016).

Fiche 61
25-27 mai 1968 : ACCORDS DE GRENELLE

ESPACE CONCERNÉ : histoire de France,
THÈMES : politique, société.

Des négociations sous haute tension

Le 25 mai, le jour se lève dans un climat tendu, après une nuit de violences. La conférence s'ouvre rue de Grenelle, au siège du ministère des Affaires sociales : elle dure plus de trente heures, jusqu'au 27 mai. Le Premier ministre Georges Pompidou, est assisté de Jacques Chirac, Édouard Balladur et Jean-Marcel Jeannenay. Les représentants du patronat et des syndicats sont venus nombreux, trop nombreux : Paul Huvelin dirige la délégation patronale, James Marangé, celle de la Fédération de l'Éducation Nationale, Gaston Tessier le CFTC, André Malterre la CGC, Benoît Franchon la CGT, Eugène Descamps la CFDT... La salle est trop petite et le tour de table qui ouvre la séance est interminable. Les délégations ne se sont pas entendues au préalable : les débats sont marqués par de multiples interruptions de séances mais aussi par des ententes bilatérales secrètes. Dès le samedi, un accord est trouvé sur le relèvement du SMIG (Salaire Minimum Interprofessionnel Garanti) mais les discussions achoppent sur la réduction du temps de travail et les retraites. Dimanche 26 mai, les discussions s'enlisent : à 3 heures du matin, la situation semble bloquée. Redoutant l'alliance annoncée des syndicats enseignants et des étudiants avec la CFDT et le PSU, Henri Krasucki (CGT) relance le débat : les points de discorde sont écartés. À 4 h 30 débute la rédaction d'un texte de compromis, en commissions. À 7 h 45, Georges Pompidou, exténué, lit le « protocole d'accord » de Grenelle : le SMIG augmente de 35 %, les salaires de 10 %, la semaine de travail se réduit graduellement vers 40 heures, le droit syndical est refondu et renforcé dans les entreprises, les conventions collectives mises à jour. Mais avant de signer, les délégués syndicaux doivent consulter leurs bases.

Chez Renault, les délégués CGT sont conspués : la grève se poursuit, presque partout en France. En fin de matinée, Paris subit des coupures d'électricité. À 20 h, l'ORTF doit renoncer au journal. La journée est marquée par de nombreuses manifestations, notamment au stade Charléty où se rassemblent 50 000 personnes.

Comment les accords de Grenelle permettent-ils de renouveler le monde du travail et la société en France ?

✍ **Tract du comité central de grève, usine Rhône-Poulenc, Vitry-sur-Seine (1968)**

Alors que l'on nous avait toujours refusé la parole, nous l'avons prise, nous avons appris à parler et cela est irréversible.

Le contexte : l'étincelle étudiante

La crise de mai 1968 se présente comme une rébellion étudiante qui s'étend au monde ouvrier et à l'ensemble du salariat, jusqu'à mettre en cause le régime gaulliste [GOBILLE, 2008]. Le mécontentement des salariés s'amplifie, les négociations salariales étant bloquées dans un contexte marqué par de fortes mutations technologiques qui engendrent des conflits du travail. La révolte étudiante éclate dès mars 1968, exprimant les craintes face au monde du travail et le rejet d'une société conservatrice. La répression des « barricades » rapproche syndicats et salariés : la grève générale débute le 13 mai, impliquant jusqu'à 8 millions de grévistes. De plus, les occupations d'usines permettent des rencontres sociales improbables entre ouvriers, cadres, étudiants, militants, paysans, dans tout le pays et à différentes échelles [GOBILLE, 2008/2].

Le 25 mai, dans une France bloquée, le Premier ministre Georges Pompidou engage une discussion tripartite entre patronat, syndicats et gouvernement. Le dialogue s'annonce difficile, les revendications s'étant accumulées au fil des conflits sociaux. De plus, les manifestations étudiantes ont débouché sur une seconde nuit des barricades le 24 mai au soir.

La portée : un héritage controversé

Le 28 mai, les grèves se poursuivent et parfois se radicalisent, les accords de Grenelle suscitant l'hostilité. Le 29 mai, de Gaulle, président de la République, disparaît, pour consulter les chefs de l'armée à Baden-Baden : de retour le lendemain, il annonce la dissolution de l'Assemblée. Un million de personnes manifestent pour le soutenir. Début juin, le travail reprend peu à peu, parfois sous la pression des forces de l'ordre qui évacuent des usines occupées. Le 30 juin, les élections législatives redonnent une forte majorité au parti gaulliste (UDR). Durant les mois qui suivent, les négociations par branches débouchent sur la révision des conventions collectives et l'application des accords de Grenelle.

Presque cinquante ans plus tard, l'héritage de Mai 68 demeure controversé. Pour les uns, cette crise aurait développé l'individualisme, une perte de valeurs et un relâchement des mœurs. Pour d'autres, il s'agit d'un conflit de classes, une crise de civilisation imposée par la rigidité administrative et politique française [GOBILLE, 2008]. Mai 68 serait un phénomène de génération permettant un changement culturel profond, en France mais aussi par-delà les frontières [GALLISSOT, 1990]. Depuis les années 1990, les recherches se sont multipliées pour revenir à l'événement et dépasser cette « mémoire-écran », à travers des études locales et une attention portée à la diversité des acteurs.

RESSOURCE MULTIMÉDIA

Les accords de Grenelle, vus par l'INA :
http://fresques.ina.fr/jalons/fiche-media/InaEdu00112/les-accords-de-grenelle.html

Fiche 62

20 juillet 1969 : LES ÉTATS-UNIS DÉCROCHENT LA LUNE

ESPACE CONCERNÉ : histoire du monde,
THÈMES : sciences et techniques, guerre et diplomatie.

« Un petit pas pour un homme, un grand pas pour l'humanité »

Il est 21 heures, 56 minutes et 20 secondes au centre de commandement de la NASA à Houston. Soudain, l'une des caméras embarquées par Buzz Aldrin commence à émettre. On aperçoit alors la silhouette d'Armstrong, engoncé dans sa combinaison. Celui-ci, silencieux, descend lentement l'échelle du module lunaire. Puis il prononce ces mots historiques : « un petit pas pour un homme, mais un pas de géant pour l'humanité ». « Pour un homme » et non pas « pour l'Homme ». Cette incompréhension, due aux difficultés de communication, sera le seul réel raté de cette journée historique.

Pourquoi les vols lunaires ont-ils cessé ?

Le contexte : rattraper les Soviétiques, un impératif

Le programme Apollo naît en réaction au vol de Gagarine dans l'espace [☞ 54]. Dans une conférence de presse en date du 25 mai 1961, Kennedy annonce sa volonté de voir un Américain fouler le sol de la Lune avant la fin de la décennie.

L'objectif est ambitieux car à cette date les États-Unis n'ont même pas encore réalisé le moindre vol orbital. La NASA (National Aeronautics and Space Administration), fondée en 1958 par Eisenhower pour fédérer les initiatives spatiales éparses, pilote le projet. Son budget est multiplié par 50 entre 1959 et 1966. Il représente alors plus de 5 % du PIB national. Par ailleurs, le pouvoir présidentiel répète à l'envie sa volonté de réussir [extrait].

✍ Discours de Kennedy (12 septembre 1962)

Nous avons choisi d'aller sur la Lune. Nous avons choisi d'aller sur la Lune au cours de cette décennie et d'accomplir d'autres choses encore, non pas parce que c'est facile, mais justement parce que c'est difficile. Parce que cet objectif servira à organiser et à offrir le meilleur de notre énergie et de notre savoir-faire, parce que c'est le défi que nous sommes prêts à relever, celui que nous refusons de remettre à plus tard, celui que nous avons la ferme intention de remporter, tout comme les autres.

Le programme spatial américain répond d'abord à des impératifs internationaux. Mais pour Kennedy, il s'agit aussi de redorer son image après l'échec de l'opération de la baie des Cochons. Même s'il n'a pas approuvé cette tentative de débarquement à Cuba pour renverser Castro, son image en sort écornée.

La portée : une avance décisive pour les États-Unis

La conquête de la Lune est un symbole fort soigneusement mis en scène. Télévisions et magazines prestigieux (*Time*...) relaient, édition après édition, l'avancée du programme puis du vol spatial. On estime que 600 millions de téléspectateurs, soit un cinquième de la population mondiale de l'époque, suivent l'alunissage en direct à la télévision. La portée de la mission lunaire est donc immense. Le retour des astronautes est un triomphe. Pour l'Amérique, meurtrie par la guerre du Viêt-Nam, c'est un grand bol d'air frais et une victoire de prestige.

Les États-Unis mènent deux nouvelles missions lunaires, avec succès, en 1971 et 1972. L'URSS réplique en 1971 avec la mise en orbite de la première station spatiale : *Saliout*. Les États-Unis font de même avec Skylab, dès 1973 [LEHOT et CLERVOY, 2015]. En 1981, ils reprennent l'avantage avec la mise en service de la première navette spatiale, engin réutilisable, capable de décoller et de se poser : *Columbia*. En 1983, Reagan lance le programme IDS (Initiative de défense stratégique, aussi appelé « Star Wars »). Ce réseau de satellites doit permettre d'abattre par laser tout missile lancé vers les États-Unis : un avantage décisif contre l'URSS.

La conquête spatiale est l'enjeu de luttes dans un contexte de Guerre froide. Mais, parfois, elle permet de concrétiser des moments de détente entre grandes puissances. En 1975, par exemple, une mission conjointe Apollo-Soyouz est organisée.

La conquête spatiale a été stimulée par la Guerre froide. Mais cette instrumentalisation est aussi sa faiblesse. Après l'effondrement de l'URSS, la NASA perd une grande partie de ses financements aux États-Unis. Il n'est plus utile de concurrencer et dépasser un rival qui vient de disparaître. Cette donnée s'ajoute au coût des missions spatiales mais aussi aux incertitudes voire aux drames qui les entourent parfois (désintégration de la navette *Columbia* en 2003). Les grands projets (retour sur la Lune, colonisation de Mars...) sont au point mort. Depuis 1972, aucun homme n'a plus marché sur la Lune. Au total, ce sont douze astronautes qui ont foulé le sol lunaire : tous sont Américains. Signe de l'affaiblissement américain et des transformations du monde de l'information, le *moon hoax* est l'une des premières et des plus tenaces « théories du complot ».

Au-delà de l'objectif lunaire, le développement des télécommunications fait du ciel un enjeu stratégique. Aux côtés des puissances spatiales traditionnelles (États-Unis, Russie, Europe avec Ariannespace, voire Japon), de nouvelles puissances émergent : Chine, Inde, Brésil... Cela explique l'émergence d'un « droit de l'espace » (premier traité en 1967) afin d'en réglementer les activités.

RESSOURCE MULTIMÉDIA

Le documentaire *Moonwalk One*, de Theo Kamecke (1972), permet de suivre tout à la fois l'exploit technique de ce voyage lunaire et son impact dans la société américaine.

Fiche 63

20 mars 1970 : CRÉATION DE L'ORGANISATION INTERNATIONALE DE LA FRANCOPHONIE

ESPACE CONCERNÉ : histoire du monde,
THÈMES : culture, guerre et diplomatie.

Une inauguration en grande pompe

Ce 20 mars 1970, des délégués venus de 34 États d'Europe, d'Amérique, d'Asie et d'Afrique se retrouvent à Niamey, capitale du Niger, pour mettre en place l'organisation de la francophonie. 21 pays signent la Charte créant l'Agence de coopération culturelle et technique (ACCT) et donnant naissance à la première organisation intergouvernementale de la Francophonie. La cérémonie est clôturée par un discours du président Hamani Diori, emprunt d'optimisme sur l'avenir de la francophonie.

La Francophonie est-elle une forme de politique post-coloniale ou un espace de coopération ?

✍ **Léopold Sedar Senghor (1964)**

La francophonie, c'est cet humanisme intégral qui se tisse autour de la terre, cette symbiose des énergies dormantes de tous les continents, de toutes les races, qui se réveillent à leur chaleur complémentaire.

Le contexte : un héritage colonial ?

Le terme de francophonie est né en 1880 sous la plume du géographe français Reclus. Au départ, la politique de la francophonie se limite à soutenir le rayonnement de la langue et de la culture françaises par la création d'Alliances françaises (1883). C'est à partir des années 1960, dans un contexte marqué par l'émergence de nouveaux États décolonisés, que la francophonie débouche sur une organisation pérenne, sous l'impulsion de l'écrivain et chef d'État Léopold Sedar Senghor, fervent promoteur de la langue française, du président tunisien Habib Bourguiba et du président du Niger Hamani Diori. Le projet est très vite porté par d'autres chefs d'État africains, qui parviennent à convaincre le gouvernement français, les autorités canadiennes et québécoises. En 1966 est créé à Paris un haut comité pour la défense et l'expansion de la langue française. Trois mois plus tard, les chefs d'État membres de l'OCAM (organisation commune africaine et malgache) se réunissent à Tananarive et chargent Senghor et Hamani Diori, président en exercice de l'OCAM, de réaliser un projet commun de francophonie. Après une série de voyages en Afrique, Hamani Diori présente son projet au président Charles de Gaulle. De son côté, Léopold Senghor prend des contacts au Canada. En mai 1967, le conseil international de la langue française est mis en place, puis l'Association internationale des parlementaires de langue française (AIPLF) et la Conférence des ministres francophones de la Jeunesse et des Sports (CONFEJES) en 1969. Certains États francophones demeurent cependant en marge, par crainte d'un impérialisme culturel français. Du 17 au 29 février 1969 se déroule à Niamey la première conférence des pays entièrement ou partiellement de langue française, sous le patronage du ministre André Malraux, en présence de délégués d'une trentaine d'États, mais en l'absence de l'Algérie, de la Mauritanie, de la Guinée Conakry et de la Suisse : la déclaration finale recommande la mise en place d'une agence de coopération culturelle et technique de la francophonie.

La portée : une arme de *soft power* pour la France ?

Cette seconde conférence tenue à Niamey donne naissance à la première organisation intergouvernementale de la Francophonie, devenue Agence de la Francophonie. Cette date du 20 mars deviendra en 1988 celle de la Journée internationale de la Francophonie. La Francophonie se construit par étapes. En 1978, l'Agence de coopération culturelle et technique obtient le statut d'observateur à l'ONU. La réunion des sommets de la Francophonie, à partir de 1986, permet de définir des domaines de coopération multilatérale comme l'agriculture, la culture et la langue françaises, le développement technologique, ou encore la création de Jeux de la Francophonie (1987). À partir de 1991, s'opère un tournant politique et institutionnel : pour peser davantage à l'échelle internationale, un secrétariat général et une Agence de la Francophonie sont créés (1995). Aujourd'hui l'usage du français est en recul mais on estime qu'il existe encore 274 millions de locuteurs français dans le monde. L'Organisation internationale de la Francophonie (OIF) regroupe 80 États et gouvernements, dont 23 États observateurs, sur cinq continents, même si le noyau dur de la francophonie demeure en Afrique [GAMBOTTI, 2015]. Elle s'inscrit dans un contexte mondial qui soulève de nouveaux enjeux, comme le maintien de la diversité culturelle, la nécessité de se regrouper pour mener des politiques communes dans les domaines de l'éducation, la culture, mais aussi la coopération économique, la défense des droits de l'Homme, etc. [DIOUF, 2004]. Dans l'espace mondialisé, la francophonie ne se présente plus seulement comme un regroupement d'États maintenus sous l'influence française, mais comme une aire linguistique et culturelle visant à développer une coopération au-delà des enjeux linguistiques.

La francophonie aujourd'hui

➡ *lien vers le document en grand format :*
https ://fr.wikipedia.org/wiki/Fichier :Les_francophones_dans_le_monde.jpg

La francophonie rassemble aujourd'hui environ 274 millions de locuteurs français dans le monde. L'Organisation internationale de la Francophonie (OIF) regroupe 80 États et gouvernements, dont 23 États observateurs, sur cinq continents. Elle vise à défendre l'usage de la langue et de la culture françaises.

RESSOURCE MULTIMÉDIA

Un reportage sur la conférence francophone à Niamey, en mars 1970, INA :
http://m.ina.fr/video/CAF94056676/niamey-conference-francophone-video.html

Fiche 64
27 janvier 1973 : ACCORDS DE PARIS (GUERRE DU VIETNAM)

ESPACE CONCERNÉ : histoire du monde,
THÈME : guerre et diplomatie.

Négocier la paix en pleine guerre

Vers 10 h 30, les ministres des Affaires étrangères arrivent au centre des conférences internationales, avenue Kléber à Paris, dans l'ancien hôtel Majestic. Les principaux négociateurs présents sont M. Rogers (États-Unis), M. Tran Van Lam (République du Vietnam) et M. Nguyen Duy Trinh (gouvernement révolutionnaire provisioire, GRP). Depuis une heure, plusieurs milliers de personnes sont agglutinées autour du bâtiment, à l'appel de cinquante-deux organisations de gauche. Le quartier est quadrillé par la police postée jusque sur les toits. À l'arrivée de chaque délégation, des milliers de drapeaux du FLN et nord-vietnamiens sont agités et des slogans tels que « le Vietnam a triomphé ! » sont lancés. La délégation sud-vietnamienne est accueillie par des sifflets, alors que celle du nord-vietnam est acclamée. Les délégations, comprenant au total quatre-vingt personnes, s'installent dans la grande salle des conférences. Les signatures (cent quarante-huit) débutent à 11h, dans une atmosphère grave et silencieuse. À 11h25, la séance est suspendue. MM. Rogers et Lam déjeunent ensemble ; puis M. Rogers est reçu par le président Pompidou. De 15h45 à 16h30 se déroule une seconde cérémonie de signatures (quatre-vingt). La conférence de Paris, ouverte le 13 mai 1968, s'achève. Les États-Unis s'engagent à retirer leurs soldats dans un délai de soixante jours, et les Nord-Vietnamiens à libérer leurs prisonniers américains. Mais pendant la réunion, les bombardements continuent.

En quoi les accords de Paris constituent-ils une paix incomplète pour le Vietnam et les États voisins ?

✍ **Henry Kissinger, *À la Maison blanche* (1968-1973)**

Nous ne pouvions en terminer dans des conditions acceptables pour Hanoï, sans risque de faire échec à toutes nos autres entreprises à l'étranger. Nous ne pouvions la poursuivre jusqu'à une victoire militaire décisive sans mettre en danger la cohésion du peuple américain.

Le contexte : l'enlisement américain

Grâce aux accords de Genève (21 juillet 1954), le Vietnam accède à l'indépendance. Mais il est déchiré par une opposition entre communistes du FLN, soutenus par le bloc soviétique, et partisans du dicateur Ngô Dinh Diêm, soutenus par les États-Unis, dans un contexte marqué par la Guerre froide. Le conflit s'étend au Cambodge, au Laos et implique la Chine et l'URSS. À partir de 1963, les États-Unis s'enlisent dans ce conflit marqué par l'utilisation d'armes chimiques (napalm, agent orange) et l'envoi de jeunes conscrits. Les protestations et les manifestations se multiplient aux États-Unis et dans de nombreux États pour dénoncer l'engagement américain et les méthodes employées. En janvier 1969, le nouveau président (Nixon) décide le retrait des forces américaines du Vietnam (environ 600 000 hommes en 1967). Sous l'impulsion de son conseiller Henry Kissinger, il relance les négociations amorcées depuis 1968 à Paris. En octobre 1972, Kissinger et son homologue vietnamien Le Duc Tho parviennent à un protocole d'accord final. En décembre 1972, affaibli par le scandale du Watergate, Nixon tente une manœuvre d'intimidation en bombardant Hanoï et Haiphong : en vain, les Vietnamiens maintiennent leur position. Les négociations débouchent sur la signature des accords de Paris.

La portée : un héritage ambigu

C'est une immense victoire pour le Nord Vietnam qui estime avoir mis en échec le colonialisme français, puis l'impérialisme américain. Partout dans le monde, ces accords de Paris sont salués, et ils sont accueillis avec un enthousiasme particulier dans les pays décolonisés. Cependant le régime de Saïgon est maintenu, soutenu par Washington.

En 1973, Henry Kissinger et Lê Duc Tho reçoivent le prix Nobel de la paix pour la signature des accords de Paris : Lê Duc Tho le refuse, au motif que la paix n'est pas établie. De fait, les combats se poursuivent encore durant deux années, malgré le départ des soldats américains. Jusqu'en mai 1974, le gouvernement Sud Vietnamien conserve l'initiative ; puis le FLN reprend le dessus. Les Nord-Vietnamiens entrent finalement dans Saïgon le 30 avril 1975. La guerre a alors causé 58 000 morts américains, environ 3,8 millions de morts vietnamiens, et de très nombreux blessés civils et militaires. L'année suivante, le Vietnam est réunifié pour créer la République socialiste du Viet Nam. Si les États-Unis se détournent alors de la région, l'ancienne Indochine continue de susciter les convoitises de l'URSS et de la Chine [HANHIMAKI, 2008].

La guerre du Vietnam déstabilise la région, en particulier l'État cambodgien. Dès 1970, la monarchie cambodgienne est renversée, remplacée par la République khmère, une dictature communiste qui débouche sur des crimes de masse (1,7 million de morts) à partir de 1975.

RESSOURCE MULTIMÉDIA

Un reportage sur la signature des accords de Paris :
http://www.cinearchives.org/Catalogue-d-exploitation-494-1468-0-0_printv.html

Fiche 65

16-17 octobre 1973 : PREMIER CHOC PÉTROLIER

ESPACE CONCERNÉ : histoire du monde,
THÈMES : économie, société.

Deux jours qui changent le monde

La guerre du Kippour fait rage dans le désert du Sinaï où se déroule une grande bataille de blindés. Dans la soirée du 16 octobre, une poignée d'hommes, dont la moitié est vêtue de djellabas, se réunissent dans la minuscule salle de conférences de l'OPEP, à Koweït, durant plusieurs heures. À 17 heures, ils annoncent qu'ils prennent « leur petit-déjeuner », rompant le jeûne du Ramadan. Réunis à huis clos pour décider de l'utilisation de « l'arme du pétrole », les six principaux producteurs du Golfe persique (Koweït, Arabie saoudite, Iran, Irak, Abu-Dhabi, Qatar) annoncent par la voix de Djamchid Amouzegar, ministre iranien des finances, leur décision « d'établir et d'annoncer les prix affichés du pétrole dans le Golfe comme le font déjà le Venezuela, l'Indonésie et l'Algérie », donc de relever le prix du pétrole brut de 17 %. Les taxes des compagnies pétrolières sont également relevées de 70 %. Et le 17 octobre, ils ajoutent deux mesures : la réduction de leur production de pétrole de 5 % par mois et un embargo contre les « amis d'Israël », les États-Unis, les Pays-Bas, le Portugal, l'Afrique du Sud et la Rhodésie.

Comment le choc pétrolier décidé par l'OPEP engendre-t-il un bouleversement économique et géopolitique majeur à l'échelle mondiale ?

✍ **Philippe Simonnot, *Le Monde* (19 octobre 1973)**

Ainsi, en vingt-quatre heures, les pays arabes du Golfe ont franchi allègrement quelques Rubicon. Hier, ils reléguaient l'accord de Téhéran au rang de curiosité historique. Aujourd'hui, ils s'allient avec des régimes progressistes pour faire la guerre du pétrole, sans apparemment craindre la colère de Washington. Il suffisait d'oser.

Le contexte : un monde en tension

Devenu une ressource stratégique dès la Première guerre mondiale, le pétrole repose jusqu'aux années 1960 sur quelques majors occidentales, dites « les Sept Sœurs », qui jouissent d'une situation d'oligopole : Exxon, Mobil, Chevron, Gulf, Texaco, BP et Royal Dutch-Shell. Liées entre elles et très prospères grâce à une forte croissance de la consommation, ces *majors* sont fortement implantées au Moyen Orient où la production explose à partir de 1948, jusqu'à représenter 90 %

des approvisionnements pétroliers européens en 1961 et plus de la moitié de la production mondiale en 1973. Mécontents de la baisse du prix du pétrole décidée par les *majors*, le Koweït, l'Arabie Saoudite, l'Irak, le Venezuela et l'Iran fondent l'OPEP (organisation des pays exportateurs de pétrole, 1960). En 1971, l'OPEP impose aux compagnies pétrolières un partage des profits du pétrole plus favorable aux États producteurs, avec la signature des accords de Téhéran.

À partir du 6 octobre 1973, la guerre israélo-palestinienne déclenche le premier choc pétrolier. Surpris par une attaque sur deux fronts, Israël reprend l'offensive avec le soutien de ses alliés, notamment des États-Unis. L'OPEP met au point une stratégie pour exiger le retrait complet des territoires occupés par l'État hébreu, tout en renforçant son contrôle sur le marché du pétrole.

La portée : une mutation sans retour

Réunie à Téhéran le 23 décembre 1973, l'OPEP annonce une nouvelle augmentation de 115 % : d'octobre 1973 à janvier 1974, le prix du baril passe de 2,9 à 11,6 dollars. L'embargo dure 5 mois, jusqu'au 18 mars 1974. L'OPEP revendique un contrôle total de la production et du prix du pétrole : ses revenus sont multipliés par quatre. Les pays exportateurs de pétrole accumulent alors des richesses considérables, qui leur permettent de se lancer dans d'importants investissements. Au contraire, les pays occidentaux sont frappés par une récession, le PIB américain reculant de 6 % entre 1973 et 1975, et le chômage augmentant jusqu'à 9 % [COPINSCHI, 2012].

Les États cherchent alors à diversifier leurs ressources énergétiques et à réduire leur consommation d'énergie. La France accélère son programme de construction de centrales nucléaires. En 1974, les États-Unis créent l'Agence internationale de l'énergie (AIE) pour coordonner les politiques énergétiques des pays membres et assurer la sécurité des approvisionnements énergétiques. La crise amplifie l'inflation et le chômage : le monde entre dans une période de stagflation, encore accentuée par le second choc pétrolier (1979). Les pays du Sud sont également victimes de la crise, du fait du poids croissant de leur facture énergétique, mais aussi du ralentissement de l'économie mondiale : leur dette explose.

Les grandes compagnies pétrolières répercutent la hausse du prix du baril sur leur prix de vente : leur chiffre d'affaire augmente jusqu'à 200 %. Elles diversifient leurs approvisionnements, développant notamment les gisements *off-shore* devenus rentables grâce aux progrès technologiques.

Si le pétrole demeure aujourd'hui une ressource stratégique, la lutte contre la dépendance énergétique, le réchauffement climatique, le développement des énergies renouvelables et de nouvelles technologies dans les pays développés, laissent augurer une réduction importante de la consommation d'une énergie qui se raréfie [COPINSCHI, 2012].

RESSOURCE MULTIMÉDIA

Une émission de France TV sur le premier choc pétrolier :
http://education.francetv.fr/matiere/epoque-contemporaine/troisieme/video/1973-le-premier-choc-petroliere

Fiche 66
25 mars 1974 : INVENTION DE LA CARTE À PUCE

ESPACE CONCERNÉ : histoire de France, histoire du monde, THÈMES : sciences et techniques, économie, société.

Une révolution silencieuse

Ce 25 mars 1974, Roland Moreno n'a pas encore trente ans quand il dépose le brevet de la carte à puce auprès de l'Institut national de la propriété industrielle (INPI). L'objet en lui-même ne paie pas de mine : un bout de plastique de quelques centimètres de côté pour moins d'un millimètre d'épaisseur et un circuit intégré (puce) qui permet de la connecter à un terminal. Et pourtant, le monde vit une révolution.

✍ **Roland Moreno interrogé par *France-Soir* (2006)**

J'ai trouvé la solution dans mon sommeil en rêvant. En vérité, je suis un gros paresseux et j'ai une très faible productivité [...]. Je suis jaloux, très dépensier, totalement sédentaire et distrait. J'ai indiscutablement un côté professeur Nimbus.

En quoi l'invention de la carte à puce est-elle révélatrice des mutations du système économique mondial à partir des années 1970 ?

Le contexte : un secteur à la concurrence féroce

L'histoire de la carte à puce, c'est l'histoire d'une invention qui se réalise dans une économie devenue extrêmement concurrentielle et qui se déploie à l'échelle mondiale. Dès 1975, la société Bull (appartenant à France Télécom) dépose son propre brevet de carte à puce. En 1977, une entreprise allemande fait de même. L'histoire de la carte à puce, c'est aussi celle d'une économie fondée sur l'innovation. Le procédé de carte à puce du Français Michel Ugon est protégé par le dépôt de 1 200 brevets entre 1977 et 1992. De son côté, Roland Moreno en dépose 45.

L'histoire de la carte à puce, s'inscrit également dans l'ère de la concentration capitalistique. Dès 1979, le géant Schlumberger, côté en bourse à Wall Street et dont le siège social se trouve aux Antilles néerlandaises, entre dans le capital d'Innovatron, la société de Roland Moreno, avant d'absorber ses principaux concurrents en 1997 et 2001.

Enfin, l'histoire de la carte à puce est celle de la judiciarisation croissante de la société. À la fin des années 1970, Philips, IBM comme Siemens tentent vainement de faire annuler les brevets de Moreno. De même, un ingénieur français porte plainte, estimant s'être fait voler son idée. Il est finalement débouté.

La figure de Roland Moreno, Géo Trouvetou qui se met en scène avec sa chevelure éparse et son sourire jovial, écrivain adepte de la « théorie du bordel ambiant », provocateur capable de proposer un million à qui forcerait son système pour en prouver l'inviolabilité, tranche avec les figures lissées des cabinets de communication. Mais elle cadre avec celles des inventeurs qui aiment soigner leur singularité pour mieux faire ressortir leur génie, à l'image de Steve Jobs chez Apple [☞ 96].

La portée : une invention qui bouleverse l'économie mondiale

Ce n'est qu'au début des années 1980 que Roland Moreno finit par convaincre des entreprises d'utiliser son système de carte à puce. Les banques françaises créent le groupement d'intérêt économique « Carte bancaire », qui se déploiera par la suite à l'échelle européenne. France Télécom s'en sert pour mettre fin au vandalisme sur ses cabines téléphoniques à pièces. La RATP (Pass Navigo) puis la Sécurité sociale (Carte Vitale) suivent. La carte à puce est même utilisée pour les cartes SIM des téléphones portables.

Roland Moreno fait fortune avec la carte à puce. Mais ses brevets tombent dans le domaine public en 1994. Les banques américaines les reprennent d'ailleurs immédiatement. De nouvelles inventions (système Moneo, paiement sans contact...) rencontrent un succès plus mitigé mais permettent à sa société Innovatron de continuer à engranger des recettes.

On estime que depuis 1974 plus de 7 milliards de cartes à puce ont été produites dans le monde, essentiellement pour équiper les téléphones portables. L'usage des cartes à puce bancaire reste cependant confiné aux pays les plus développés. En France, par exemple, il circulerait aujourd'hui près de 100 millions de cartes à puce.

La diffusion de la carte à puce illustre autant qu'elle permet l'accélération des échanges et des flux monétaires dans le cadre de la mondialisation.

RESSOURCE MULTIMÉDIA

L'INA a suivi avec intérêt le développement de cette invention française :
http://www.ina.fr/video/CAA7800746001

Fiche 67

29 novembre 1975 : VOTE DE LA LOI VEIL (IVG)

ESPACE CONCERNÉ : histoire de France,
THÈMES : politique, société.

Trois jours de débats houleux

Très minoritaires sur les bancs des députés, les femmes dominent dans les tribunes du public. Depuis trois jours et pour la seconde nuit consécutive, les insultes, les attaques personnelles et les échanges véhéments se succèdent, pendant qu'à l'extérieur, des militants de « Laissez-les vivre », agenouillés, égrènent leur chapelet. Dans l'hémicycle, le sol est jonché de feuilles d'amendements débattus, adoptés, repoussés ou retirés. La dernière séance de nuit est présidée par Edgar Faure, en présence de la quasi-totalité des députés et de nombreux membres du gouvernement : un par un, chaque amendement ou sous-amendement est présenté, débattu, soumis au vote. À 2 heures du matin, le premier ministre Jacques Chirac et Françoise Giroud quittent l'hémicycle, alors que le député Claudius Petit s'est assoupi. Finalement le projet de loi, largement amendé, est adopté par 284 voix contre 189, sur 473 suffrages exprimés et 479 votants. Les deux tiers des députés de la majorité ont voté contre le texte, adopté largement grâce aux voix de la gauche et du centre. La séance est levée à 3 h 40 du matin. Socialistes et communistes applaudissent, on se presse autour de Simone Veil. Puis « l'aquarium » se vide. Épuisée, Simone Veil quitte la salle. Dehors, les militants anti-IVG sont toujours là, agenouillés. À son domicile, une énorme gerbe de fleurs envoyées par Jacques Chirac l'attend.

En quoi la loi Veil constitue-t-elle une avancée majeure pour les droits des femmes en France ?

✍ Simone Veil, Assemblée nationale (26 novembre 1974)

Si j'interviens aujourd'hui à cette tribune, ministre de la santé, femme et non-parlementaire, pour proposer aux élus de la nation une profonde modification de la législation sur l'avortement, croyez bien que c'est avec un profond sentiment d'humilité devant la difficulté du problème, devant l'ampleur des résonances qu'il suscite au plus intime de chacun des Français et des Françaises, et en pleine conscience de la gravité des responsabilités que nous allons assumer ensemble.

Le contexte : la femme, perpétuellement subordonnée

Ce débat est l'aboutissement d'un long combat des féministes pour l'obtention du droit à l'avortement, criminalisé par la loi de 1920. En 1967, un premier pas est franchi avec la loi Neuwirth autorisant la contraception orale. En 1971, *Le Nouvel Observateur* publie un manifeste dit des « 343 salopes », signé par 343 femmes déclarant avoir avorté et réclamant le droit d'avorter. La même année, l'avocate Gisèle Halimi défend une jeune fille de 15 ans violée et accusée par le tribunal de Bobigny d'avoir avorté illégalement. En février 1973, 331 médecins signent à leur tour un manifeste dans lequel ils déclarent publiquement avoir pratiqué des avortements. Les femmes sont de plus en plus nombreuses à descendre dans la rue et à manifester. L'opinion publique semble de plus en plus favorable à une légalisation de l'avortement, qui concerne alors environ 3000 femmes par an. Mais l'Église et une partie de la population y demeurent farouchement opposées. Élu le 27 mai 1974, le président Valéry Giscard d'Estaing présente une série de réformes sociétales et charge Simone Veil, nommée ministre de la Santé, de réformer la loi de 1920 qui réprime très sévèrement l'avortement. Le 26 novembre 1974, c'est dans un climat tendu que s'ouvrent les débats en première lecture à l'Assemblée. Après un discours historique prononcé par Simone Veil, les discussions se poursuivent durant trois jours devant une Assemblée nationale qui ne compte que 9 femmes pour 481 hommes. Ces débats se distinguent par la dureté des propos et des invectives prononcés contre la proposition de loi ou contre Simone Veil. Un député porte un fœtus dans un bocal, un autre fait entendre les battements de cœur d'un fœtus. Simone Veil est qualifiée de « juive avorteuse », qui défend des pratiques « dignes des médecins nazis », etc.

La portée : une loi aux suites multiples

La loi autorise l'IVG dans un délai de 10 semaines, sur simple demande à un médecin, sans remboursement par la sécurité sociale. Néanmoins, médecins et établissements privés demeurent libres de refuser une demande d'IVG. La loi suscite également de vifs débats au Sénat avant d'être promulguée le 7 janvier 1975. Elle demeure provisoire, pour cinq ans : une seconde loi, adoptée le 31 décembre 1979, légalise définitivement l'avortement, qui devient remboursé par la sécurité sociale à partir de 1983 (loi Roudy). Le nombre d'avortements par an est resté stable depuis, environ 200 000 par an.

Les contestations reprennent avec vigueur dans les années 1990 avec les opérations anti-IVG développées par des commandos contre des maternités, malgré la loi Neiertz de 1989 renforçant les sanctions contre ce type d'actions [BARD, 2004]. Quarante ans après la loi Veil, l'Assemblée nationale adopte une résolution visant à « réaffirmer le droit fondamental à l'interruption volontaire de grossesse en France et en Europe ».

RESSOURCE MULTIMÉDIA

Simone Veil, à l'issue du débat parlementaire du 29 novembre 1974 :
http://www.ina.fr/contenus-editoriaux/articles-editoriaux/la-loi-veil-sur-l-avortement/

Fiche 68
11 juillet 1975 : ADOPTION DE LA LOI « HABY »

ESPACE CONCERNÉ : histoire de France,
THÈMES : société, culture.

Un coup de maître ?

Élu en 1974 en se présentant comme le candidat de la jeunesse et de la modernité, le centriste Valéry Giscard d'Estaing coupe l'herbe sous le pied de la gauche avec l'abaissement de la majorité à 18 ans (5 juillet 1974) et la loi Veil qui autorise l'avortement sous condition (17 janvier 1975 ; ☞ 67). Publiée au *Journal Officiel* le 11 juillet 1975, la loi dite « Haby », du nom du ministre de l'Éducation nationale, s'inscrit dans cette stratégie. Elle reprend en effet de vieilles revendications de la gauche en mettant fin dans l'école aux filières socialement et pédagogiquement distinctes. Désormais, tous les élèves venus du primaire seront dans les mêmes classes de collège.

✍ Extraits de la loi Haby (11 juillet 1975)

Tout enfant a droit à une formation scolaire qui, complétant l'action de sa famille, concourt à son éducation. Cette formation scolaire est obligatoire entre six et seize ans. Elle favorise l'épanouissement de l'enfant, lui permet d'acquérir une culture, le prépare à la vie professionnelle et à l'exercice de ses responsabilités d'homme et de citoyen [...].
Tous les enfants reçoivent dans les collèges une formation secondaire. Celle-ci succède sans discontinuité à la formation primaire en vue de donner aux élèves une culture accordée à la société de leur temps. Elle repose sur un équilibre des disciplines intellectuelles, artistiques, manuelles, physiques et sportives et permet de révéler les aptitudes et les goûts.

En quoi la loi Haby marque-t-elle les débats autour de l'école ?

Le contexte : allongement des études et unification des filières

Les lois Ferry rendent l'école gratuite (16 juin 1881) et l'instruction obligatoire (28 mars 1882). Mais pour mettre ces lois en œuvre, la République met en place non pas une mais deux « écoles ». Les écoles dites « primaires » scolarisent gratuitement les enfants issus des milieux populaires jusqu'à 13 ans obligatoirement, mais parfois au-delà avec le développement des cours complémentaires. En parallèle, les lycées accueillent les enfants de la bourgeoisie, dès les classes les plus jeunes (11e soit l'équivalent du CP actuel). Aux discriminations de genre (l'école de la

République, rappelons-le, n'était pas mixte), s'ajoute donc une discrimination sociale très forte.

L'injustice de ce système est dénoncée par la gauche dès les années 1920. De timides réformes voient le jour dans les années 1930 (système de bourses). Si on met de côté l'œuvre ambiguë du régime de Vichy en la matière [PROST, 2004], c'est surtout à partir de 1945, sous l'inspiration du plan Langevin-Wallon, que l'État commence à réfléchir à l'unification des ordres « primaires » et « secondaire ». Sous la IVe république, les projets de réforme, nombreux, n'aboutissent pas. La situation se débloque à partir de 1958. La scolarité obligatoire est portée à seize ans (décret Berthoin, 1959). Les Collèges d'enseignement généraux (CEG), aux filières courtes, sont lancés en 1960 avant que ne soient créés, en parallèle, les Collèges d'enseignement secondaire (CES) en 1963.

La portée : Haby, un nom entre totem et tabou

La loi Haby entend aller au bout du processus d'unification. Désormais, il n'existe plus que des « collèges » dits « uniques ». La loi comporte aussi un important volet pédagogique. Elle ouvre l'école aux parents avec la notion de « communauté éducative ». Elle veut permettre la mise en œuvre d'une éducation globale, à la fois intellectuelle, morale et physique.

Dès sa publication, la loi Haby est attaquée de toutes parts. Une partie de la droite s'offusque de ses aspects égalitaristes. Une partie de la gauche la rejette car elle estime qu'elle vise à former non pas des citoyens libres mais des salariés pour servir les entreprises. Elle heurte également de nombreux enseignants dont les horaires disciplinaires sont menacés.

Avec le temps, elle devient l'enjeu de débats parfois très vifs. La loi Haby est ainsi rendue responsable par certains de la « baisse du niveau » ou des phénomènes de violence scolaire.

Mais si des réformes l'ont parfois écornée (mise en place des 4e et 3e technologiques), la loi Haby n'a jamais été profondément remise en cause ni par la gauche ni pas la droite. Et pour cause : qui assumerait aujourd'hui de remettre en place des filières organisant un tri social de fait des élèves en sortie d'école primaire ? Au fond, la loi Haby pêcherait peut-être plus par ses manques que par son contenu. Car derrière les intentions affichées, le système scolaire français reste encore profondément inégalitaire.

RESSOURCE MULTIMÉDIA

Antoine Prost, historien majeur de l'histoire de l'éducation en France, a donné de nombreuses conférences et participé à de nombreuses émissions au cours de sa vie (exemple : http://www.ina.fr/video/I04343673).

Fiche 69
22 juillet 1977 : DENG XIAOPING S'IMPOSE EN CHINE

ESPACE CONCERNÉ : histoire du monde,
THÈMES : guerre et diplomatie, économie, politique.

La réussite d'un stratège

Le 22 juillet 1977, le Parti Communiste Chinois (PCC) ouvre la troisième session plénière du dixième Congrès de son Comité central du Parti communiste chinois (PCC). Les observateurs internationaux s'attendaient à voir Hua Guofeng en sortir renforcé dans sa conquête du pouvoir et de la succession à Mao Zedong. En février, pour se poser comme son héritier légitime, il a déclaré : « quelles que soient les politiques soutenues par Mao, et quelles que soient les consignes données par Mao, elles devraient toujours être mises en application ». Mais ces propos se retournent contre lui. Épuisées par l'épisode de la Révolution culturelle, les élites du PCC aspirent à l'apaisement. Deng Xiaoping, communiste de la première heure un temps écarté, s'appuie sur les réformateurs et, surprise, s'impose lors de la session du 22 juillet 1977. Il est nommé tout à la fois vice-premier ministre, vice-président du Bureau politique du Comité central, vice-président de la Commission militaire et chef de l'Armée populaire de libération. Ses adversaires sont exclus à vie du PCC et un procès est ouvert contre eux. Une page se tourne.

En quoi Deng Xiaoping transforme-t-il la Chine ?

Le contexte : une Chine en ébullition

En 1977, la Chine sort de plusieurs années de convulsions. Après une longue guerre civile (1927-1949), l'arrivée au pouvoir de Mao Zedong n'a pas ramené le calme. Le pays passe par plusieurs épisodes d'agitations révolutionnaires (« Cent fleurs » en 1956, « Grand Bond en avant » de 1958 à 1960 puis « Révolution culturelle » de 1966 à 1969 ; ☞ 46). Quand Mao décède en 1976, la Chine entre dans une période d'incertitudes car celui-ci n'a pas désigné de successeur. Les favoris dans la course au pouvoir sont ceux de la Bande des Quatre (dont Hua Guofeng et Jiang Qing, l'épouse de Mao), partisans de la fuite en avant dans le processus révolutionnaire.

Face à eux, les réformateurs et partisans de l'apaisement se trouvent un leader : Deng Xiaoping. Personne ne peut contester sa légitimité. Il adhère au PCC dès 1923. Il est envoyé étudier à Moscou en 1926 et il a participé à toutes les grandes batailles aux côtés de Mao. Dans les années 1950, il exerce des responsabilités importantes. À partir de l'épisode du Grand Bond en avant, Deng est présenté par les jusqu'au-boutistes comme un « capitaliste de droite ». C'est le début d'une mise à l'écart : placement en résidence surveillée, perte de toutes ses fonctions en 1969 (il est renvoyé travailler dans un magasin de tracteurs), humiliations publiques puis, finalement, exclusion du PCC. L'envoi de sa part d'une lettre d'excuses en 1972 lui permet de retrouver une position officielle dans le parti.

La portée : la Chine sur les chemins de la puissance

Dès 1978, Deng contrôle entièrement le PCC. Il lance une politique d'ouverture économique (création des Zones Économiques Spéciales) et renforce les liens avec les États-Unis où il se rend en 1979. Bien évidemment [extrait], cette politique d'ouverture et de modernisation est contrôlée par le PCC qui reste parti unique en Chine [Coll., 2013].

✍ **Alain Jacob dans *Le Monde* (30 août 1980)**

La Conférence politique consultative du peuple chinois est un des hauts lieux politiques de la nouvelle Chine. C'est cette assemblée qui adopta en 1949 la première charte de la République populaire [...]. Un rôle de vedette, en cette séance inaugurale, est dévolu à M. Deng Xiaoping, président du comité permanent de la conférence. L'homme fort du régime sourit à la ronde, fume cigarette sur cigarette, évite – volontairement ou par nature – tout effet oratoire et prononce un bref discours d'ouverture du style le plus classique. Il y est question de la « démocratie socialiste », mais aussi de « la pensée de Mao Tsé-toung », de la modernisation du pays comme de la lutte contre « l'hégémonisme » et – inévitablement – du « retour de Taiwan à la mère patrie ».

Si de Mao à Deng on observe une rupture en terme de politique économique, la continuité est forte sur le plan géopolitique. Peu à peu, la Chine se dote des principaux attributs de la puissance : arme atomique en 1964, siège au Conseil de sécurité de l'ONU en 1971 au détriment de Taïwan, rétrocession d'Hong Kong par les Britanniques en 1997, premier vol spatial habité en 2003, premier porte-avions mis à l'eau en 2012... Elle s'impose également comme un géant économique et détient aujourd'hui le premier PIB mondial.

La puissance chinoise connaît cependant des limites. La croissance économique crée une augmentation sans précédent des inégalités au sein du pays. Elle favorise aussi l'aspiration à la liberté, sévèrement réprimée (Tiananmen en 1989 ou Hong Kong en 2014). La Chine se trouve également devant nombre de difficultés non-résolues : cas du Tibet (envahi en 1950 par la Chine, officiellement pour « libérer » le pays), relations conflictuelles avec le Japon et avec Taïwan, délimitation de ses eaux territoriales...

En tout cas, on le voit, le tournant majeur impulsé par Deng n'a pas été remis en cause après qu'il quitte ses fonctions en 1989. Dans ce but, Deng a d'ailleurs choisi son successeur avant de se retirer : Jiang Zemin.

RESSOURCE MULTIMÉDIA

Sur France Culture, *Les enjeux internationaux* produisent des émissions régulières consacrées à la Chine.

Fiche 70
16 janvier 1979 : LA CHUTE DU CHAH D'IRAN

ESPACE CONCERNÉ : histoire du monde,
THÈMES : politique, guerre et diplomatie.

La fuite du chah

Prince depuis 1925, roi depuis 1941, Mohammad Reza Pahlavi, sait que le pays lui échappe. Grâce au pétrole, il a d'abord pu lancer le pays sur la voie du développement. Mais l'Iran traverse une crise économique profonde depuis les années 1970. Pour rester au pouvoir, le chah [souverain] s'appuie sur une police politique menant une répression féroce contre ses opposants.

Incité par les Américains, il adopte quelques mesures de libéralisation. Mais, poussés tant par les religieux de Khomeini que les libéraux ou des groupes marxistes, de nombreux Iraniens descendent dans la rue. Des villes se soulèvent. L'armée doit boucler le quartier nord de Téhéran, où se trouve le palais royal. Pour tenter de reprendre la main, le nouveau Premier ministre demande au chah de quitter l'Iran pour une durée indéterminée, au motif de « vacances ». Après avoir distribué bijoux, objets précieux et argent à son personnel et avoir salué les militaires qui le protègent, Mohammad Reza fuit sa résidence en hélicoptère pour l'aéroport de Mehrabad. Il y prend lui-même les commandes de l'appareil qui décolle pour l'Égypte. Jamais il ne reviendra en Iran.

La révolution iranienne est souvent perçue comme un mouvement religieux lié à des groupes intégristes. Qu'en est-il réellement ?

✍ **France Inter (16 janvier 1979)**

Quatre millions cinq cent mille personnes dans la rue, un spectacle inoubliable, des milliers de klaxons, des dizaines de milliers de fleurs, de bonbons, de gâteaux jetés pour la fête, des centaines de milliers de portraits de l'ayatollah Khomeini affichés dans la moindre rue de Téhéran. Des grappes humaines sur les camions militaires, des gens qui s'embrassent sans même se connaître [...]. Téhéran a littéralement explosé cet après-midi, une heure à peine après que le souverain ait quitté Téhéran [...]. On a vu des drapeaux rouges et des portraits de Lénine dans les rues de la capitale iranienne.

Le contexte : l'Iran en convulsions

Depuis 1921 et la prise du pouvoir par la force par Reza Chah, l'Iran est lancé dans une dynamique de modernisation, inspirée par l'Occident. Destitué en 1941 par les Britanniques et les Soviétiques pour ses relations supposées avec les Allemands, Reza Chah cède la place à son fils, Mohammed-Reza. Pour se protéger de l'URSS, ce dernier s'allie avec les États-Unis, ce qui lui est reproché par certains Iraniens qui se souviennent du coup monté par le CIA contre le populaire ministre Mossadegh. Il poursuit l'œuvre de modernisation de son père (réforme agraire, industrialisation, droit de vote des femmes...). Mais celle-ci se heurte à une crise économique importante à partir des années 1970. Dans le même temps, il établit une dictature (mise en place d'une police politique, la SAVAK, contrôle de la presse, fin du multipartisme...) dénoncée par les intellectuels et la bourgeoisie du pays [KELLNER et DJALILI, 2010].

Ces mesures ne font que renforcer l'activisme des opposants. Malgré l'interdiction des rassemblements, le pays s'embrase, comme en témoigne le « Vendredi noir » (8 septembre 1978) : alors que la loi martiale est décrétée, des étudiants manifestent. L'armée ouvre le feu contre eux. Toute conciliation est désormais impossible.

La portée : vers une nouvelle géopolitique mondiale

En janvier 1979, la situation est des plus ouvertes. L'ayatollah Khomeiny est alors souvent perçu, y compris en Occident par les intellectuels (Foucault, *Le Monde*...) comme un sage, un opposant politique parfois comparé à Gandhi. En outre, la révolution est portée par des groupes aux identités diverses : islamistes, marxistes, libéraux, militaires, petits marchands des rues...

Pourquoi le courant religieux s'impose-t-il ? Cela tient à des causes internes et externes. Les islamistes sont en effet les mieux organisés, notamment avec les gardiens de la révolution, ce qui leur permet d'évincer leurs rivaux. De plus, « c'est lorsque le sentiment de l'échec du mouvement a pris le dessus que la volonté modernisatrice a tourné en son contraire, déclarant impure une modernité qui s'est refusée déjà en actes » écrit Khosrokhavar [KHOSROKHAVAR, 1993].

Mais les religieux bénéficient aussi de l'attitude hostile de pays étrangers qui pousse de nombreux Iraniens dans la voie de la radicalisation : accueil du chah par les États-Unis (alors que les Iraniens réclament son retour pour le juger), soutien américain à l'Irak lors de la guerre Iran-Irak entre 1980 et 1988, qui provoque plus d'un million de morts, parfois à l'arme chimique, avant que George Bush ne fasse du pays l'un des pivots de l'« axe du mal » en 2002. Une forme de diabolisation réciproque Iran-Occident se met peu à peu en place, qui bénéficie aux extrémistes.

RESSOURCE MULTIMÉDIA

Une émission en deux parties permet de donner des clés essentielles de compréhension du sujet :
https ://www.franceinter.fr/emissions/affaires-sensibles/affaires-sensibles-16-juin-2016

Fiche 71
21 février 1979 : PUBLICATION DES *TRENTE GLORIEUSES*

ESPACE CONCERNÉ : histoire de France,
THÈMES : économie, société.

Un beau coup éditorial

En ce 21 février 1979, les libraires mettent en rayon un ouvrage de plus de 300 pages à la couverture austère et rédigée par un commissaire au plan, Jean Fourastié. On y lit : « ne doit-on pas dire glorieuses les trente années qui [...] ont fait passer et Douelle et la France de la pauvreté millénaire, de la vie végétative traditionnelle, aux niveaux de vie et aux genres de vie contemporains [...] ? L'élévation de l'espérance de vie, la réduction de la morbidité et des souffrances physiques, la possibilité matérielle pour l'homme moyen d'accéder aux formes naguère inaccessibles de l'information, de l'art, de la culture, suffit, même si cet homme moyen s'avère souvent indigne de ces bienfaits, à nous faire penser que la réalisation au XXe siècle du Grand Espoir de l'humanité est une époque glorieuse dans l'histoire des hommes ». Malgré sa nature, le livre, *Les Trente glorieuses ou la révolution invisible*, trouve rapidement son public. Pour l'auteur comme pour l'éditeur, Fayard, c'est un succès qui dépasse toutes les attentes.

En quoi les *Trente glorieuses* ont-elles marqué leur temps ?

Le contexte : les racines d'une *success story*

Le succès des *Trente glorieuses* tient à des facteurs multiples. Jean Fourastié est un expert, un technocrate. Mais il n'est pas pour autant un inconnu du grand public. Il anime des émissions de télévision et tient une chronique dans *Le Figaro*. D'ailleurs, les Français sont alors friands de ces essais et des travaux de recherche pointus deviennent des *best sellers*. C'est le cas de *Montaillou, village occitan* (1975), d'Emmanuel Le Roy Ladurie, qui se vend à plus de 250 000 exemplaires. La collection Terre Humaine (Plon) trouve aussi un large public.

La large diffusion de l'ouvrage tient à l'identité de son auteur mais aussi à son contenu. Il présente trente ans d'évolutions économiques, techniques et sociales de la France de manière simple et positive. Jean Fourastié décrit un pays qui grâce à une croissance forte (4 % en moyenne de 1950 à 1973) passe de la pénurie à l'abondance et devient une société de consommation de masse avec ses nouveaux lieux (le supermarché : ☞ 19) et ses produits phares (électro-ménager, automobile : ☞ 3). En 1975, 70 % des ménages possèdent ainsi un véhicule.

Cette période de prospérité repose sur de multiples piliers. L'État oriente l'économie (Commissariat au plan) et y intervient directement par de grandes entreprises (EdF, France Télécom...). Il réalise de lourds investissements (zones industrialo-portuaires de Dunkerque en 1963, Fos-sur-Mer en 1968, Saint-Nazaire en 1969 et Le Havre en 1972). Le niveau de qualification de la population s'élève avec l'allongement des études. De nombreux types de protection (Sécurité sociale...) assurent la confiance.

La portée : une formule qui fait mouche

Les *Trente glorieuses* présentent de nombreuses limites. Elles sont publiées à contre-temps, alors que la France entre en crise [☞ 65]. Elles font par ailleurs la promotion de l'économie de marché [extrait] dans un contexte de Guerre froide. Les *Trente glorieuses* sont aussi une remise en cause du modèle soviétique dont l'efficacité serait moindre.

✍ Extrait des *Trente glorieuses* (1979)

Libre à quelques adolescents sympathiques mais mal informés, bénéficiant du niveau de vie et du genre de vie actuel de la France, de l'hygiène, de la santé, de la sécurité sociale et de tous les moyens modernes de transport, d'information et de communication de critiquer, voire de détester la société de consommation. Après les descriptions que l'on vient de lire, leurs opinions et leurs sentiments paraissent hâtifs. En fait, les peuples ont toujours ardemment désiré échapper aux pauvretés, aux duretés, aux misères traditionnelles ; aucun n'a pu le faire plus rapidement et plus nettement que la France en ce troisième quart du XXe siècle [...]. Le développement économique n'a été voulu et réalisé par l'homme que pour le développement de la vie.

Surtout, on se rend compte aujourd'hui que les Trente glorieuses possèdent bien des aspects cachés. Des poches de pauvreté subsistent ainsi que des inégalités sociales fortes. En 1969, 10 % de la population vit avec une somme inférieure au salaire minimum. 80 % des cadres partent en vacances, contre moins de la moitié des ouvriers. Les nombreux immigrés appelés à venir travailler en France pour soutenir l'essor économique vivent dans la précarité. En outre, la croissance sur la période se fonde sur un recours massif aux énergies fossiles puis nucléaire. Elle déstructure également les territoires : des zones rurales entrent dans un processus de désertification, les conditions de situations sociales difficiles sont mises en place dans certaines banlieues.

On oublie souvent la seconde partie du titre de l'ouvrage, « la révolution invisible », pourtant très importante. C'est que l'expression de Trente glorieuses, qui renvoie à l'épisode héroïque des Trois glorieuses, s'est imposée et est aujourd'hui reprise largement pour désigner les années 1945-1975. Si elle n'est pas forcément juste, la formule fait mouche.

RESSOURCE MULTIMÉDIA

Le musée d'histoire de l'immigration consacre une partie de son site internet aux immigrés durant les Trente glorieuses.
http://www.histoire-immigration.fr/reperes/lieux-de-vie/trente-glorieuses

Fiche 72

10 mai 1981 : FRANÇOIS MITTERRAND, PRÉSIDENT DE LA RÉPUBLIQUE

ESPACE CONCERNÉ : histoire de France,
THÈMES : société, politique.

Une victoire historique

Le 10 mai est une journée fraîche, marquée par des incertitudes météorologiques et politiques. Le candidat socialiste, François Mitterrand, quitte son domicile parisien, rue de Bièvre, pour aller voter dans sa circonscription de Château-Chinon, accompagné par Jean Glavany. Il déjeune sur place à l'hôtel du Vieux Morvan où il a ses habitudes. Vers 16h, il se promène accompagné de quelques journalistes avant de regarder la demi-finale du championnat de France de rugby (Béziers-Lourdes) dans son hôtel où le hall se remplit peu à peu d'invités.

Les chiffres des élections commencent à circuler : dès 18 h 30 le candidat socialiste est donné vainqueur par tous les instituts de sondage. Mitterrand reste de marbre. À 20 h 00, rivée devant son écran de télévision, la France découvre le portrait électronique du président élu qui s'affiche progressivement sur l'écran : il a bien gagné. Les klaxons retentissent, les électeurs de gauche descendent dans les rues de Paris, et se dirigent massivement vers la Bastille où un concert est organisé. Les rassemblements se multiplient dans les grandes villes comme Grenoble, Rennes, Strasbourg... Élu avec 51,76 % des voix contre 48,24 % pour Giscard d'Estaing, Mitterrand s'adresse aux Français depuis la mairie de Château-Chinon à 22 h 21, avant de revenir en voiture à Paris, rue de Solférino, vers 2 heures. Ce jour-là, pour la première fois sous la Vè République, un président de gauche est élu.

En quoi le retour de la gauche au pouvoir marque-t-il une rupture dans la vie politique française ?

✍ Discours de François Mitterrand (10 mai 1981)

Cette victoire est d'abord celle des forces de la jeunesse, des forces du travail, de la création, des forces du renouveau qui se sont rassemblées dans un grand élan national pour l'emploi, la paix, la liberté.

Le contexte : l'espoir face à la crise

Les élections présidentielles se déroulent dans un contexte de crise économique et politique. Depuis le premier choc pétrolier (1973 ; ☞ 65), l'économie française s'enlise dans une crise, marquée par un brusque ralentissement de la croissance, une inflation croissante, un chômage devenu structurel et massif (1,7 million de chômeurs en 1981) et un accroissement des inégalités sociales… La campagne présidentielle est marquée, à gauche comme à droite, par d'importantes divisions. Contesté au sein même du PS par Michel Rocard, Mitterrand s'oppose au communiste Georges Marchais, aux radicaux de gauche et à l'extrême gauche. Le président sortant, Valéry Giscard d'Estaing est affaibli par différentes affaires (diamants de Bokassa, affaire Boulin) et fait face également à différents candidats de droite dont Jacques Chirac. Cette campagne se distingue aussi par de nouvelles règles : la publicité et les sondages sont restreints et surtout le nombre de candidats est limité par la mise en place d'un système de parrainage plus contraignant imposé à chaque candidat. De plus, la majorité électorale ayant été abaissée de 21 à 18 ans, le corps électoral passe de 30,6 à 36,3 millions d'électeurs. Au premier tour de l'élection présidentielle, cinq candidats de gauche, quatre de droite et un écologiste s'affrontent : le 26 avril 1981, les résultats du scrutin désignent François Mitterrand (25,85 % des voix) et Valéry Giscard d'Estaing (28,32 %) pour le second tour.

La portée : un espoir déçu

L'élection du leader socialiste à la présidence de la République marque une rupture à la tête du pouvoir et bouleverse l'échiquier politique français. Le PCF amorce son déclin électoral avec 15 % des voix, contre 20,6 aux précédentes élections. La défaite de Valéry Giscard d'Estaing redonne aux gaullistes le *leadership* de l'opposition. Un mois plus tard, le PS obtient la majorité absolue à l'Assemblée nationale.

Durant plusieurs semaines, la liesse et l'espoir des uns s'opposent à l'angoisse des autres [BANTIGNY, 2013]. Dans un contexte marqué par un regain de tensions dans le cadre de la guerre froide, la presse internationale et une partie de la population française se demandent si l'élection de François Mitterrand débouchera sur un changement de régime, voire de système. Conséquence de cette angoisse, le 11 mai le cours du franc s'affaisse sur les principales places boursières. Investi le 20 mai, Mitterrand forme un gouvernement de coalition dirigé par Pierre Mauroy, avec des ministres communistes. Il se distingue par des mesures fortes comme l'abolition de la peine de mort, l'autorisation des « radios libres », des réformes sociales (cinquième semaine de congés payés…), des nationalisations (39 banques, deux compagnies financières, cinq groupes industriels, deux firmes sidérurgiques), les lois de décentralisation (1982-1983), etc. Le contexte économique toujours défavorable met un terme à la politique de relance, remplacée par la rigueur dès 1983.

RESSOURCE MULTIMÉDIA

10 mai 1981, le film de la nuit, INA :
http://fresques.ina.fr/mitterrand/fiche-media/Mitter00144/10-mai-1981-le-film-de-la-nuit.htm

Fiche 73
3 décembre 1983 : GRANDE MARCHE POUR L'ÉGALITÉ ET CONTRE LE RACISME

ESPACE CONCERNÉ : histoire de France,
THÈMES : politique, société.

Une marche médiatique

Ce 3 décembre 1983, une quarantaine de marcheurs arrivent à Paris après un périple de 1 200 kilomètres qui a duré un mois et demi. Ils sont alors rejoints par une foule immense : plus de 100 000 personnes venues de la France entière à l'appel de plus de 70 associations, partis et syndicats de gauche. Vers 13 h, les marcheurs sont accueillis pour déjeuner dans une école parisienne. Puis une grande manifestation part de la place de la Bastille pour se diriger vers la gare Montparnasse : banderoles, slogans, tracts relaient les revendications anti-racistes. Des familles de victimes de crimes racistes brandissent également des pancartes à la mémoire des défunts. Beaucoup de personnalités politiques et de syndicalistes participent au cortège. À l'arrivée, témoignages et discours sont prononcés, notamment par Georgina Dufoix, secrétaire d'État à la famille, au nom du gouvernement. Parallèlement, une délégation de huit marcheurs est reçue par le président Mitterrand qui promet la création d'une carte de séjour de dix ans et une loi contre les crimes racistes. La presse donne un écho national à l'événement, à l'exemple de *Libération* qui titre « Paris sur beur ».

En quoi la marche de 1983 permet-elle de prendre la mesure du racisme en France ?

✍ ***Le Figaro* (4 décembre 1983)**

Mais une fois la fête finie, il va falloir désormais traduire dans la vie quotidienne le slogan promené à travers la France. Vivre ensemble avec nos différences dans une société solidaire. Ce n'est qu'alors seulement qu'on pourra juger de la réussite de cette opération et savoir si, vraiment, plus rien n'est comme avant.

Le contexte : le malaise des quartiers populaires

La République « assure l'égalité devant la loi de tous les citoyens sans distinction d'origine, de race ou de religion » (art. 1 de la Constitution). Mais dans un contexte marqué par la crise économique [☞ 65], le chômage et la croissance des inégalités, l'immigration est perçue par certains médias comme un « problème de société ». Dès les années 1970, les gouvernements français s'efforcent de réduire la part des immigrés dans la population, par des aides au retour (1977) et davantage d'expulsions (lois Bonnet, 1980). Si l'élection de François Mitterrand réduit les expulsions (loi du 29 octobre 1981), les conditions d'entrée en France continuent à se durcir et les centres de rétention sont légalisés. De plus, alors que les émeutes urbaines des années 1970 étaient peu médiatisées, les médias nationaux offrent un très large écho à celles qui enflamment la région lyonnaise en 1981. Le Front national prend son essor et les faits divers racistes se multiplient. L'été 1983 est marqué par de nouvelles émeutes à Vénissieux, durant lesquelles un jeune militant est grièvement blessé par la police. Le père Christian Delorme, le pasteur Jean Costil, des militants et des habitants y conçoivent une Marche pour l'égalité et contre le racisme, sur les modèles de Gandhi et Martin Luther King, pour revendiquer une carte de séjour de dix ans, le droit de vote pour les étrangers aux élections locales et plus généralement dénoncer le racisme. Partie de Marseille le 15 octobre 1983, la marche compte au départ 17 personnes : elle s'étoffe et suscite l'intérêt croissant des médias jusqu'à son arrivée marquante à Paris le 3 décembre 1983.

Affiche de la marche pour l'égalité et contre le racisme (1983)

➡ *lien vers le document en grand format :*
http://www.reperes-antiracistes.org/article-actualite-du-30eme-anniversaire-de-la-marche-pour-l-egalite-et-contre-le-racisme-de-1983-120040344.html

Dix-sept marcheurs quittent Marseille, le 15 octobre 1983, pour défendre l'égalité et dénoncer le racisme en France. Plus de 1 200 km plus loin, lorsqu'elle atteint Paris le 3 décembre 1983, la manifestation rassemble plus de 100 000 personnes venues de toute la France, à l'appel de plus de 70 associations, partis et syndicats de gauche.

La portée : des espoirs déçus ?

Cette marche a suscité un grand espoir dans la jeunesse des banlieues : une multitude d'associations surgissent dans les quartiers pour relayer cette lutte contre les discriminations. Mais la marche de 1983 ne débouche pas sur la création d'un mouvement cohérent du fait d'importantes divisions internes et faute de leader charismatique. Finalement, la marche est récupérée par SOS Racisme (1985), association proche du Parti socialiste au pouvoir [BANTIGNY, 2013]. En 1984, un collectif issu de la marche de 1983 organise une seconde marche, nettement plus orientée à l'extrême gauche et qui connaît un succès moindre.

Ces marches se présentent comme un mode d'action en rupture avec les pratiques politiques traditionnelles et expriment la cassure ressentie entre la province et Paris [PIGENET, TARTAKOWSKY, 2003], entre des élites et des jeunes issus des quartiers. La carte de séjour unique de dix ans est bien adoptée par l'Assemblée nationale le 17 juillet 1984. Mais si la marche de 1983 contribue à faire reculer les brutalités policières, elle échoue à faire progresser l'égalité et combattre les discriminations racistes.

Elle a cependant laissé une trace dans la mémoire collective, comme en attestent la sortie du film *La Marche* en 2013, ou encore l'initiative d'un chroniqueur de Canal+, qui a repris l'itinéraire suivi de Marseille à Paris, trente ans plus tard, avec le soutien de personnalités médiatiques et politiques.

RESSOURCE MULTIMÉDIA

Arrivée de la marche à Paris, 3 décembre 1983, INA :
http://www.ina.fr/video/CAB8301925401

Fiche 74
26 avril 1986 : CATASTROPHE NUCLÉAIRE DE TCHERNOBYL

ESPACE CONCERNÉ : histoire du monde,
THÈMES : sciences et techniques, guerre et diplomatie.

L'explosion de la centrale Lénine

La nuit est tombée sur l'Ukraine et, avec elle, les besoins électriques chutent. Les autorités soviétiques donnent alors l'ordre de réaliser un test de puissance pour vérifier la sécurité des installations de la centrale nucléaire de Tchernobyl. Une série de mauvaises manipulations déclenche un désastre. Le réacteur s'emballe et la mise en route des pompes de refroidissement ne parvient pas à le canaliser. À 1 h 23, l'équipe de nuit tente un arrêt d'urgence. Trop tard. Le réacteur est devenu si chaud qu'il déforme les barres de contrôle. Il s'emballe et explose, projetant dans les airs les 1 200 tonnes de son enceinte de béton.

Dans quels cadres s'insère l'histoire de la catastrophe nucléaire de Tchernobyl ?

Le contexte : une Union soviétique en bout de course ?

La fusion du cœur du réacteur n° 4 de la centrale Lénine tient à des causes qui se déploient à différentes échelles. À très court terme, elle est due à une erreur de manipulation. À moyen terme, elle s'explique par des choix économiques. Les réacteurs RBMK 1000 sont peu fiables. Les autorités le savent. Le KGB avait même rédigé de multiples rapports alertant sur la situation de la centrale de Tchernobyl. Mais la nucléarisation du pays doit se faire à marche forcée et l'URSS manque de moyen, prise dans une rivalité coûteuse avec les États-Unis [☞ 62]. À plus long terme, cette catastrophe s'explique par un univers mental valorisant l'homme ingénieur capable de plier la nature à sa volonté et la valorisation du volontarisme face à l'expertise. Ainsi, la centrale de Tchernobyl est dirigée par Viktor Brioukhanov, un ingénieur en thermodynamique promu pour son militantisme et non un spécialiste du nucléaire.

La portée : de multiples lectures de Tchernobyl

Ce n'est qu'à 4 heures du matin que le directeur de la centrale se décide à appeler le ministre de l'Énergie. Minimisant la catastrophe, les décisions qui sont prises ne font que l'amplifier : les 50 000 habitants des environs ne sont évacués que 30 heures après l'explosion du réacteur et ont ainsi absorbé des doses radioactives très élevées. 600 000 « liquidateurs » venus de toute l'URSS, sont envoyés avec de faibles protections pour recouvrir le réacteur d'un sarcophage de béton, notamment par largage de sable depuis des hélicoptères. Près de 40 000 d'entre eux décèdent des suites de leur intervention, plus de cent mille en ressortent invalides.

Pour Gorbatchev, l'explosion de la centrale est l'occasion de la première mise en œuvre concrète de sa politique de *glasnost* [transparence] énoncée en février 1986 [☞ 80]. Même si, bien évidemment, l'information autour de la catastrophe reste soigneusement contrôlée, des actes forts sont posés. En 1988, la *Pravda*, journal officiel du régime, publie ainsi la lettre de Legassov, scientifique qui se suicide après la publication d'un rapport sur la gestion de la catastrophe. Il y dit son « devoir de parler » et dénonce l'« incurie » des responsables soviétiques impliqués. La catastrophe est évidemment utilisée par les adversaires de l'URSS comme le symbole de son échec. D'ailleurs, les autorités soviétiques, devant le désastre, n'hésitent pas à faire appel à leurs adversaires pour les aider à gérer la catastrophe. Mais Tchernobyl dépasse les cadres de la Guerre froide. En 1997, la communauté internationale s'engage pour aider l'Ukraine à construire un nouveau sarcophage, l'ancien présentant des failles. L'accord final est conclu en 2016, après des négociations difficiles. Les puissances occidentales poussent ainsi l'Ukraine à la mise à l'arrêt de ses réacteurs périmés. Mais pour cette dernière, ses centrales sont à la fois nécessaires pour son économie et à la fois, dans une forme de chantage, un atout important dans les négociations avec des partenaires internationaux.

Au-delà, plus que l'accident de Three Miles Island en 1979, la catastrophe de Tchernobyl, comme celle de Fukushima (Japon) en 2011, renforcent le camp des écologistes opposés au nucléaire. L'Europe est alors parcourue par une psychose [extrait] et, encore aujourd'hui, à une bataille de chiffres quant au bilan humain et financier de la catastrophe.

✍ **Journal Soir 3 en France (18 avril 1986)**

En Europe, la fusion du réacteur de Tchernobyl, la menace radioactive inquiètent. Les pays scandinaves ont enregistré ce matin des taux de radioactivité très supérieurs aux moyennes habituelles. En Suède, cette centrale nucléaire a été évacuée, le temps que les autorités locales comprennent que cette hausse radioactive n'était pas due à une fuite de leur installation mais venait de beaucoup plus loin. Au Danemark, les pharmacies ont été prises d'assaut. Tout le monde cherchait des tablettes d'iode.

Signe des temps, la catastrophe de Tchernobyl a été utilisée dans des romans, des films, des jeux vidéos et elle est même intégrée aujourd'hui dans des circuits touristiques.

RESSOURCE MULTIMÉDIA

Une émission d'*Affaires sensibles* (France Inter) a été consacrée à « Tchernobyl, autopsie d'une catastrophe nucléaire » :
https ://www.franceinter.fr/emissions/affaires-sensibles/affaires-sensibles-07-janvier-2015

Fiche 75
30 novembre 1988 : CRÉATION DU RMI

ESPACE CONCERNÉ : histoire de France,
THÈMES : politique, société.

Un relatif consensus politique

À la demande du Premier ministre, l'Assemblée nationale se réunit une dernière fois pour voter le texte sur le RMI, déjà largement amendé et modifié lors des précédentes lectures. À 17h30, après une suspension de séance, Loïc Bouvard, vice-président, prend la présidence de l'Assemblée. En présence du ministre de la solidarité, de la santé et de la protection sociale, Claude Évin, le rapporteur du projet de loi sur le RMI, Jean-Michel Belorgey, prend la parole pour rappeler les points de divergence soulevés par le Sénat. Claude Évin insiste ensuite sur l'importance du texte présenté en procédure d'urgence par le Gouvernement. S'ensuit un bref débat puis la lecture des différents articles et des amendements. Le vote se déroule à main levée : le texte, amendé, est adopté à une large majorité, sous les applaudissements des députés socialistes, mais aussi de députés UDF (centre) et de l'Union du centre. Claude Évin se réjouit du ton et de la qualité des débats et souligne qu'il s'agit là du premier grand texte de la législature.

En quoi le RMI constitue-t-il un tournant dans la lutte contre la pauvreté en France ?

✍ **François Mitterrand, *Lettre à tous les Français* (1988)**

Peu importe le nom qui lui sera donné, l'important est qu'un moyen de vivre ou plutôt de survivre soit garanti à ceux qui n'ont rien, qui ne peuvent rien, qui ne sont rien. C'est la condition de leur réinsertion sociale

Le contexte : la France engluée dans la crise économique

Dès 1987, dans un contexte marqué par la crise économique et la persistance du chômage, le fondateur d'ATD Quart Monde, Joseph Wresinski, réclame une loi générale de lutte contre l'exclusion, dans un rapport au Conseil économique et social. En 1988, dans sa *Lettre à tous les Français*, le candidat à la présidentielle François Mitterrand promet la mise en place d'un revenu minimum, au nom de la solidarité nationale. En juin 1988, après la victoire du candidat PS aux élections, le nouveau Premier ministre Michel Rocard annonce l'instauration d'un revenu minimum d'insertion, lors de sa déclaration de politique générale devant l'Assemblée nationale. L'objectif est d'aider les plus démunis grâce à une allocation qui compenserait la différence entre leurs ressources et le revenu garanti, et grâce à un contrat d'insertion.

Présenté par Claude Évin, le ministre de la solidarité, et défendu par le rapporteur du projet, Jean-Michel Belorgey (PS), le projet de RMI est inscrit à l'ordre du jour de la nouvelle Assemblée dès octobre 1988. Adopté à une large majorité par les députés le 12 octobre 1988, le texte est néanmoins très critiqué et modifié par le Sénat, notamment sur les conditions de transfert des compétences aux départements ou encore sur la situation des étrangers. Il est donc examiné par une commission mixte paritaire, chargée de trouver un compromis : elle se sépare sur un constat d'échec le 10 novembre. Le projet de loi est de nouveau discuté à l'Assemblée, puis au Sénat en novembre 1988 : la dernière discussion en séance publique se tient à l'Assemblée le 30 novembre 1988.

La portée : un dispositif évolutif

Le revenu minimum d'insertion est créé par la loi 88-1088 du 1er décembre 1988. Le RMI est une prestation financière qui s'adresse aux résidents français de plus de 25 ans, avec ou sans enfants, et dont les ressources sont inférieures à un seuil fixé. Le RMI s'élève alors à 2 000 francs par mois pour son bénéficiaire direct, plus 1 000 francs pour la première personne à charge, plus 600 francs pour chacune des suivantes. Les allocataires s'engagent à participer à des actions ou des activités visant à leur « insertion sociale ou professionnelle », en signant un contrat d'insertion. Si l'allocation est alors à la charge de l'État (jusqu'en 2004), les actions d'insertion reposent sur les départements, qui ont vu leurs dépenses s'accroître, plus encore avec les lois de décentralisation [JULIENNE, 2004]. En mai 1989, on dénombre 296 000 allocataires. Dans un contexte de crise économique et sociale, ce nombre ne cesse de croître jusqu'à 567 000 en 1991, 780 000 en 1994, et 1,2 million en 2004. En 1988, le RMI se présente donc comme un réel tournant dans l'évolution du système français de protection sociale, en s'adressant aux personnes les plus démunies et jusqu'alors exclues du système et en incluant dans le dispositif des actions d'insertion [LELIÈVRE, NAUZE-FICHET, 2008].

Cependant le RMI se transforme vite en revenu de survie, provisoire ou sur le long terme. D'autres dispositifs sont donc peu à peu mis en place comme la prime pour l'emploi (PPE) en 2001, puis le RMA qui complète le RMI en 2003. Finalement le RSA se substitue au RMI en juin 2009. Il s'agit d'une action de soutien au revenu, calculée de sorte que l'emploi soit plus rémunérateur que l'inactivité [EYDOUX, TUCHSZIRER, 2011].

RESSOURCE MULTIMÉDIA

L'instauration du RMI en 1988, INA :
http://fresques.ina.fr/jalons/fiche-media/InaEdu01134/instauration-du-revenu-minimum-d-insertion-rmi-en-1988.html

Fiche 76

9 novembre 1989 : LA CHUTE DU MUR DE BERLIN

ESPACE CONCERNÉ : histoire du monde,
THÈME : guerre et diplomatie.

Une annonce inattendue

Cette journée en RDA s'annonce délicate. Dans la matinée, le SED (Parti socialiste unifié d'Allemagne) se réunit pour faire face à la crise politique et sociale qui secoue le pays. Le secrétaire général du SED, Egon Krenz, annonce aux dirigeants de RDA qu'une nouvelle loi permet dorénavant aux Allemands de l'Est de se rendre librement à l'étranger. En fin d'après-midi, lors d'une conférence de presse internationale, le porte-parole du comité central du SED, Günter Schabowski, expose différentes décisions officielles dont la libre circulation de la population qui est finalement annoncée à 18 h 53, en réponse à une question posée par le correspondant de l'agence italienne ANSA, Riccardo Ehrmann. Surpris, le journaliste l'interpelle : « à partir de quand ? ». « Autant que je sache... tout de suite, immédiatement », rétorque Schabowski.

L'information fait le tour des rédactions et des agences de presse : elle est annoncée à 20 h 15 sur l'ARD, première chaîne ouest-allemande. Des Berlinois affluent aux postes frontières où les gardes sont débordés et dépourvus d'ordre. Dès 21h15 les premières sorties sont autorisées au poste frontière de Bornholmer Straße. À 22h28, la télévision est-allemande annonce la nouvelle de l'ouverture des frontières. À 23h30, Harald Jäger, chef du poste frontière de Bornholmer Straße décide d'ouvrir la barrière : la foule se précipite vers Berlin Ouest où l'attendent de nombreux compatriotes de RFA. Durant les heures qui suivent, tous les postes-frontières s'ouvrent entre les deux Allemagne. Les Berlinois escaladent le mur ou l'attaquent à coups de pioches. Après 28 ans d'existence, le mur de Berlin s'ouvre, avant de tomber.

En quoi la chute du Mur de Berlin est-elle le pivot d'un vaste remaniement géopolitique en Europe de l'Est ?

✍ ***Le Canard enchaîné* (15 novembre 1989)**

Comme les murailles de Jéricho, le mur de Berlin s'est écroulé. Il n'y a pas eu besoin de trompettes pour le faire tomber. Rien qu'un slogan gigantesque, majestueux, inscrit sur des pancartes au-dessus de foules immenses : « nous sommes le peuple face au Parti. »

Le contexte : une Allemagne divisée

Au lendemain de la Seconde Guerre mondiale, l'Allemagne est divisée en deux États : l'Ouest est placé sous la tutelle des Alliés occidentaux, l'Est sous celle de l'URSS. En 1949, la création de la RFA et de la RDA entérine la scission. Des millions d'Allemands qui vivent à l'Est fuient vers l'Ouest. Dans la nuit du 12 au 13 août 1961, pour stopper l'exode, la RDA décide de construire un mur, séparant des milliers de familles allemandes [☞ 63]. Régime autoritaire, la RDA traque ses opposants et contrôle la population notamment grâce à la police politique, la STASI. Mais dans les années 1980, la RDA est confrontée à une grave crise économique, sociale et politique. À l'été 1989, les Allemands de l'Est passent à l'Ouest par la frontière hongroise, ouverte, et la contestation s'amplifie : 21 000 Allemands de RDA fuient en août 1989, 57 000 en octobre [JEANNESSON, 2014]. L'Allemagne est au cœur de la stratégie de Gorbatchev : la « maison commune européenne », chère au président soviétique, passe par de bonnes relations avec la RFA, au détriment de la RDA, désavouée [BERGER, FERRAGU, 2016]. Les manifestations et les prières pour la paix se multiplient dans les grandes villes est-allemandes comme Leipzig ou Berlin, avec pour slogan « nous sommes un peuple ». Le 4 novembre 1989, à Berlin-Est, un million de manifestants réclament des réformes et le droit de voyager librement. Le parti communiste à la tête de la RDA, le SED, prend la mesure de la situation et décide de se réunir dès le 8 novembre 1989.

La portée : vers la réunification

Le Mur de Berlin tombe dans la nuit du jeudi 9 au vendredi 10 novembre 1989. La nouvelle prend de cours tout le monde : chefs d'État, journalistes, spécialistes sont stupéfaits face à cette accélération de l'histoire. L'exode comme les manifestations se poursuivent [JEANNESSON, 2014].

La chute du mur de Berlin (novembre 1989)

➡ *lien vers le document en grand format :*

https ://commons.wikimedia.org/wiki/File :Berlin_1989,_Fall_der_Mauer,_Chute_du_mur_18.jpg

Dans la nuit du 9 au 10 novembre 1989, des centaines d'Allemands de l'Est franchissent le « mur de la honte », qui s'élève jusqu'à 3,60 mètres et s'étire sur 160 kilomètres pour diviser Berlin en deux parties, depuis le 13 août 1961. C'est le prélude à la réunification des deux Allemagne, RFA et RDA, mais aussi le point de départ d'un grand bouleversement géopolitique en Europe.

Très vite, la réunification des deux Allemagne est engagée. Le 28 novembre 1989, Helmut Kohl, chancelier de la RFA, propose un premier plan de réunification en 10 étapes, soutenu par les États-Unis. Le 12 septembre 1990, le traité de Moscou rend sa pleine souveraineté à l'Allemagne, démocratique et libérale [BERGER, FERRAGU, 2016]. Le 3 octobre 1990, l'Allemagne est officiellement réunifiée : chaque Allemand de l'ex-RDA reçoit 100 marks à titre de bienvenue. La restructuration économique de l'Allemagne prend plusieurs années, sans parvenir à effacer totalement la rupture Est-Ouest.

Les conséquences géopolitiques de la chute du Mur sont également très importantes. Les bouleversements en Europe de l'Est ne sont pas synchronisés : mais, de fait, toutes les démocraties populaires s'effondrent à partir de 1989, jusqu'au délitement de l'URSS (1991 ; ☞ 80). En Allemagne comme dans les autres États d'Europe centrale et orientale, la transition économique et politique vers un système capitaliste et libéral s'effectue souvent dans la douleur.

RESSOURCE MULTIMÉDIA

La journée du 9 novembre 1989 :
http://www.francetvinfo.fr/monde/europe/video-9-novembre-1989-le-jour-ou-le-mur-est-tombe_740799.html

Fiche 77

21 MARS 1990 : INDÉPENDANCE DE LA NAMIBIE

ESPACE CONCERNÉ : histoire du monde,
THÈME : guerre et diplomatie.

Une cérémonie d'indépendance et de réconciliation

D'importantes festivités sont organisées ce 21 mars 1990 dans le stade de Windhoek, la capitale namibienne. 20 000 personnes prennent place dans les gradins et quelques centaines d'invités venus d'environ 70 États regagnent leurs sièges. Yasser Arafat, chef de l'OLP, José Eduardo Dos Santos, le président angolais, Nelson et Winnie Mandela, Edouard Chevardnadze, le ministre soviétique des affaires étrangères, sont présents. Tous les États membres de l'ONU ont été invités, sauf Israël, à cause de sa politique dans les territoires occupés. Des grands noms du combat pour les droits de l'Homme, comme Mgr Desmond Tutu, archevêque anglican du Cap ou le pasteur américain Jessie Jackson, ainsi que des capitaines d'industrie, si puissants dans la région, ont aussi fait le voyage. Dans la tribune officielle, les costumes de ville se mêlent aux boubous, aux djellabas et aux saris.

Sur une estrade, des groupes folkloriques et des chorales scolaires entretiennent l'ambiance. Après avoir passé en revue un détachement de la future armée namibienne et écouté le nouvel hymne national, le premier président namibien, Sam Nujoma, le sourire figé, prend place à la tribune officielle, entre Javier Perez de Cuellar, le secrétaire général de l'ONU, et Frederick De Klerk, le chef d'État sud-africain. Après un discours du président De Klerk, un athlète namibien allume la « flamme de la liberté » située dans une vasque, au sommet des gradins. Puis, au son des tambours, le drapeau sud-africain est solennellement descendu de son mât. Sam Nujoma prête serment avant de prononcer son discours d'investiture.

Après un feu d'artifice offert par la France, Hage Geingob, le nouveau Premier ministre namibien, prête serment à son tour. Des enfants défilent en criant « Nujoma ! », pendant que le chef de l'État reçoit les félicitations des invités.

Comment la Namibie parvient-elle à imposer son indépendance contre l'Afrique du Sud, achevant la décolonisation de l'Afrique ?

✍ **Discours de Samuel Nujoma à Windhoek (21 mars 1990)**

La dernière colonie d'Afrique est, à partir d'aujourd'hui, libérée. Le destin de notre pays est maintenant entre nos mains.

Le contexte : une décolonisation tardive

Si la plupart des États africains acquièrent leur indépendance en s'opposant à des États européens, la Namibie impose sa souveraineté contre un pays africain, l'Afrique du Sud. Ancienne colonie allemande, la Namibie est placée par l'ONU [☞ 37] sous la tutelle de l'Afrique du Sud à la fin de la Première guerre mondiale. En 1949, la Namibie est finalement annexée, devenant une extension du territoire sud-africain. L'*apartheid* [politique de séparation entre population dites « blanches » et populations dites « noires », au détriment de ces dernières] est appliqué, des bantoustans [réserves ethniques] sont créés. En 1966, l'ONU met un terme au mandat et le territoire devient la Namibie en 1967. Mais l'Afrique du Sud garde la main sur le pays. Une guérilla se développe sous la direction de la SWAPO (Organisation du peuple d'Afrique du Sud-Ouest) créé en 1966 pour lutter contre la domination sud-africaine. Dès 1973, le SWAPO est reconnu par l'ONU et par l'OUA (organisation de l'Unité Africaine) comme le représentant unique du peuple namibien [D'ALMEIDA-TOPOR, 1996]. Indépendantiste et socialiste, le SWAPO est soutenu par l'Angola et par Cuba. En 1978, la résolution 435 du Conseil de Sécurité de l'ONU prévoit l'indépendance de la Namibie. Mais le conflit dure vingt ans (1967-1987), avec un bilan très lourd : plus de 20 000 morts. Les négociations, débutées sous l'effet des pressions internationales en 1984, s'enlisent jusqu'en 1989. L'Afrique du Sud se retire alors. Des élections sont organisées en novembre 1989. Vainqueur, le SWAPO prend la tête du pays qui se dote d'une Constitution le 9 février 1990 et proclame son indépendance le 21 mars 1990.

La portée : un jeune État fragile

La Namibie institue un État unitaire, démocratique et libéral, fondé sur un régime bicaméral et semi-présidentiel [GOY, 1991]. Mais elle est confrontée à d'importants défis, comme le poids de sa dette publique et son importante diversité culturelle qui a généré des fractures dans la population et le territoire national. Certains problèmes sont laissés en suspens comme le différend territorial relatif à Walfish Bay, rattaché à la province sud-africaine du Cap mais revendiqué par la Namibie. Très vite, la Namibie développe des relations diplomatiques avec de nombreux États, intègre des organisations internationales et rejoint les pays non alignés [GOY, 1991]. Elle est ainsi le 160e État membre de l'ONU, le 51e membre de l'Organisation de l'unité africaine (OUA) et le 50e membre du Commonwealth.

La Namibie fait figure d'îlot de prospérité en Afrique sub-saharienne. Mais elle est marquée par de très fortes inégalités, un IDH faible (0,65), et son économie demeure largement tributaire d'industries extractives non transformées (minerais, pierres précieuses, pêche) soumises aux fluctuations du marché des matières premières. Des espoirs reposent sur le développement du tourisme, encore embryonnaire [LAMY-GINER, 2010].

RESSOURCE MULTIMÉDIA

Premières élections libres en Namibie, 5 janvier 1990, INA :
http://fresques.ina.fr/jalons/fiche-media/InaEdu01662/premieres-elections-libres-en-namibie.html

Fiche 78
13 novembre 1990 : CRÉATION DE LA PREMIÈRE PAGE WEB

ESPACE CONCERNÉ : histoire du monde,
THÈMES : sciences et techniques, culture, économie, société.

L'exemple ultime de sérendipité ?

Engagé par le CERN (Conseil européen pour la recherche nucléaire), Timothy John Berners-Lee, un Britannique informaticien et physicien diplômé du Queen's College et d'Oxford, se trouve confronté à un problème : la difficulté à échanger des documents, y compris avec des collègues américains. En 1989, il envisage une solution : coupler le principe de l'hypertexte et l'utilisation d'Internet. Ce réseau n'est alors utilisé aux États-Unis que par l'armée et des universités connectées en réseau. Il reçoit l'autorisation de ses supérieurs d'expérimenter son idée. En 1990, il est rejoint par le belge Robert Cailliau. Tous deux, ils vont créer la première page web de l'histoire : http://nxoc01.cern.ch/hypertext/WWW/TheProject.html

Rien alors ne laissait prévoir que cette astuce de travail allait devenir une révolution mondiale.

Pourquoi peut-on qualifier le « web » d'invention « mondiale » ?

Le contexte : une invention mondiale

Le « Web » (« toile », système d'hypertexte public) doit beaucoup aux États-Unis. Ceux-ci sont en effet les inventeurs d'Internet. Dès les années 1960, sur la demande de l'US Air Force, des chercheurs connectent des postes informatiques afin de créer un réseau de communication sans centre et donc capable de faire face à une attaque nucléaire soviétique. En 1969, le réseau ARPANET voit le jour, ancêtre d'Internet. Dans un but militaire, il relie quatre instituts de recherche : Stanford Institute, UCLA, université de Californie (Santa Barbara) et université d'Utah. En 1971, les premiers mails sont échangés. Le réseau ARPANET est présenté au public en 1972. En 1983, ARPANET est divisé en deux branches, MILNET étant la partie militaire et ARPANET la partie civile. Seuls les établissements scientifiques l'utilisent alors. Mais un premier essor a lieu entre 1983 (un millier de machines connectées) et 1992 (un million de machines connectées).

La création du « Web » va faire basculer le destin d'Internet. Désormais, ses utilisateurs potentiels ne sont plus des chercheurs mais l'ensemble des habitants de la planète. Or, si Internet est américain, le Web est né dans le cadre du CERN, un institut européen, et ses concepteurs sont belges et britanniques. Les honneurs qu'ils reçoivent sont également mondiaux (Chevalier commandeur de l'ordre de l'Empire britannique, prix Turing, Ordre de Léopold, Temple de la renommée d'Internet...).

La portée : une invention qui change le monde

Dès le 20 décembre 1990, le premier site Internet est créé (info.cern.ch). Une série d'innovations techniques (navigateurs comme Yahoo ! en 1994, Google en 1998) et de décisions (versement dans le domaine public par le CERN de son code source) provoquent une ruée vers l'Internet. On passe de quelques 500 serveurs Web début 1993 à 10 000 à la fin 1994. Il y aurait aujourd'hui plus de 700 millions de sites Internet actifs dans le monde.

Le « Web » est une création mondiale. Ses utilisations et ses enjeux le sont également. Aujourd'hui, Internet est utilisé pour commercer (Amazon est fondée en 1995 dans un garage de la banlieue de Seattle), s'informer [BERTHO LAVENIR et BARBIER, 2009], se divertir [☞ 96] ou encore communiquer (Facebook en 2004, You Tube en 2005).

De nombreuses menaces planent sur le « Web », elles aussi mondiales. Berners-Lee, à l'occasion des trente ans du World Wide Web, en met trois en avant : la diffusion de fausses nouvelles, les publicités abusives et la collecte des données personnelles des utilisateurs. L'impact environnemental d'Internet commence également à être dénoncé. Une autre difficulté est d'ordre géopolitique. L'ICANN (Internet Corporation for Assigned Names and Numbers), qui gère l'attribution des noms de domaine, est une association de droit américain, basée aux États-Unis et a longtemps été liée par contrat avec le gouvernement de ce pays. Cela explique des projets de développement de réseaux alternatifs. Certains sont lancés par des groupes d'inspiration libertaire. D'autres sont créés par des États. Depuis 2006, la Chine possède ainsi son propre réseau.

Mis sous pression internationale, les États-Unis ont dû peu à peu donner davantage d'autonomie à l'ICANN. Celle-ci a pu faciliter l'accès aux noms de domaines et accepter l'utilisation de caractères non-latins (cyrillique, arabe, chinois...) pour les adresses Internet. Les États-Unis n'en restent pas moins prépondérants sur le Web, notamment grâce à leurs géants, les GAFAM, (Google, Apple, Facebook, Amazon, Microsoft). Leurs concurrents (moteur de recherche chinois Baidu ou site de vente en ligne chinois Aliexpress) sont encore largement distancés.

RESSOURCE MULTIMÉDIA

L'INA dispose de nombreuses vidéos traitant spécifiquement du développement de l'Internet en France :
http://www.ina.fr/video/3035340001027

Fiche 79
16 janvier 1991 : DÉBUT DE L'OPÉRATION *DESERT STORM*

ESPACE CONCERNÉ : histoire du monde,
THÈME : guerre et diplomatie.

Les premières heures de l'opération

La fraîcheur du désert surprend. C'est une première mission pour beaucoup et les recrues ne s'attendaient pas à ce que la chaleur piquante de la journée s'évapore aussi vite. Dans l'une des bases américaines installées provisoirement sur le sol de l'Arabie Saoudite, l'attente est électrique, l'impatience légère. Leur président ne leur a-t-il pas promis une guerre rapide, sans mort ? Minuit sonne la fin de l'ultimatum fixé par l'ONU, la guerre du Golfe peut commencer. Quelques heures encore avant d'entendre le bruit assourdissant des moteurs, les avions de combat qui décollent, les missiles tirés depuis les navires de guerre britanniques. Bientôt, Bagdad sera illuminé de mille feux que pourront admirer les téléspectateurs de CNN, rassurés, exaltés par la démonstration de surpuissance américaine. Un nouvel ordre mondial naît sous leurs yeux, sous les cendres et les morts des autres.

Quelle est la teneur réelle de la victoire obtenue par les Américains en Irak ?

✍ **George H. W. Bush annonce le début de la guerre contre l'Irak (16 janvier 1991)**

C'est un moment historique. Nous avons l'opportunité de forger [...] un nouvel ordre mondial, un ordre au sein duquel les Nations Unies pourront jouer leur rôle de gardien de la paix. Écoutez le Sergent-chef J. P. Kendall : « nous sommes ici pour plus que le prix d'un gallon d'essence. C'est mieux de s'occuper de ce gars maintenant plutôt que dans cinq ans ».

Le contexte : un Moyen-Orient en ébullition

Saddam Hussein, arrivé au pouvoir en 1972, veut faire de l'Irak la grande puissance régionale. Pour cela, il lance en 1980 son armée contre l'Iran. Une guerre longue, coûteuse et meurtrière. Les velléités territoriales de l'Irak inquiètent une partie de la communauté internationale. En effet, le golfe Persique, région stratégique de l'approvisionnement en pétrole pour les puissances occidentales, ne peut devenir un lieu d'affrontement sans dommages pour l'économie mondiale. Les Israéliens réagissent aussi aux ambitions irakiennes en détruisant le réacteur atomique « Osirak » en même temps que les rêves nucléaires de Saddam Hussein qui, en dépit de ces échecs, continue de vouloir mener à bien un projet d'expansion territoriale. En choisissant le Koweït, il s'attaque à un pays auquel l'Irak doit rembourser 80 milliards de dollars empruntés pour financer la guerre contre l'Iran et qui est accusé de faire baisser les cours du pétrole en surproduisant.

L'armée de Saddam Hussein, suréquipée grâce au matériel d'origine soviétique et française, envahit le Koweït le 2 août. L'Europe et les États-Unis ne peuvent rester insensibles à une attaque menée au cœur de son « grenier à pétrole ».

La portée : une victoire sans lendemain ?

Le 11 septembre 1990, dans un discours au congrès où il est déjà question de l'invasion du Koweït par l'Irak, George H. W. Bush dessine un nouvel ordre mondial construit par des actions multilatérales décidées à l'ONU en cohérence avec les intérêts des Américains et de leurs alliés. Face à la première grave crise survenant dans l'après-guerre froide, on constate de fait un sursaut de la communauté internationale. Sous l'impulsion des États-Unis, qui retirent un tiers de leurs forces d'Europe, ce qu'ils n'auraient jamais pu faire avant 1990 et l'effondrement de l'URSS [☞ 80], une armada de 400 000 hommes est réunie en Arabie Saoudite. L'opération « Tempête du désert » se déroule en deux phases : bombardements aériens à partir du 17 janvier 1991, offensive terrestre du 24 au 28 février.

L'*US Air Force* pendant la première Guerre du Golfe

➡ *lien vers le document en grand format :*
https ://commons.wikimedia.org/wiki/File :USAF_F-16A_F-15C_F-15E_Desert_Storm_edit2.jpg

Les puits de pétroles en feu font partie des images marquantes d'une guerre suivie en directe sur les écrans de télévision du monde entier. On y voit la disproportion des forces, l'arme dérisoire d'un écran de fumée face aux chasseurs de la coalition. On y montre aussi le pétrole comme enjeu premier d'une guerre qui n'aurait pas eu lieu dans un désert vierge d'or noir.

La victoire est rapide, peu coûteuse en pertes humaines pour la coalition. Elle confirme ce dont on se doutait depuis la fin de la guerre froide : les États-Unis sont la seule superpuissance au monde. Pour autant, cette guerre éclair n'aboutit à aucune conclusion satisfaisante, à court comme à moyen terme, hormis naturellement la libération du Koweït. D'une part, en dépit de la victoire, les Américains hésitent à tenir le rôle de gendarme du monde. George Bush a bien compris qu'il fallait arrêter les opérations militaires le plus vite possible pour que son opinion publique, séduite par une posture isolationniste, ne l'abandonne pas. Il n'ordonne pas à l'armée de prendre Bagdad ni même d'occuper une portion du territoire irakien. Saddam Hussein reste en place et garde une emprise suffisamment solide pour réprimer dans le sang les révoltes sécessionnistes chiites et kurdes [VAÏSSE, 2013]. La guerre du Golfe ne résout rien, pas plus qu'elle ne crée un nouvel ordre mondial.

Que reste-t-il de cette guerre ? D'abord et surtout son hypermédiatisation. CNN invente la guerre en direct, aux heures de grandes écoutes, avec ses bruits de missiles, ses flashs lumineux dans la nuit, ses impressionnantes colonnes de char dans le désert. La victoire est peut-être donc celle du *soft power* américain. Son outil médiatique lui permet de donner au monde son récit, sa vision de la guerre et donc de faire valoir ses intérêts.

RESSOURCES MULTIMÉDIAS

Des archives vidéos sur la première guerre du Golfe :
www.ina.fr/contenus-editoriaux/articles-editoriaux/premiere-guerre-du-golfe/

Fiche 80

26 novembre 1991 : DISSOLUTION DE L'URSS

ESPACE CONCERNÉ : histoire du monde,
THÈME : guerre et diplomatie.

La chute du colosse aux pieds d'argile

C'est dans un relais de chasse, cachés au cœur de la forêt biélorusse, que les présidents des Républiques Soviétiques de Russie (Eltsine), d'Ukraine (Kravtchouk) et de Biélorussie (Chouchkevitch) décident de mettre fin à l'URSS (Union des républiques socialistes soviétiques) au 31 décembre 1991 et de la remplacer par une vague Communauté des États Indépendants (CEI). Dans les douze autres Républiques de l'URSS, lesquelles n'ont pas été associées à cette décision, c'est un tollé. Un nouveau round de négociations est ouvert à Alma Aty (21 décembre), qui valide cette décision.

C'est ainsi que le 25 décembre 1991, le président de l'URSS, Mikhaïl Gorbatchev, le visage grave, la voix tremblante, quelques feuilles entre les mains et une tasse de thé à ses côtés, annonce pour le lendemain sa démission à la télévision [extrait]. Plus rien ne peut entraver la chute du colosse aux pieds d'argile, un colosse non pas vaincu par un adversaire mais rongé de l'intérieur.

✍ **Déclaration de Gorbatchev (25 décembre 1991)**

> Chers compatriotes, concitoyens. En raison de la situation qui s'est créée avec la formation de la Communauté des États indépendants, je mets fin à mes fonctions de président de l'URSS. Je prends cette décision pour des questions de principe [...]. Je défendais la préservation de l'Union, l'intégrité du pays. Les événements ont pris une tournure différente. La ligne de démembrement du pays et de dislocation de l'État a gagné.

Comment expliquer la chute d'un régime vieux de 70 ans et qui était devenu la deuxième puissance mondiale ?

Le contexte : une fin programmée ?

La chute de l'URSS a surpris la plupart des observateurs. Ce n'est qu'après coup qu'on a commencé à relever, à partir des années 1970, des facteurs de sa dislocation.

Sur le plan économique, la baisse des prix des hydrocarbures prive l'URSS de ressources précieuses et provoque des pénuries. La planification montre des signes de dysfonctionnement, ce que révèle Emmanuel Todd dès 1976 dans *La chute finale*. L'explosion d'un réacteur de la centrale nucléaire de Tchernobyl en 1986 apparaît comme le signe d'un système économique et productif à bout de souffle [☞ 74].

En parallèle, des démographes comme Alain Blum relèvent de nombreux signes de mal-être dans la population soviétique : hausse des suicides, de l'alcoolisme, de la délinquance, chute de la fécondité, tassement des indicateurs sanitaires (espérance de vie, mortalité infantile...). Si les prédictions d'Hélène Carrère d'Encausse dans *L'Empire éclaté* (1978) s'avèrent fausses (effondrement de l'URSS en raison de la démographie des républiques musulmanes d'Asie centrale), il n'en reste pas moins qu'on observe à partir des années 1980 une inversion des flux migratoires. Les Russes installés dans le Caucase, notamment, retournent vivre en Russie. C'est la fin de l'idéal d'un peuple soviétique uni par-delà ses différences culturelles. Des manifestations à caractère nationaliste éclatent au milieu des années 1980 en Géorgie, en Arménie, dans le Kazakhstan, puis dans les pays baltes [WERTH, 2013].

La guerre en Afghanistan (1979-1989) face aux *moudjahidin* coûte cher tant en hommes qu'en matériel et en notoriété. En 1983, Reagan lance l'Initiative de Défense Stratégique, popularisée sous l'expression de « Guerre des étoiles ». L'URSS réplique en augmentant à son tour les dépenses militaires, ce qui participe à son épuisement économique.

L'arrivée à la tête du pays de Mikhaïl Gorbatchev en 1985, alors âgé de 54 ans, représente un espoir. De fait, il lance de nombreuses réformes popularisées sous le nom de *glasnost* (« transparence » : élections libres, libération de prisonniers politiques, fin de la censure) et de *perestroïka* (libéralisation et privatisation progressive de l'économie). Il ne s'oppose pas à l'émancipation des républiques d'Europe de l'Est, au processus de réunification en Allemagne [☞ 76], ni aux déclarations d'indépendance de nombreuses républiques soviétiques (la Lituanie est la première, dès le 11 mars 1990).

Quand il constate l'emballement du processus, il est trop tard pour réagir.

La portée : un changement de monde

La chute de l'URSS a surpris le monde. De même qu'elle était inattendue, ses conséquences n'ont pas été prévues. Elle ouvre une courte parenthèse d'hyperpuissance américaine [☞ 79], vite remise en cause [☞ 88], et débouche finalement sur la formation d'un monde multipolaire.

Eltsine efface Gorbatchev (août 1991)

➡ *image en grand format :*
https://www.latribune.fr/actualites/economie/international/20130715trib000775829/31-decembre-1991-l-urss-est-morte-vive-la-russie-.html :

Au mois d'août 1991, un groupe de militaires tente un coup d'État pour mettre fin aux processus de perestroïka et de glasnost. Gorbatchev, en province, ne peut réagir. À Moscou, Boris Elstine prend la tête des manifestants qui vont mettre les militaires en échec. Les photographies le montrent sur des barricades, face aux chars... Symbole des temps, Elstine brandit non pas le drapeau soviétique mais le drapeau russe.

En Russie et dans les États voisins, l'héritage soviétique fait l'objet d'appropriations, de rejets et est parfois instrumentalisé dans des conflits (Crimée depuis 2014). En 2009, la résolution du Parlement européen sur « la conscience européenne et le totalitarisme », qui semble renvoyer dos à dos nazisme et communisme a provoqué un certain émoi. Des « instituts de la mémoire » ont été constitués dans différents pays d'Europe de l'Est. La Russie qui se réapproprie son passé fait adopter en 2010 une loi (plus légère que son projet initial) qui vise au contraire à rappeler que le nazisme a été le seul condamné au tribunal de Nuremberg. Des manuels scolaires y donnent parfois une image positive de l'URSS.

RESSOURCE MULTIMÉDIA

Une émission d'*Au cœur de l'histoire* est consacrée à « La chute de l'empire soviétique (1985-1991) » :
http://www.europe1.fr/emissions/au-coeur-de-l-histoire/la-chute-de-lempire-sovietique-2535949

Fiche 81

13 septembre 1993 : SIGNATURE DES ACCORDS D'OSLO

ESPACE CONCERNÉ : histoire du monde,
THÈME : guerre et diplomatie.

Des signatures pour l'histoire

Il est 11 h 43 à Washington. Bill Clinton, hôte rayonnant, sert la main de ses deux invités : Yasser Arafat et Yitzhak Rabbin. Poursuivant un geste qui se fait plus hésitant, le dirigeant palestinien avance le bras en direction du Premier ministre israélien, qui accepte la main tendue. Dans les délégations, on applaudit, on s'embrasse, on veut voir l'histoire en marche. Car il a fallu croire à la paix pour parvenir à ce jour. Chaque rencontre organisée entre janvier et août 1993 semblait pouvoir échouer et mener à l'impasse. Mais le dialogue n'a jamais été rompu et, après bien des difficultés, un accord a été conclu. Yasser Arafat partage avec le monde enthousiaste l'ivresse du moment. Il applaudit, sans retenue. Yitzhak Rabbin reste sobre, n'esquisse aucun geste de satisfaction. Peut-être perçoit-il tout ce que l'histoire porte d'espoirs déçus.

En quoi les accords d'Oslo révèlent-ils la fragilité des espoirs de paix au Proche-Orient ?

✍ **Extrait de la déclaration de principes sur des Arrangements intérimaires d'autonomie (dits « accords d'Oslo »)**

Le gouvernement de l'État d'Israël et l'équipe de l'OLP sont convenus qu'il est temps de mettre fin à des décennies d'affrontements, de reconnaître leurs droits légitimes et politiques mutuels, et de s'efforcer de vivre dans un climat de coexistence pacifique [...] afin de parvenir à un règlement de paix juste, durable et global ainsi qu'à une réconciliation historique.

Le contexte : un conflit ancien

Depuis la déclaration d'indépendance d'Israël en 1948 [☞ 44], le pays a connu trois guerres et vit avec le sentiment d'être une forteresse assiégée. La supériorité militaire et tactique, marquée par l'écrasante victoire de la guerre des Six jours (1967), ne suffit pas à endiguer ces peurs, d'autant que la guerre du Kippour (1973) ressemble à une première victoire arabe. Et si en 1977 le président égyptien Sadate reconnaît Israël, la région lui reste hostile et il fait face à un adversaire déterminé. Fondateur du Fatah en 1959, Yasser Arafat est élu en 1969 à la tête de l'Organisation de Libération de la Palestine (OLP), qui mène des actions violentes contre Israël.

Progressivement, l'opposition palestinienne se radicalise comme, le montre le déclenchement d'une première *intifada* en 1987, menée dans de nombreux jeunes dans les territoires occupés. Né de l'exaspération des Palestiniens soumis à des conditions de vie très difficiles, le soulèvement, qui est suivi par d'autres violences, a pour conséquence de pousser Washington à dialoguer avec l'OLP. C'est dans ce contexte que s'ouvre à Madrid une première conférence de la paix le 30 octobre 1991 réunissant pour la première fois Israël, ses voisins arabes et les Palestiniens.

La portée : une poignée de main et après ?

Les accords mis en application le 13 octobre 1993 prévoient la création d'une Autorité palestinienne incluant l'autonomie des territoires devenus « autonomes » et le retrait des forces israéliennes de la « bande de Gaza et de la zone Jéricho d'abord ». S'ils sont restés dans l'imaginaire collectif comme un moment de réconciliation, la réalité est plus ambiguë. De nombreux Palestiniens, mais également certains Israéliens, jugent les accords inacceptables. Négociés par la mise sous pression constante des représentants de l'OLP, ils fondent un embryon d'État fragmenté, réparti entre plusieurs autorités (Israël contrôle ainsi 60 % de la Cisjordanie), et non souverain en matière de relations extérieures ou de défenses [DIECKHOFF, 2011]. Du côté israélien, après l'assassinat de Yitzhak Rabin en 1995, par un extrémiste israélien, Benjamin Netanyahou arrive au pouvoir, un homme qui ne reconnaît pas la légitimité des accords et autorise la reprise de la colonisation en Cisjordanie et à Gaza.

Cette évolution démontre la persistance de points d'achoppements structurels. Dans les deux camps, on trouve des groupes qui n'existent qu'en raison du confit. Israël, en part du PIB, est le cinquième pays ayant les plus grandes dépenses militaires. Du côté palestinien, certains prospèrent grâce au blocage du processus de paix. Ainsi, la seconde *intifada*, entamée en septembre 2000, dont le bilan humain est de 5 400 morts en sept ans, est déclenchée par les groupes palestiniens hostiles à l'accommodement avec Israël, tels que le Hamas qui remporte les élections de 2005. Se pose aussi la question du droit au retour des réfugiés palestiniens et du démantèlement des colonies juives représentant un demi-million de colons. Car, au fond, ce conflit est avant tout une question de territoire. Le réduire à une approche religieuse ou culturaliste, pousse souvent à durcir facilement le rapport de force et en aggraver les conséquences.

RESSOURCE MULTIMÉDIA

Pour replacer le temps court dans une histoire du temps long, une émission de la marche de l'histoire sur Gaza :
https://www.franceinter.fr/emissions/la-marche-de-l-histoire/la-marche-de-l-histoire-04-juin-2012

Fiche 82
6 avril 1994 :
DÉBUT DU GÉNOCIDE AU RWANDA

ESPACE CONCERNÉ : histoire du monde,
THÈMES : guerre et diplomatie.

Le jour du basculement

Il est 20 heures 30 et la nuit est tombée depuis deux heures sur Kigali. À bord du Falcon présidentiel, Juvénal Habyarimana, président rwandais et son homologue burundais, Cyprien Ntaryamira, rentrent d'Arusha (Tanzanie) où ils ont participé à des négociations de paix avec la rébellion du Front patriotique rwandais (FPR). L'appareil entame sa descente vers la piste d'atterrissage. Visé par un premier missile sol-air qui manque sa cible, il est touché par un second et s'écrase. Dès 21 heures, des escadrons de la garde présidentielle et des milices *Interahamwe* exécutent leur plan : des politiciens tutsis et hutus modérés qui devaient former un gouvernement de transition, ainsi que des membres de l'opposition sont exécutés à Kigali. La radio des Mille Collines accuse le FPR et les casques bleus de la Minuar, appelant la population à se joindre aux milices pour attaquer l'opposition et les Tutsis. Bilan de la journée : 30 000 morts.

Comment le processus génocidaire s'est-il construit et déployé au Rwanda en 1994 ?

✍ **Christian Hoche, *L'Express* (28 juillet 1994)**

C'est un épouvantable séisme. Force 10 sur l'échelle humanitaire. Une tragédie sans précédent au cœur du continent africain. On se souvient du cri de détresse d'un missionnaire, en plein génocide, repris à la une du *Time* : il n'y a plus de diables en enfer. Ils sont tous au Rwanda.

Le contexte : la construction d'une logique génocidaire

Le Rwanda est un petit État d'Afrique centrale. Ancienne colonie allemande depuis 1885, le Rwanda est confié par la SDN à la Belgique en 1924. L'administration belge fossilise des catégories sociales et crée trois ethnies dans le pays : les Hutus (85 %), les Tutsis (14 %) et les Twas (1 %). Tous parlent pourtant la même langue, partagent la même culture et la même religion. La Belgique s'appuie d'abord sur une « élite » tutsie pour gérer la colonie, jusqu'à ce que ces derniers soutiennent les revendications indépendantistes. Elle se repose alors sur les Hutus. Ce clivage débouche sur des massacres successifs de Tutsis dès 1959 et après l'indépendance (1962), en 1963, 1973... À partir des années 1970, un nouveau clivage s'instaure, opposant les habitants du Centre et du Sud (Banyanduga) et ceux du Nord (Bakiga), dont est originaire le président Juvénal Habyarimana qui s'impose au pouvoir par un coup d'État en 1973. Ces tensions déstabilisent les États voisins comme l'Ouganda où des Tutsis exilés forment une opposition armée, le FPR (Front patriotique rwandais). En août 1993, sous la pression de bailleurs de fonds de la communauté internationale et des incursions militaires du FPR, Juvénal Habyarimana signe les accords d'Arusha prévoyant le multipartisme et l'intégration du FPR dans l'armée. Soutenu par la France et la Belgique, ce régime tient un double langage et prépare le déploiement d'un plan d'extermination. Créée en juillet 1993 par des extrémistes hutus proches du pouvoir, la radio-télévision libre des Milles collines (RTLM) diffuse des discours haineux appelant à l'extermination des Tutsis [AUDOIN-ROUZEAU, 2011]. Parallèlement des jeunes sont massivement enrôlés dans les milices Interahamwe lourdement armées : la « machine à tuer » est prête [BRAECKMAN, 2004].

La portée : sortir du génocide

L'entreprise génocidaire se répand dans tout le pays : pourchassés par les miliciens et par la population, les Tutsis sont torturés, violés, mutilés, exécutés à la machette. Après l'exécution de dix Casques bleus belges le 7 avril, l'ONU réduit la Minuar de 2500 à 250 hommes. Le 22 juin, dans le cadre l'opération Turquoise lancée par la France avec l'autorisation de l'ONU, les soldats français établissent une zone humanitaire sécuritaire pour les réfugiés dans le sud-ouest du Rwanda, les massacres perdurant au-delà. Le 4 juillet, le FPR dirigé par Paul Kagamé attaque et reprend la capitale : les tueries prennent fin.

Pendant trois mois, plus de 800 000 Tutsis et Hutus modérés sont massacrés [DUMAS, 2014], 4 millions ont fui vers les pays voisins, déstabilisés. Près de 75 % de la population tutsie du Rwanda a disparu. Ce génocide résulte d'une convergence de deux logiques meurtrières : celle des autorités rwandaises qui organisent les massacres et celle de l'ensemble des micro-sociétés de voisinage qui participent activement à la mise en œuvre des tueries [DUMAS, 2014].

De novembre 1994 à décembre 2015, le Tribunal pénal international pour le Rwanda (TPIR), mis en place à Arusha par le conseil des Nations Unies, condamne 61 responsables du génocide et de violations graves du droit international. D'autres procès sont organisés par des juridictions nationales, au Rwanda, en France, en Belgique, en Allemagne ou en Finlande. La Belgique et surtout la France étant mises en cause, des commissions d'enquête sont mises en place, par le Sénat belge (1997) et par une mission d'information parlementaire française (1998). En 2002, des juridictions de proximité (« gacaca ») sont instaurées au Rwanda pour délester les tribunaux et juger des centaines de milliers de personnes pour vols, viols, meurtres... et tenter de réconcilier. Mais 23 ans après le génocide, les commémorations génèrent toujours de fortes tensions.

RESSOURCE MULTIMÉDIA

Reportage sur le génocide rwandais diffusé sur France 24 en 2014 :
http://www.france24.com/fr/20140404-reporters-rwanda-genocide-rwandais-hutu-tutsi-france24

Fiche 83

1er janvier 1995 : CRÉATION DE L'OMC

ESPACE CONCERNÉ : histoire du monde,
THÈME : économie.

Le jour où le GATT devient l'OMC

Dans l'immense centre William-Rappard, en surplomb du lac Léman, Peter Sutherland, prépare dans son bureau ses premiers mois de président de l'OMC (Organisation Mondiale du Commerce), non sans quelque nostalgie pour les longues négociations qui le confirment à ce poste. Sept années pour que les 123 ministres des États-membres de l'OMC se succèdent et apposent leur signature au bas d'un document de plusieurs milliers de pages. Ils entendent ainsi réglementer le commerce des marchandises et des services. Les espoirs sont nombreux. Certains attendent de l'OMC qu'elle favorise la croissance économique mondiale par davantage de libéralisation. D'autres espèrent en faire un paravent protecteur et éviter les concurrences sauvages.

Dans quelle mesure l'OMC participe-t-elle à une forme de gouvernance économique mondiale ?

✍ **Déclaration de Gérard Longuet, ministre du commerce extérieur français, après la signature des accords de Marrakech (15 avril 1994)**

Ce ne sera plus la loi de la jungle, il y aura des arbitrages multilatéraux et, c'est très important pour les salariés français, la clause sociale va être intégrée dans les éléments du commerce international. Ce ne sera plus simplement, comme on a eu le sentiment, la loi du salaire le plus bas. Il y a la perspective, pour les pays qui commercent entre eux, d'élever le niveau salarial même pour les plus pauvres.

Le contexte : l'économie au cœur des enjeux internationaux

À l'issue de la Seconde Guerre mondiale, les États-Unis engagent une véritable croisade en faveur du libre-échange, ce qui conduit en 1947 à l'Accord général sur les tarifs douaniers et le commerce GATT (General Agreement on Tariffs and Trade). Le texte jette les fondements d'une organisation internationale du commerce (OIC) qui, aux côtés du FMI (Fonds Monétaire International) et de la BIRD (Banque Internationale pour la Reconstruction et le Développement), devait constituer le troisième pilier de l'ordre économique libéral de l'après-guerre. Lorsque le Sénat des États-Unis refuse l'OIC, le GATT demeure le seul accord multilatéral susceptible de fournir une base régulatrice au commerce international et remplit le rôle initialement dévolu à l'OIC. Sa philosophie est celle d'une libéralisation continue des échanges commerciaux. Elle correspond à une homogénéisation croissante de la planète sur le plan économique, le monde étant façonné par le capitalisme américain. Le GATT facilite cette unification partielle en négociant la baisse des tarifs douaniers qui, de 40 % de la valeur des produits importés en 1945, passent à 10 % en 1970. Il soutient ainsi une croissance rapide des échanges commerciaux initiée par les progrès technologiques du transport maritime. En volume, le commerce mondial progresse de 8 % par an en moyenne entre 1948 et 1973.

La portée : l'OMC, un outil peu efficient ?

Le 15 avril 1994, la « trilogie Bretton Woods » [☞ 36], ébréchée avec la fin du Système Monétaire International en 1971, est enfin complétée. Les accords de Marrakech créent officiellement l'OMC qui doit se substituer au GATT le 1er janvier 1995. Il clôt une négociation inédite de sept ans qui avait vocation à réorganiser le commerce mondial de l'après-guerre froide, l'« Uruguay Round ». L'OMC va devenir en quelques années l'acteur institutionnel de la gouvernance économique mondiale. Son avènement témoigne du triomphe des principes de l'économie internationale libérale. Plusieurs faits permettent pourtant de relativiser cette impression.

Tout d'abord, le GATT puis l'OMC n'ont pas initié la mise en relation des diverses parties du monde au travers d'échanges libres ou contraints. C'est un processus historique du temps long qui innerve toute l'histoire du capitalisme du XVIe siècle à nos jours, avec des moments de replis prononcés [BÉNICHI, 2008]. De plus, le poids réel des institutions de la gouvernance économique dans la mondialisation est un objet d'interrogation. Ne possédant qu'une faible légitimité démocratique, l'OMC est soumise aux désaccords nombreux entre les nations. Certains économistes pointent aussi du doigt le fait que la mondialisation est d'abord une intégration au sein de grandes régions du monde et non pas entre elles, là où l'OMC aurait son mot à dire. Ainsi, 93 % de la production de l'UE (Union Européenne) au début des années 2000 est consommée en son sein.

La mondialisation des échanges est le fruit de 25 pays qui couvrent 80 % du commerce mondial et qui s'appuient sur un modèle économique libéral né en Grande-Bretagne et aux États-Unis. Si la Chine intègre l'OMC en 2001 [☞ 89], laissant penser à la mise en réseau de tous les espaces planétaires, les chiffres incitent à la nuance. Entre 1999 et 2015, la part de l'Afrique dans les exportations mondiales a stagné autour de 2 %. L'intégration des périphéries au marché mondial est donc loin d'être réalisée, laissant planer un sérieux doute sur le fait que la gouvernance économique soit mondiale et que l'OMC ait atteint ses objectifs, malgré l'intégration régulière de nouveaux membres en son sein.

RESSOURCE MULTIMÉDIA

La signature des accords de Marrakech vue par le site de l'INA *Jalons* :
http://fresques.ina.fr/jalons/fiche-media/InaEdu05002/la-signature-des-accords-de-marrakech-fondateurs-de-l-organisation-mondiale-du-commerce.html

Fiche 84
25 septembre 1999 : CRÉATION DU G20

ESPACE CONCERNÉ : histoire du monde,
THÈMES : guerre et diplomatie, économie.

La première réunion officieuse

Avec la force de l'habitude, des journalistes rompus aux grandes messes de la diplomatie internationale attendent quelques déclarations sans saveur au sortir de la réunion des Ministres des Finances des sept pays les plus riches du monde. L'urgence n'est pourtant pas un vain mot en ce jour de septembre 1999 à Washington. Une crise, profonde, systémique, secoue l'Asie et menace la fragile prospérité occidentale. Un monde nouveau se construit dans les ports chinois, les manufactures vietnamiennes. Un monde imparfait, violent, inégal, mais qui s'intègre à un système que l'on découvre multipolaire. Alors c'est presque en secret que Paul Martin, ministre des Finances du Canada, réunit ses collègues à l'écart de la foule médiatique. Peu d'informations filtrent de cette rencontre. Peu de journalistes en font écho dans les colonnes de la presse mondiale. Et pourtant...

En quoi la création du G20 annonce-t-elle l'avènement d'une économie mondiale de plus en plus multipolaire ?

✍ **Article de *Libération* (17 décembre 1999)**

Le groupe des 20 ne se veut pas un nouvel organe décisionnel, mais un forum de « dialogue informel ». Les sujets qui fâchent ont été évités [...]. Mais pour les vieux routiers comme Jean-Claude Trichet, président de la Banque de France, « le niveau de consensus » atteint au sein de ce nouveau forum n'en est pas moins « fascinant ».

Le contexte : vers un nouveau contexte géopolitique

En 1975, démunis face à l'ampleur des difficultés économiques engendrées entre autres par la crise pétrolière de 1973, les chefs d'État et de gouvernement des six pays les plus industrialisés (États-Unis, Japon, Allemagne, France, Grande-Bretagne, Italie) se réunissent à Rambouillet à l'initiative du président Giscard d'Estaing. C'est un événement majeur de l'histoire des relations internationales puisque les rencontres bilatérales et protocolaires sont progressivement remplacées par ce cénacle conçu pour une prise de décision devenue collective. Depuis lors, le groupe a grandi, incluant le Canada puis la Russie, et joué un rôle de plus en plus large, au-delà des simples questions économiques et financières. La fin de la Guerre froide a entraîné une réévaluation radicale des principes de cette gouvernance, d'autant que les années 1990 sont celles d'une nouvelle multipolarité de l'économie mondiale. C'est ce que montre la grande crise financière asiatique de la fin des années 1990, où l'on constate que de nouveaux « entrants » sont suffisamment intégrés à l'économie mondiale pour devenir à leur tour des facteurs de risque.

La portée de la création du G20

L'ordre mondial qui émerge dans l'après-guerre froide, organisé autour de quelques grands pôles économiques, cède progressivement la place à de multiples dispositifs mondiaux et régionaux. La formation du G20 vise pour partie à répondre à l'émergence de ce monde multipolaire. Créé en 1999, ce groupe inclut une dizaine de pays dits « émergents » auxquels se joignent les membres du G8, les représentants du FMI et de la Banque mondiale. Les pays invités à la table des puissants sont en développement dans les années 1980 et connaissent une croissance économique forte à partir du début des années 1990. Selon les classements, on en dénombre de vingt à cinquante. Certains se rassemblent au sein des BRICS (Brésil, Russie, Inde, Chine et Afrique du Sud). Ils représentent aujourd'hui près du tiers du PIB mondial. La Chine reste le seul de ces pays à avoir accédé au statut de puissance économique complète [☞ 69 et 89].

En dépit de ces remarques, la création du G20 témoigne d'un ordre mondial qui reste hiérarchisé, c'est-à-dire organisé par ses éléments les plus puissants. Les concessions faites aux pays émergents l'ont été sur des bases fixées par l'Occident et ne constituent qu'un élargissement de l'ordre libéral existant [PRANTL, 2012]. La situation n'a véritablement évolué qu'avec la crise financière mondiale de 2008, alors que la coordination économique entre États paraît encore insuffisante. Le G20, réuni en urgence à Washington en novembre 2008, émet un plan d'action et de réformes des institutions internationales qui prévoit notamment de transférer des droits de vote de pays riches surreprésentés, tels que la France, à des pays émergents sous-représentés, tels que la Chine [VAÏSSE, 2013].

Par sa représentativité élargie mais contrôlée, ce qui autorise une certaine réactivité, le G20 reste depuis la crise un des lieux où se négocient les termes et conditions d'un nouvel ordre économique multipolaire. Si les cartes ne sont pas encore totalement redistribuées, un regard sur le taux de croissance moyen sur la décennie peut laisser entrevoir un nouvel élargissement à venir, l'Afrique connaissant une croissance moyenne supérieure à 5 % par an depuis 2000.

RESSOURCE MULTIMÉDIA

Une émission des *Enjeux internationaux* sur la notion de pays émergents : https://www.franceculture.fr/emissions/les-enjeux-internationaux/quel-avenir-pour-les-pays-emergents-30e-anniversaire-des-enjeux

Fiche 85

25 janvier 2000 : DÉBAT PARLEMENTAIRE DE LA LOI SUR LA PARITÉ

ESPACE CONCERNÉ : histoire de France,
THÈMES : politique, société.

Une loi pour les femmes et par les femmes

À 16 h 20, la séance s'ouvre à l'Assemblée sous la présidence de Christine Lazerges. L'hémicycle illustre ce jour-là la parité qui est à l'ordre du jour : outre la présidente, une trentaine de députées, dont vingt oratrices inscrites en tribune, et une trentaine de députés sont présents. Mais une majorité manque à l'appel. Ce sont essentiellement des femmes, de droite comme de gauche, qui prennent la parole pour l'examen en première lecture de la loi sur la parité : sur le banc des ministres, Nicole Péry, secrétaire d'État aux droits des femmes et à la formation professionnelle, et dans l'hémicycle, Nicole Ameline (DL), Marie-Jo Zimmermann (RPR), Cécile Helle (PS), Yvette Roudy (PS), Chantal Robin-Rodrigo (PS), Muguette Jacquaint (PCF), Marie-Thérèse Boisseau (RPR) se succèdent à la tribune. À l'exception de Jean-Pierre Chevènement, ministre de l'Intérieur, qui ouvre le débat, et d'une intervention du rapporteur du projet de loi, Bernard Roman, aucun député n'intervient. Le débat se déroule sans heurt ni passion. La loi est adoptée définitivement, sous les applaudissements des groupes socialiste et communiste.

Dans quelle mesure la loi sur la parité permet-elle de féminiser la vie politique française ?

✍ **Jean-Pierre Chevènement, Assemblée nationale (25 janvier 2000)**

Le principe de la parité se fonde sur un fait incontestable : l'humanité est faite d'hommes et de femmes qui concourent ensemble à la pérennité de l'espèce humaine. Il leur appartient donc de concourir ensemble à la conduite des affaires de la cité, si l'on veut bien convenir que les femmes sont aussi douées de raison et de bon sens que les hommes.

Le contexte : la progression laborieuse de la représentation des femmes

D'octobre 1945 jusqu'au milieu des années 1990, le nombre de députées demeure stable : 32 en 1945, 35 en 1993. En 1974, pour la première fois une femme, Simone Veil [☞ 67], est nommée ministre. Puis dans les années 1980, d'autres femmes, souvent de brillantes énarques (Ségolène Royal, Élisabeth Guigou), sont nommées au sein de différents gouvernements. Mais les mairies, les conseils généraux, l'Assemblée nationale et le Sénat demeurent des bastions masculins.

En 1982, un article de la loi municipale institue un quota maximum de représentation de chaque sexe (75 %) sur les listes de candidature aux municipales pour les villes de plus de 3500 habitants : largement adoptée par l'Assemblée, la loi est invalidée par le Conseil constitutionnel au nom du principe d'égalité devant la loi. Le débat sur la parité rebondit en 1992 avec la publication d'un ouvrage collectif intitulé *Au pouvoir citoyennes : liberté, égalité, parité*. Des associations se créent alors pour revendiquer la parité, des manifestes sont publiés dans la presse, un Observatoire de la parité est créé par Jacques Chirac, président (1995). Aux législatives de juin 1997, pour la première fois, plus de 10 % des députés sont des femmes grâce à la décision du Parti socialiste de présenter un tiers de candidates. En 1997, Lionel Jospin, Premier ministre, s'engage à faire réviser la Constitution pour garantir « dans tous les domaines l'égalité de la femme et de l'homme » : réuni en congrès à Versailles le 28 juin 1999, le Parlement modifie deux articles de la Constitution.

Au sein de la classe politique, la notion de parité soulève d'âpres débats, notamment sur la mise en cause de l'universalisme. Déposé le 8 décembre 1999, le projet de loi tendant à favoriser l'égal accès des femmes et des hommes aux mandats électoraux et aux fonctions électives est discuté par l'Assemblée nationale le 25 janvier 2000.

La portée : une lente féminisation de la sphère politique

Adoptée par l'Assemblée le 3 mai, la loi est promulguée le 6 juin 2000 : les listes aux élections municipales, régionales, sénatoriales et européennes devront être paritaires pour être enregistrées officiellement. En revanche, le système est incitatif aux élections législatives : les partis qui ne présentent pas 50 % de candidates obtiennent un financement public réduit [MOSSUZ-LAVAU, 2005]. La parité est appliquée pour la première fois aux élections municipales de 2001 : la proportion des femmes dans les conseils municipaux monte à 33 %, mais le nombre de femmes maires demeure faible. En 2001, le Sénat s'est un peu féminisé (17 %) ; mais la parité progresse avec 47,6 % de conseillères régionales et 43,6 % de députées européennes élues. Aux législatives de 2002, les principaux partis choisissent néanmoins les pénalités financières : 12,3 % de femmes sont envoyées à l'Assemblée.

D'autres lois viennent compléter la loi de 2000 en l'élargissant à d'autres domaines. Ainsi, en 2008, l'article 1 de la Constitution est modifié pour favoriser l'accès des femmes aux « responsabilités professionnelles et sociales » et, en 2012, est votée une loi sur le harcèlement sexuel. Mais les femmes demeurent minoritaires à l'Assemblée (38,8 %), au Sénat (25 %), aux niveaux de direction des entreprises et de la haute fonction publique. Le plafond de verre se maintient.

RESSOURCE MULTIMÉDIA

Reportage sur la loi sur la parité, France 3, 25 janvier 2000 :
http://www.ina.fr/video/CAC00004915

Fiche 86

24 septembre 2000 : RÉFÉRENDUM SUR LE QUINQUENNAT

ESPACE CONCERNÉ : histoire de France,
THÈMES : politique, société.

Un référendum attendu

Le 24 septembre au matin, le président de la République, Jacques Chirac, se rend à Sarran, petit village de Corrège à proximité de son château de Bity, pour déposer son bulletin dans l'urne. Inquiet, il exprime sa crainte que la pluie ne vienne réduire la participation au scrutin national. À Cintegabelle (Haute-Garonne), le Premier ministre Lionel Jospin montre également l'exemple en votant. Mais 70 % des Français s'abstiennent et, parmi les votants, les bulletins blancs et nuls totalisent 16 %, un record. On vote davantage dans la France rurale que dans la France urbaine et plus à l'ouest qu'à l'est du pays. Certains s'emparent du scrutin pour attirer l'attention vers d'autres enjeux : des agriculteurs distribuent 20 000 bulletins « Oui à l'essor de la ruralité, non aux carcans des taxes » dans le Gers. 10 000 bulletins « Oui à la baisse des charges, non à l'augmentation du carburant » sont distribués dans le Doubs par des artisans. Et une dizaine de maires boycottent l'organisation du scrutin…

La soirée électorale, réduite à trois quarts d'heure d'antenne sur les grandes chaînes de télévision nationales, débute à 20 h 05 sur TF1 avec l'intervention de l'ancien président Valéry Giscard d'Estaing, suivi à 20 h 18 de Jacques Chirac, puis de l'opposition. Tous se félicitent du résultat : 73 % des suffrages exprimés ont répondu « oui » à la question posée : « Approuvez-vous le projet de loi constitutionnelle fixant la durée du mandat du président de la République à cinq ans ? » Seul le Parti communiste a manifesté son opposition à cette réforme, plutôt consensuelle à droite comme à gauche. Mais tous déplorent le taux record d'abstention. De fait, rapidement les débats s'orientent vers d'autres sujets comme l'élection municipale partielle d'Ajaccio… TF1 s'empresse de diffuser le grand prix de formule 1 et France 2 une série télévisée.

La réforme du quinquennat a-t-elle permis une modernisation des institutions de la Ve République ?

✍ **Jacques Chirac (allocution télévisée, 14 juillet 2000)**

Les Français doivent comprendre que cette évolution de la démocratie qui suppose une plus grande participation de leur part aux décisions qui sont prises et les concernent va dans le sens d'un engagement qui les oblige en quelque sorte moralement à s'exprimer.

Le contexte : en finir avec la cohabitation

Avant le référendum sur le quinquennat, la Constitution de la Vᵉ République a déjà subi quatorze modifications depuis 1958 [☞ 58]. Alors que le septennat prévaut depuis 1873, la réduction de la durée du mandat présidentiel apparaît comme une évolution souhaitable dès la fin des années 1960, afin de renforcer encore le rôle du président. En 1973, le président Georges Pompidou envisage de faire cette réforme par voie parlementaire, mais il doit y renoncer, faute de majorité. Dans un contexte marqué par une succession de cohabitations, le débat resurgit dans les années 1990 : Lionel Jospin (PS), Édouard Balladur (RPR), et surtout Valéry Giscard d'Estaing (UDF) relancent la question. En pleine cohabitation, Jacques Chirac se rallie à cette mesure et dépose une proposition de loi constitutionnelle le 9 mai 2000, afin de réduire le mandat présidentiel à cinq ans, et de le rendre renouvelable une seule fois. Le but affiché est alors de faire voter les Français plus souvent et surtout de limiter les risques de cohabitation en alignant la durée du mandat du président sur celui des députés. Approuvé en conseil des ministres le 7 juin 2000, le projet est débattu par le Parlement en juin et voté par l'Assemblée et le Sénat, à de larges majorités. Le 6 juillet, le président de la République annonce qu'un référendum se tiendra sur cette question le 24 septembre 2000.

La portée : de nouveaux défis institutionnels

Les résultats du référendum sont proclamés par le Conseil constitutionnel le 28 septembre 2000, et la loi est promulguée le 2 octobre 2000. En 2001, le Parlement vote l'inversion du calendrier électoral, pour que les élections législatives se tiennent avant les présidentielles, et que le président puisse disposer une majorité parlementaire cohérente. De plus, les deux mandats coïncident, afin de limiter tout risque de cohabitation. Les élections qui suivent, en 2002, 2007, 2012 et 2017, illustrent cette logique, mais aussi une évolution redoutée par le Parti communiste, opposé à la réforme : la prééminence du président de la République est accentuée. Ce nouveau rythme démocratique est aussi critiqué car il limite le temps accordé aux réformes importantes.

Surtout, cette réforme qui renforce la présidentialisation du régime laisse en suspens d'importants enjeux institutionnels : de nombreux juristes considèrent ainsi que la répartition des rôles entre le président et son premier ministre doit être clarifiée dans la Constitution, qui devrait donc être plus largement révisée [DAUGERON, 2000]. Depuis, la Constitution de la Vᵉ République continue d'évoluer, notamment avec la loi constitutionnelle de modernisation des institutions (2008) qui porte à 24 le nombre de modifications du texte de 1958 [LEVADE, 2009].

RESSOURCE MULTIMÉDIA

Déclaration de Jacques Chirac, 24 septembre 2000, INA :
http://www.ina.fr/video/CAC00051623

Fiche 87

15 janvier 2001 : LANCEMENT DE WIKIPEDIA

ESPACE CONCERNÉ : histoire du monde,
THÈMES : sciences et techniques, culture, société.

La tentative de la dernière chance

Depuis mars 2000, Jimmy Wales tente de développer une encyclopédie libre écrite par des professionnels et mise gratuitement à disposition du public sur Internet : Nupedia. Ses contributeurs doivent disposer au moins d'un doctorat pour pouvoir proposer un article ensuite soumis à un comité de lecture. Jusqu'en janvier 2001, le projet piétine. À peine une vingtaine d'articles ont été rédigés. C'est alors que Jimmy Wales finit par se ranger aux arguments de la *Free Software Foundation* et de Richard Stallman, grande figure de l'Internet libre : mettre le contenu de l'encyclopédie sous licence libre, c'est-à-dire permettre à chacun de le modifier. Après quelques hésitations, la technologie choisie pour ce changement de cap est celle du wiki, une application web destinée à l'écriture collaborative de textes illustrés. Le 15 janvier 2001, la page wikipedia.com est mise en ligne.

Quelles sont les conséquences du succès de Wikipedia ?

Le contexte : l'essor d'Internet

Wikipedia s'inscrit dans l'essor d'Internet et du Web [☞ 78]. Jimmy Wales, son fondateur, est issu du monde de la finance. Il fait fortune grâce à des opérations spéculatives. Dès 1996, il investit dans Bomis, qu'il qualifie de « moteur de recherche plutôt destiné aux gars ». Son intérêt pour certaines questions philosophiques et politiques et, peut-être, le goût d'inachevé que lui ont procuré ses études, le pousse alors à se lancer dans un nouveau projet qu'il finance : Nupedia. Il en confie la responsabilité éditoriale à Larry Sanger, diplômé de philosophie. C'est lui qui propose de se tourner vers l'utilisation d'un wiki et d'assouplir les règles de fonctionnement de Nupedia.

La portée : un nouveau rapport au savoir

Wikipedia héberge 1 000 articles dès le mois de février, 10 000 en septembre. Dès le mois de mars, elle connaît une version allemande et catalane puis française. En septembre, près de vingt langues différentes existent sur Wikipedia, dont le chinois et l'arabe. En 2003, une assemblée générale se tient à Munich et le logo est adopté après un vote.

Les polémiques autour de la qualité des contenus de Wikipedia ne remettent pas en cause sa marche en avant. Le succès de Wikipedia est indéniable. Il est d'abord quantitatif. L'encyclopédie compte aujourd'hui près de 30 millions d'articles rédigés dans près de 300 langues différentes. Elle est devenue le site éducatif le plus consulté dans le monde.

Mais, au-delà, Wikipedia bouleverse le rapport au savoir.

✍ **Jimmy Wales (entretien donné au *JdN*, 2015)**

Wikipedia est très vite entré dans les mœurs, tout simplement parce qu'il a constitué le premier outil vraiment abouti de partage de connaissances avec le monde entier. Aujourd'hui, notre audience est de 500 millions d'utilisateurs par mois, nombre qui, je pense, démontre la qualité de notre travail [...]. Je pense que nous devons expliquer aux étudiants comment utiliser Wikipedia plutôt que de leur dire de ne pas l'utiliser. Apprendre à des étudiants comment utiliser Wikipedia revient à leur dire d'utiliser le service comme un point de départ de leurs recherches pour ensuite cliquer sur les liens et aller lire les sources liées. Nous avons là une occasion unique d'apprendre à nos élèves l'esprit critique et nous devons la saisir.

Les titres et diplômes de rédacteurs y comptent moins que les idées. Un texte n'y est jamais définitif et le savoir y est assumé comme étant en perpétuelle évolution. La connaissance n'y est pas considérée comme un bien à conserver mais à partager. La numérisation des articles autorise également de nouvelles formes de recherches. Grâce aux ordinateurs, des approches quantitatives menées sur d'énormes masses d'informations offrent de nouvelles perspectives (*Big Data*) : « depuis novembre, une équipe japonaise s'est servie des articles de l'encyclopédie pour analyser les suicides de personnalités dans son pays. Des Britanniques ont construit automatiquement un glossaire technique. Des Turcs ont utilisé le site pour repérer à grande échelle des entités dans des corpus de leur langue. Des Français ont proposé un classement des universités reposant sur les citations des établissements au sein de plusieurs versions linguistiques de Wikipedia. Citons encore un article paru en mai, qui prévoit les pics d'apparition de la grippe grâce aux statistiques de visites des pages de l'encyclopédie » (David Larousserie, *Le Monde*, 11 janvier 2016).

La liberté d'expression qui règne sur Wikipedia lui a valu de nombreux blocages, de la part de la Chine, de l'Iran, de la Tunisie comme de la Turquie.

Phénomène social mondial interrogeant le rapport au savoir, Wikipedia est même devenue l'objet de recherches universitaires [Coll., 2015].

RESSOURCE MULTIMÉDIA

Radio Canada a réalisé un reportage sur Wikipedia à l'occasion de ses quinze ans : http://ici.radio-canada.ca/audio-video/media-7410583/les-15-ans-de-wikipedia

Fiche 88

11 septembre 2001 : ATTAQUE CONTRE LES TWIN TOWERS

ESPACE CONCERNÉ : histoire du monde,
THÈMES : guerre et diplomatie, politique, société.

La journée du 11 septembre

« Un second avion vient de toucher la seconde tour. L'Amérique est attaquée ». George W. Bush entend l'impensable devant un parterre d'écoliers. Son visage prend les expressions de la sidération avant de se fermer. Tout est filmé. Il faut donc cacher le moindre signe de faiblesse. Il est 15 h 00 en France, 9 h 00 aux États-Unis. Le monde regarde les icônes de la puissance américaine s'effondrer. Le monde s'affole et, dans son avion, le président ne sait où aller. Comment prévoir l'impensable ? Ce sera l'Arkansas, puis Washington à 19 h 00 pour parler à la nation et annoncer que l'Amérique répliquera de toute sa puissance

En quoi les attentats du 11 septembre 2001 sont-ils un événement historique majeur ?

✍ **Extrait d'un article publié sur lemonde.fr (11 septembre 2001 à 15 h 22)**

Deux avions se sont encastrés à quelques minutes d'intervalle dans les deux tours du World Trade Center à New York. Selon un premier bilan provisoire, il y aurait au moins 6 morts et 1000 blessés. Le président George W. Bush a déclaré : « je ne pense pas qu'il s'agisse d'un accident ».

Le contexte : l'Amérique face à un nouvel ennemi

En 1996, les Talibans, des musulmans fondamentalistes, ont pris le pouvoir en Afghanistan, pays fragilisé par plusieurs années de guerre contre les Soviétiques. Le régime accueille des groupes armés et des camps d'entraînement de l'organisation terroriste islamiste Al-Qaida. Le monde découvre ce nom en 1998 à la suite des attentats de Nairobi et Dar-es-Salaam contre les ambassades américaines, en même temps que celui d'Oussama Ben Laden, son chef. Celui-ci n'est pas un inconnu pour les Américains. Il a reçu leur soutien logistique et militaire à l'époque des Afghans contre l'URSS. Mais depuis la guerre du Golfe et la présence de soldats américains « infidèles » sur le sol considéré comme « sacré » de l'Arabie Saoudite, l'Amérique est devenue son principal ennemi. Aux États-Unis justement, avec les élections de novembre 2000, remportée d'une très courte majorité par George W. Bush, une équipe de néoconservateurs arrive au pouvoir, pour qui c'est par la puissance militaire qu'il faut répondre aux défis.

La portée : vers une nouvelle géopolitique mondiale ?

Le 11 septembre 2001, les États-Unis subissent la plus grande attaque sur leur sol depuis Pearl Harbor. Des avions détournés sont précipités sur les symboles de puissance économique (le World Trade Center), militaire (le Pentagone) et politique (le Capitole ; ce quatrième avion s'écrase sans atteindre sa cible). Oussama Ben Laden, chef des cellules du réseau Al-Qaida, est à l'origine de l'agression. Le retentissement médiatique est immédiat. Retransmise en direct sur les téléviseurs de la planète, l'attaque fait émerger la certitude d'assister à un événement historique majeur.

Le 11 septembre engendre la diffusion d'un climat lourd de menace qui justifie pour les autorités fédérales des mesures restreignant les libertés, avec le *Patriot Act* voté en octobre 2001. Un équilibre nouveau s'établit entre liberté et sécurité. À l'échelle internationale, Hubert Védrine considère que les États-Unis se sont débarrassés de leur sur-moi multilatéraliste pour aller au bout de leur hyperpuissance messianique et missionnaire. D'ailleurs, dans la foulée des attaques, l'administration Bush refuse de ratifier le traité créant la Cour pénale internationale et décline toute discussion sur la limitation des armes biologiques. L'Amérique lance aussi des guerres. La première, soutenue par la communauté internationale, est menée contre l'Afghanistan (dès octobre 2001). L'Irak est ensuite intégré à la liste des « États voyous » désignés par l'Amérique, car il serait acteur ou commanditaire d'actions terroristes. Les Américains font ici de la *realpolitik* sous couvert de lutte contre la terreur. Car ils espèrent surtout renforcer leur hégémonie dans une région vitale pour leur approvisionnement énergétique. Saddam Hussein, chef de l'Irak, est renversé à la mi-avril 2003, avant que le pays s'enfonce dans le chaos des attentats et d'une guerre civile, jusqu'à l'apparition de la menace de l'État islamique. Et pour les démocraties qui y sont confrontées, les mêmes doutes et les mêmes peurs peuvent faire inscrire dans le droit des restrictions aux libertés.

Le 11 septembre est ainsi tout à la fois un point de bascule géopolitique, un point de bascule médiatique (suivi mondial en direct, développement de « théories du complot ») et un point de bascule dans le fonctionnement des démocraties occidentales interrogées sur leurs règles et leurs valeurs.

RESSOURCE MULTIMÉDIA

Une émission d'*Affaires sensibles* sur la journée du 11 septembre et ses conséquences : https://www.franceinter.fr/emissions/affaires-sensibles/affaires-sensibles-02-novembre-2016

Fiche 89
10 novembre 2001 : ENTRÉE DE LA CHINE À L'OMC

ESPACE CONCERNÉ : histoire du monde,
THÈME : économie.

L'entrée en scène d'une nouvelle puissance

À Doha (Qatar), entre la mer et le sable, se réunit l'Organisation mondiale du commerce. Lors d'une cérémonie officielle, la République populaire de Chine est solennellement admise au sein de l'OMC par consensus des 142 États dans un moment qualifié d'« historique ». La décision est entérinée en deux minutes sous les applaudissements des ministres. De la tribune, Youssef Hussein Kamal, ministre des Finances et du Commerce du Qatar, frappe sa table d'un coup de marteau à chaque fois que le protocole d'accord et le rapport du groupe de travail sont acceptés. Après avoir signé ce mille-feuilles de 900 pages, le ministre du Commerce extérieur et de la Coopération économique chinois, Shi Guangsheng, assure que son pays se conformera aux règles de l'OMC et tiendra ses engagements. L'entrée de Pékin au sein de l'organisation est saluée par le directeur-général de l'OMC, Mike Moore, mais aussi par les représentants de différents États, comme l'Américain Robert Zoellick, le commissaire européen pour le commerce Pascal Lamy, puis ceux de la Corée du sud et l'Inde. En Chine, les médias officiels multiplient les interventions toute la journée pour se féliciter de ce qu'ils considèrent comme une importante reconnaissance internationale de la puissance chinoise.

Cette journée est également marquée par d'importants débats sur des questions qui cristallisent des oppositions comme la protection des brevets pharmaceutiques, contestée par un groupe d'États menés par le Brésil et l'Inde, ou encore l'agriculture. À des milliers de kilomètres de la capitale qatarie, plusieurs milliers de personnes manifestent un peu partout en Europe, notamment à Paris, en Italie et à Genève, siège de l'OMC, dénonçant « la dictature des multinationales » ou encore une « vie cotée en bourse ».

Comment l'entrée de la Chine dans l'OMC a-t-elle accéléré sa montée en puissance dans l'économie mondiale ?

✍ Xi Jinping, président chinois, à Davos (17 janvier 2017)

Il fut un temps où la Chine avait des réticences vis-à-vis de l'économie mondialisée, et n'était pas sûre de devoir intégrer l'OMC. Mais nous sommes arrivés à la conclusion que l'intégration dans l'économie mondialisée va dans le sens de l'histoire. Pour développer son économie, la Chine doit avoir le courage de nager dans le vaste océan du marché mondial.

Le contexte : la montée en puissance de la Chine

Après deux décennies de réformes et quinze ans d'âpres tractations, les portes de l'OMC s'ouvrent à la Chine : membre fondateur du GATT (1947) la Chine demande son admission à l'OMC depuis juillet 1986. Dès les années 1990, elle se lance dans d'importantes réformes pour ouvrir son économie, en réduisant ses droits de douane [MARTIN, 2004 ; ☞ 69], afin de satisfaire aux conditions de l'OMC. Depuis, le commerce extérieur chinois a été multiplié par 20, passant de la 32ᵉ à la 9ᵉ place mondiale. En 2001, la Chine est le pays le plus peuplé avec 1,3 milliard d'habitants. Elle se place au 6ᵉ rang mondial par son PIB et au 9ᵉ rang mondial par ses exportations.

La réunion de l'OMC à Doha se tient deux ans après l'échec d'un cycle de négociations commerciales ouvert à Seattle. Les mêmes antagonismes se retrouvent alors à Doha où les 142 membres de l'OMC espèrent relancer les négociations. Le contexte a cependant changé : les États-Unis, l'Europe et le Japon annoncent vouloir renoncer à la guerre commerciale à outrance au profit d'un multilatéralisme régulé. La réunion de Doha est donc placée sous le signe du développement de la lutte contre la pauvreté.

La veille, 9 novembre 2001, le président George W. Bush donne le feu vert des États-Unis à l'entrée de la Chine dans l'OMC. Le samedi 10 novembre, la réunion de Doha s'ouvre donc sous des auspices favorables pour la Chine, mais dans un climat tendu, du fait de l'importance des enjeux commerciaux à négocier.

La portée : la Chine vers le sommet

Après le vote des 142 membres de l'OMC, le parlement chinois dispose de trente jours pour ratifier les accords d'accession. La Chine devient officiellement le 143ᵉ membre de l'organisation le 11 décembre 2001. Sous le nom de « Chine Taipei », Taïwan est à son tour acceptée dans l'OMC le lendemain. Dès lors, quatre Chine sont représentées à l'OMC, cumulant une puissance considérable : la république populaire de Chine, Hong Kong, Macao et Taïwan.

L'intégration de la Chine dans l'OMC est marquée par l'accélération des réformes entreprises : dans tous les domaines, les droits de douane sont réduits, passant de 40 % en moyenne au début des années 1990 à moins de 7 % après 2001 [MARTIN, 2004]. Plus ouvert, le marché chinois permet une augmentation de commerce international : en 10 ans, l'excédent commercial chinois décuple et les exportations vers l'Union européenne sont multipliées par six. En 2009 la Chine devient le premier exportateur mondial puis en août 2010, la deuxième puissance économique mondiale [DULERY, 2011]. Parallèlement, son IDH a fortement progressé (89ᵉ rang en 2010).

RESSOURCE MULTIMÉDIA

Le 19 mai 2000, signature d'un accord entre la Chine et l'UE :
http://www.ina.fr/video/CAC00027843

Fiche 90
1er janvier 2002 : MISE EN CIRCULATION DE L'EURO

ESPACE CONCERNÉ : histoire du monde,
THÈMES : politique, économie.

Un soir de festivités

Dans la nuit du lundi 31 décembre 2001 au mardi 1er janvier 2002, les Français peuvent utiliser pour la première fois leurs pièces et billets en euros, tout comme les ressortissants de 11 autres États de l'Union européenne. Ces 304 millions d'Européens doivent cependant attendre l'ouverture des commerces, mercredi 2 janvier, pour dépenser plus largement la monnaie européenne. Grâce au décalage horaire, les habitants de l'île de la Réunion sont les premiers à utiliser leurs euros, dès 20 heures GMT le lundi. Deux heures plus tard, les euros circulent en Finlande et en Grèce à 22 heures GMT, puis une heure plus tard dans le reste de l'Union. L'Irlande et le Portugal attendent 0 h 00 GMT. À Maastricht (Pays Bas), des milliers de personnes égrènent les secondes avant la mise en place de l'euro. À Paris, le ministre de l'économie, Laurent Fabius, illumine le Pont Neuf en bleu. À Athènes, Bruxelles ou Lisbonne, pétards, feux d'artifice, lâchers de ballons bleus, bruits et lumières marquent la nuit. Peu après minuit, Romano Prodi, président de la Commission européenne, achète des fleurs à Vienne, avec des euros, et en même temps, le ministre belge des finances « se paye une bière en euros ».

6 milliards de billets et 37,5 milliards de pièces sont alors en circulation. En deux heures, 12,8 millions d'euros sont retirés en France lors de 176 446 retraits aux distributeurs automatiques. Cette « euroforia » n'est finalement nuancée que par quelques journaux britanniques qui diffusent les résultats d'une étude redoutant que de l'eczéma se développe après manipulation de pièces de 1 et 2 euros, à forte teneur en nickel...

En quoi l'euro constitue-t-il une pièce centrale dans la construction européenne ?

Le contexte : la constitution d'un grand marché économique

La création de l'euro répond à deux exigences. Après l'effondrement en 1971 du système monétaire international reposant sur le dollar mis en place à Bretton Woods (1944 ; ☞ 36), l'idée de créer en Europe une zone de stabilité monétaire émerge [☞ 52]. De plus, les excédents commerciaux de la RFA conduisent à une appréciation du Deutsche Mark qui crée des tensions au sein de la CEE, en obligeant les autres monnaies à s'ajuster.

Dès 1972, le rapport Werner (1970) débouche sur la création d'un « serpent monétaire », accord de change entre les pays de la CEE pour limiter les fluctuations de leurs monnaies. Insuffisant, ce serpent est abandonné pour mettre en place un Système monétaire européen (SME) en 1979. En 1989, le rapport Delors préconise la création d'une monnaie commune. Puis en 1992-1993, le SME s'effondre avec l'augmentation des fluctuations de monnaies européennes, victimes d'attaques spéculatives. En 1992, le traité de Maastricht fixe notamment le calendrier de l'Union monétaire, en s'inspirant du rapport Delors. Créé en janvier 1999, l'euro se met progressivement en place dans un contexte favorable, marqué par la stabilité des taux de change.

Pour les citoyens, l'euro se traduit d'abord par un double affichage des prix, en euro et en monnaie nationale, durant trois années. Onze centres d'imprimerie d'euros sont mis en place pour fabriquer la monnaie avant le 1er janvier 2002. Les billets sont identiques mais les pièces varient d'un État à l'autre.

La portée : une politique monétaire de plus en plus contestée

Durant six semaines, les monnaies nationales cohabitent avec l'euro. Puis les citoyens de la zone euro doivent échanger leur monnaie nationale : le 17 février 2002, le franc n'a plus de cours légal, et l'ensemble de la zone euro doit en faire autant avant le 28 février. Un nouveau pôle monétaire international émerge, aux côtés de deux autres pôles constitués autour du dollar et du yen.

Mais dès l'automne 2008, l'Union européenne se trouve plongée dans la crise des dettes souveraines qui frappe d'abord la Grèce, l'Espagne, l'Irlande, le Portugal et l'Italie, avant de s'étendre aux autres. Pour sauver l'euro, un double dispositif est mis en place à partir de 2009 : le Mécanisme et le Fonds européens de stabilité financière visent à contrôler les intérêts de la dette publique. Les États les plus solides empruntent sur le marché financier et prêtent ensuite aux États plus fragiles à des taux inférieurs à ceux des marchés. En contrepartie, des plans de rigueur sont imposés. L'euro est néanmoins affecté, délaissé par les investisseurs. Malgré un renforcement de la discipline budgétaire, dettes et déficits s'accumulent et l'euro demeure fragilisé, critiqué [BANTIGNY, 2013]. Faute d'une réelle solidarité organique au sein de la zone euro, les inégalités entre les États débouchent sur des crises, des politiques d'austérité et une lassitude des opinions publiques : l'euro est de plus en plus perçu comme un carcan [SUR, 2015].

✍ **Régis Debray (mars 2012)**

Ce qui agonise, c'est la grande illusion selon laquelle il revient à l'économie de conduire la politique, et à une monnaie unique d'engendrer un peuple unique.

> **RESSOURCE MULTIMÉDIA**
>
> La nuit du 31 décembre au 1er janvier 2002 dans la zone euro :
> http://fresques.ina.fr/jalons/fiche-media/InaEdu00221/le-passage-a-l-euro-en-europe.html

Fiche 91

21 avril 2002 : JEAN-MARIE LE PEN ACCÈDE AU SECOND TOUR DE L'ÉLECTION PRÉSIDENTIELLE

ESPACE CONCERNÉ : histoire de France,
THÈMES : politique, société.

Une soirée de sidération

En ce dimanche ensoleillé, une partie des Français boude les urnes : 28 % des inscrits ne se déplacent pas pour voter au premier tour des élections présidentielles. Dans les quartiers généraux des partis politiques, la mobilisation commence lentement, en fin d'après-midi, dans une atmosphère sereine. Mais vers 18 h 45, les premiers sondages sortis des urnes annoncent que le vote Le Pen est haut, très haut, et même deuxième. La nouvelle commence à circuler parmi les militants. Dès 19 h 50, impatient, Jean-Marie Le Pen fait son apparition au *Paquebot*, le siège du Front National à Saint-Cloud, et lâche devant les caméras : « je suis assez largement, pour l'instant, devant Jospin », le candidat PS. À 20 h 00, les visages des deux candidats qui se maintiennent au second tour apparaissent sur les écrans télévisés : Jacques Chirac avec 19,88 % des voix, et Jean-Marie Le Pen avec 16,89 % des voix.

À droite comme à gauche, et dans les médias, c'est la stupeur : « du jamais vu » (TF1), « un bouleversement politique » (France 2). Sur la place de l'Odéon, à Paris, des militants d'extrême gauche se rassemblent et manifestent. À 22 h 20, Lionel Jospin fait son apparition à la télévision : acclamé par les militants PS, il annonce néanmoins son intention de se retirer de la vie politique. Si les militants de droite se réjouissent du maintien de Jacques Chirac au second tour, cette victoire a un goût amer. Seuls les partisans du Front national fêtent bruyamment leur victoire.

Dans quelle mesure la percée du Front national aux élections de 2002 marque-t-elle une rupture dans la vie politique française ?

✍ ***Le Point* (25 avril 2002)**

À 73 ans, Jean-Marie Le Pen vient de réaliser [...] le rêve caressé en vain, depuis un demi-siècle, par l'extrême-droite française : s'inviter avec fracas, au milieu des pleurs et des grincements de dents, dans l'histoire de la Ve République.

Le contexte : crise économique et désaffection politique

Né en 1928 dans une famille modeste, Jean-Marie Le Pen commence sa carrière politique en 1956, dans les rangs poujadistes. En 1965, il s'engage auprès du candidat d'extrême droite Tixier-Vignancour, avant de fonder son propre parti, le Front national, en 1972. En 1976, un héritage providentiel lui assure une vie confortable et des fonds pour son parti. Durant les années 1980, le FN progresse jusqu'à capter en moyenne 15 % des voix, dans un contexte marqué par la crise économique, un chômage croissant, une montée du racisme et du sentiment d'insécurité.

Entre 1988 et 1998, le Front national se transforme, développant une politique de respectabilté et une culture de gouvernement [BANTIGNY, 2013], évitant tout dérapage extrémiste. Cette entreprise de dédiabolisation conforte l'essor du FN jusqu'au 21 avril 2002. Dans un contexte marqué par les attentats du 11 septembre 2001 et par une recrudescence de violence en France, l'insécurité est placée au cœur de cette campagne, favorisant le vote FN. Le Pen rassemble des électeurs mécontents, fragilisés, isolés, moins diplômés et touchés par la crise économique et sociale [MAYER, 2002].

La portée : un fait d'armes sans lendemain ?

Dès le lendemain, les manifestations se multiplient dans toutes les grandes villes de France contre « le racisme et le fascisme » : 20 000 à Paris, 4 000 à Strasbourg, 7 000 à Toulouse, 2 000 à Marseille, 1 500 à Lyon...

Grande manifestation contre le Front national (Paris, 1er mai 2002)

➡ *lien vers le document en grand format :*
https ://commons.wikimedia.org/wiki/File :Paris_May1_2002_DCP_8508.JPG

Près d'un million et demi de personnes manifestent dans toute la France contre le Front national, le 1er mai 2002. À Paris, la manifestation, qui part de la place de la République pour se diriger vers la place de la Nation, rassemble environ 500 000 personnes, parmi lesquelles figurent des hommes politiques de gauche et des représentants syndicaux. C'est l'une des plus grandes manifestations à Paris depuis la Libération.

La nouvelle se répercute à la une des journaux dans le monde entier. Une vigoureuse campagne anti-Le Pen menée à droite comme à gauche entre les deux tours, et la mobilisation des absentionnistes débouchent sur l'élection de Jacques Chirac (82,21 %) et la défaite de Jean-Marie Le Pen (17,79 %). Finalement, en 2002 la progression du vote Front national est faible, avec 233 575 voix de plus qu'en 1995 : le séisme électoral tient surtout à la progression spectaculaire de l'abstention (21 à 28 %) et au recul de la gauche plurielle et de la droite classique [ALIDIÈRES, 2012].

En 2012, Marine Le Pen, qui s'est imposée à la tête du FN, capitalise 17,90 % des voix à l'élection présidentielle. Sa stratégie s'inscrit dans la continuité : le FN se présente comme un parti social, orienté vers les intérêts du peuple, et « national », tout en évitant soigneusement les dérapages racistes. Ce mouvement s'inscrit aussi dans un contexte européen marqué par la progression spectaculaire des partis d'extrême droite, comme le FPÖ en Autriche, le Vlaams Belang en Belgique ou la Ligue du Nord en Italie [BANTIGNY, 2013]. Tous dénoncent « l'établissement », une élite de privilégiés coupés du peuple voire corrompus. Leur succès repose sur un brouillage des repères dans un monde marqué par une accélération de la mondialisation, avec des conséquences politiques, économiques et sociales parfois très dures. Le 7 mai 2017, Marine Le Pen offre à son parti un score inégalé avec 33,94 % des suffrages exprimés aux élections présidentielles. Mais le 18 juin 2017, les élus du FN n'occupent que huit sièges à l'Assemblée. La montée du FN semble donc se poursuivre, en dents de scie.

RESSOURCE MULTIMÉDIA

Soirée électorale à la télévision, 21 avril 2002, INA :
http://www.ina.fr/video/2004466001

Fiche 92
30 novembre 2003 : FIN DE LA PRODUCTION DES JEANS LEVI STRAUSS AUX ÉTATS-UNIS

ESPACE CONCERNÉ : histoire du monde, THÈMES : économie, société.

Une annonce à petit bruit

La publication des « Reconciliation of GAAP to Non-GAAP Financial Measures for Fiscal Years 2003 » de Levi Strauss est bien sûr attendue par les journalistes économiques. La marque, en difficulté, reste mythique. Noyée au milieu de chiffres et d'annonces de sorties de produits à venir, une décision symboliquement très lourde a été actée : Levi Strauss & Co. ferme ses dernières usines aux États-Unis. Si, bien sûr, l'entreprise conserve son siège à San Francisco, aucun de ses jeans ne sera plus produit sur le sol américain.

En quoi l'évolution de Levi Strauss & Co. marque-t-elle l'entrée dans une nouvelle ère économique ?

Le contexte : une marque au cœur de l'Amérique

Le jean en tant que tissu est né à Gênes. Il débarque en Amérique au XIXe siècle avec les migrants italiens. Toile solide, il est utilisé pour confectionner des vêtements de travail. Né en Allemagne, Levi Strauss s'installe très tôt aux États-Unis, à New York. En 1853, il a 24 ans et il vient d'obtenir la nationalité américaine, quand il quitte la métropole de la côte Ouest pour rejoindre San Francisco, alors au cœur de la ruée vers l'or entamée en 1848. Il y fait en effet fortune. Mais non pas en creusant le sol : en équipant les mineurs. Parmi les fournitures qu'il leur propose, on trouve un pantalon qu'il a inventé : le jean.

Le succès est tel que de nombreux concurrents se lancent dans ce marché (fondation de The Lee company en 1889). Le jean est produit en masse, par des procédés qui sont industrialisés.

L'entreprise Levi Strauss garde le *leadership* du jean grâce à une politique commerciale dynamique. Elle crée des gammes pour les enfants, pour les femmes et s'approprie l'image du *cow-boy* (qui pourtant ne portait pas de jeans !), ce qui l'identifie à l'Amérique. Elle investit pleinement la publicité et étiquette ses vêtements pour les rendre reconnaissables.

Diffusé par les soldats américains à l'issue de la Seconde Guerre mondiale et par le cinéma hollywoodien [☞ 5] avec des icônes comme James Dean ou Marlon Brando, le jean devient un phénomène planétaire à partir des années 1950. Dans les années 1960, il profite de la vague hippie. Il pénètre même en URSS, dans les grandes villes comme Leningrad ou Moscou ou les villes portuaires comme Odessa ou Kaliningrad. En 1984, son partenariat avec Los Angeles qui organise les jeux olympiques renforce sa notoriété. Le jean devient ainsi un vecteur du *soft power* américain et un élément d'une forme d'identité planétaire en cours de constitution, au même titre que la pizza ou le café.

Mais si le marché du jean devient mondial, la concurrence le devient également. Le Japon, par exemple, qui découvre le jean avec les *GI's* dans les années 1950 en produit dès la décennie suivante.

Étiquette apposée par Levis dans ses jeans (2007)

➡ *lien vers le document en grand format :*
https ://commons.wikimedia.org/wiki/File :Levi%27s_506_inside.jpg

Bien qu'Allemand fraîchement installé dans le Nouveau Monde, Levi Strauss s'approprie très tôt les codes de l'Amérique. Dans un processus de congruence, il les réinvestit autant qu'il participe à les fonder. Aujourd'hui encore, le mythe du Far West reste utilisé dans l'iconographie de la marque. Bien que l'entreprise ne produise plus de vêtements aux États-Unis, elle valorise ses liens avec ce pays et son histoire.

La portée : Une marque au cœur de la mondialisation

Pour toutes les raisons évoquées, Levi Strauss est une marque iconique [ORMEN, 2017]. Le *Time* a ainsi désigné le jean 501 « Meilleur article de mode du XXe siècle ». Elle échappe en partie aux règles du capitalisme international : l'entreprise n'est pas cotée en bourse et garde une structure familiale. Mais la décision de 2003 de fermer ses dernières usines aux États-Unis s'intègre dans un schéma classique. À partir des années 1970, les États-Unis [☞ 65] comme les pays européens sont touchés par un processus de désindustrialisation. La baisse des coûts de transport [☞ 51] et la volonté des États de faciliter les échanges commerciaux (diminution des droits de douane et simplification des procédures) mettent leurs économies en concurrence directe avec celles de pays à faible coût de main-d'œuvre, comme en Asie du Sud-Est. L'industrie textile est la première et la plus massivement touchée. Seuls les secteurs du luxe ou des textiles de haute technologie se maintiennent dans les pays développés.

Levi Strauss & Co. emploie 15 000 salariés et possède plus de 1 100 boutiques dans le monde. Son chiffre d'affaire avoisine les 5 milliards de dollars. L'entreprise valorise l'image d'une entreprise philanthrope. Mais, comme les autres, elle conjugue stratégie marketing et recherche du profit maximal [extrait] dans un contexte mondial.

✍ **D'après *Le Figaro* (26 mars 2014)**

Le fabricant de jeans américain Levi Strauss a annoncé lundi qu'il allait supprimer au moins 800 emplois dans le monde, soit près de 5 % de ses effectifs, dans les 18 prochains mois. Le but affiché est d'économiser entre 175 et 200 millions de dollars dans les 12 et 18 prochains mois, selon un communiqué [...]. « Ces changements nous rendront beaucoup plus compétitif, aussi bien dans notre structure de coût qu'en marketing », estime le PDG Chip Bergh.

RESSOURCE MULTIMÉDIA

De nombreux podcasts sur le sujet sont disponibles sur le site de l'Institut Français de la Mode (IFM) : http://podcast.ifm-paris.com/

Fiche 93

15 mars 2004 : VOTE DE LA LOI SUR LE PORT DES SIGNES RELIGIEUX À L'ÉCOLE

ESPACE CONCERNÉ : histoire de France,
THÈMES : politique, société.

Le récit de la séance parlementaire du 10 février 2004

À 16 h 15 à l'Assemblée nationale s'ouvre la séance sur le projet de loi relatif à l'application du principe de laïcité dans les écoles, collèges et lycées. De gauche à droite, la majorité des députés se sont déjà entendus sur la nécessité d'élaborer une loi encadrant le port de signes religieux à l'école. Lors des débats, le clivage gauche-droite s'établit autour de la conception de la laïcité. La gauche défend la nécessité de refouler les identités religieuses dans la sphère privée ; à droite, l'UMP et l'UDF accepteraient de ménager une place aux valeurs religieuses dans la vie publique. Des oppositions plus partagées s'expriment cependant à gauche, au sein du parti communiste, et au centre à l'UDF.

À 16 h 50, Jean-Louis Debré, le président de l'Assemblée nationale, annonce les résultats du scrutin : 561 votants, 530 exprimés, 494 pour, 36 contre. Un tiers des députés communistes et la moitié de ceux de l'UDF se sont opposés à cette loi. Devant un hémicycle comble, le Premier ministre Jean-Pierre Raffarin se lève à son banc et salue « le dialogue républicain » qui a permis l'adoption de ce texte, avant de proclamer : « La République et la laïcité sortent renforcées aujourd'hui de votre travail ».

En quoi la loi sur le port des signes religieux à l'école permet-elle d'adapter la laïcité aux enjeux de la société française actuelle ?

✍ **Jean-Pierre Raffarin, Premier ministre, 3 mars 2004**

Notre vision de la laïcité n'est pas contre les religions. Chacun a droit à l'expression de sa foi, à condition qu'à l'intérieur de l'école de la République, il respecte les lois de la République.

Le contexte : une question sensible

À l'automne 1989, trois élèves d'un collège de Creil, dans l'Oise, défraient l'actualité et déclenchent un vif débat national autour de la défense de la laïcité dans les établissements scolaires français [☞ 1]. Mais rapidement le débat se complexifie et se déplace : la montée du terrorisme islamiste à l'échelle internationale et nationale (attentats islamistes en 1986 puis dans les années 1990), le développement de formes de communautarismes mais aussi la récupération du débat par des groupes politiques ou religieux débouchent sur un climat passionnel. Présentées par les médias français comme des « jeunes filles issues de l'immigration », intégristes en puissance, ces jeunes filles voilées remettent en cause l'identité républicaine. Parallèlement, des associations comme Ni putes ni soumises commencent à dénoncer l'oppression dont seraient victimes les jeunes filles des banlieues [ZANCARINI-FOURNEL, DELACROIX, 2010].

En avril 2003, Nicolas Sarkozy, ministre de l'Intérieur, relance le débat sur le « foulard islamique ». Le 4 juin 2003, est mise en place une mission d'information « sur la question des signes religieux à l'école » à l'Assemblée nationale, et le 3 juillet 2003, le président, Jacques Chirac, crée une commission « sur l'application du principe de laïcité » présidée par Bernard Stasi médiateur de la République. Le 17 décembre 2003, Jacques Chirac reprend la proposition d'une loi issue du rapport Stasi. Après plusieurs mois d'un débat public très nourri, la discussion générale de la loi à l'Assemblée dure 21 heures 30 : 120 parlementaires s'expriment.

La portée : vers l'apaisement ?

Le texte est adopté par le Sénat le 3 mars 2004. Promulguée le 15 mars 2004, la loi entre en vigueur à la rentrée scolaire de septembre 2004. Elle dispose qu'il est interdit aux élèves de « manifester ostensiblement » leur religion à l'école. La circulaire d'application stipule que cette disposition ne s'applique qu'aux élèves de l'enseignement primaire et secondaire, excluant les étudiants dans l'enseignement supérieur. Après le vote de cette loi, les « affaires de foulards » se sont considérablement réduites et concentrées largement sur l'Alsace et la Moselle où subsiste un statut dérogatoire, le régime concordaire : seuls les catholiques, les protestants et les juifs ont accès à l'enseignement religieux toujours obligatoire dans l'école publique.

En France comme dans différents pays arabes, la loi est mal perçue par certains musulmans qui y voient une attaque contre l'Islam. Les défenseurs de la laïcité sont partagés sur cette loi. Si beaucoup considèrent que le voile doit être banni des enceintes scolaires au nom de la neutralité républicaine, certains considèrent que la loi conforte la stigmatisation du culte musulman [BANTIGNY, 2013]. D'autres redoutent que la loi puisse inciter de jeunes filles voilées à se replier davantage sur leur communauté, jusqu'à transformer leur voile en signe de protestation.

Mais si les débats restent vifs autour des questions de laïcité et de la place et des représentations de l'islam en France, l'école n'est plus l'épicentre de ces conflits.

RESSOURCE MULTIMÉDIA

L'application de la loi sur la laïcité à la rentrée 2004 :
http://fresques.ina.fr/jalons/fiche-media/InaEdu01865/l-application-de-la-loi-sur-la-laicite-dans-les-etablissements-scolaires.html

Fiche 94

1er mai 2004 : DIX PAYS INTÈGRENT L'UNION EUROPÉENNE

ESPACE CONCERNÉ : histoire du monde,
THÈMES : guerre et diplomatie, politique.

Une Europe en fête

Dans la nuit du 30 avril au 1er mai, l'élargissement de l'Union européenne s'accompagne de feux d'artifice et de concerts, essentiellement dans les nouveaux États membres. À minuit, les chefs de la diplomatie allemande et polonaise se serrent la main sur le pont au-dessus de l'Oder : des milliers de riverains font de même autour des frontières tchèques et germano-polonaises.

Sous un soleil éclatant, les chefs de gouvernement allemand (Schroeder), polonais (Miller), et tchèque (Spidla) hissent ensemble le drapeau européen à Zittau, sur la frontière entre leurs trois pays, avant de donner le coup d'envoi à la construction d'une route nationale qui doit les relier. De même, les dirigeants autrichiens, italiens et slovènes se rencontrent sur le sommet des Trois frontières, au carrefour de leurs pays. En Estonie, 8 500 personnes plantent un million d'arbres et en Lituanie, des clichés sont pris toute la journée pour élaborer un livre titré *Le premier jour dans l'Union européenne.*

En fin d'après-midi, la présidente irlandaise, Mary MacAleese, également présidente de l'UE pour six mois, accueille à Dublin 24 délégations de chefs d'État et de gouvernement de l'UE pour une cérémonie de levée de drapeaux, au son de « l'Ode à la joie » de Beethoven, l'hymne européen entonné par 500 enfants. Une cérémonie de bénédiction est ensuite menée conjointement par des autorités chrétiennes, musulmanes et juives. Placée sous haute protection policière, la capitale irlandaise est à peine troublée par quelques manifestations altermondialistes. L'élargissement de l'UE fait la une de journaux dans le monde entier. Mais la presse européenne oscille entre enthousiasme et inquiétude dans l'UE, envie et frustration dans les pays restés à ses ports.

En quoi l'élargissement de l'Union à dix nouveaux États implique-t-il de profondes réformes dans la construction européenne ?

✍ **Romano Prodi (avril 2004)**

Nous ne devons pas nous reposer sur nos lauriers. Ce que nous avons accompli n'est pas irréversible. Notre coopération sera sans cesse confrontée à des obstacles et à des défis.

Le contexte : un élargissement continu

Fondée en 1957 [☞ 52], la Communauté européenne s'élargit par étapes, dès 1973 [carte I]. En 2004, l'arrivée en bloc de dix États (Pologne, Sovénie, Slovaquie, République tchèque, Hongrie, Lettonie, Lituanie, Estonie, ainsi que les îles de Malte et de Chypre) constitue le plus important élargissement depuis la création de l'Union, sa population passant à 450 millions d'habitants. Pour les huit États issus de l'ancien bloc soviétique, c'est l'aboutissement d'un long processus amorcé en 1989. L'adhésion à l'UE exige des candidats d'importants efforts : conformément aux « critères de Copenhague », les États membres doivent avoir des institutions démocratiques, une économie de marché viable et mettre en œuvre l'immense « acquis communautaire » (droit européen) élaboré au fil des ans. L'adhésion est donc précédée d'accords d'association adaptés à chaque pays candidat. Parallèlement, l'UE se prépare à cet élargissement en amorçant des réformes institutionnelles : le traité de Nice (2001) renforce les procédures de coopération, les compétences du Parlement, la répartition des voix au Conseil de l'Union, etc. Puis en 2003, un projet de traité constitutionnel est présenté pour compléter ces réformes.

La portée : les défis de la croissance

L'élargissement de 2004 marque un changement d'échelle, suscitant d'importantes craintes en Europe occidentale : la soutenabilité du financement des politiques régionale et agricole, les risques de délocalisation vers les nouveaux membres et le *dumping* social soulèvent des inquiétudes [CARTAPANIS, KOULINSKY, RICHEZ-BATTESTI, 2006]. La superficie de l'UE s'accroît de 25 % et sa population de plus de 20 %, mais le PIB n'augmente que de 5 % : les inégalités se creusent en son sein. Mais les délocalisations massives n'ont pas lieu et les écarts de développement régressent peu à peu, jusqu'à la crise financière de 2008 qui réduit la croissance économique.

Les élargissements se poursuivent après 2004 : Bulgarie et Roumanie en 2007 puis Croatie en 2013. Cinq États ont aujourd'hui le statut officiel de candidat, la Turquie, l'Islande, le Monténégro, la Macédoine et la Serbie. D'autres l'espèrent aussi, notamment dans les Balkans [GOUNIN, 2011]. Depuis 2003, l'UE privilégie cependant une politique de voisinage plutôt que d'adhésion, visant à établir des relations privilégiées avec ses partenaires de l'Est et du Sud [BERGER, FERRAGU, 2016]. Par ailleurs, l'Union européenne peut aussi se rétracter comme l'atteste le *Brexit*, la sortie de la Grande-Bretagne de l'UE, adoptée par référendum en 2016 [☞ 100].

RESSOURCE MULTIMÉDIA

L'élargissement de l'UE, 30 avril 2004, INA :
http://fresques.ina.fr/jalons/fiche-media/InaEdu05105/l-elargissement-de-l-union-europeenne-aux-pays-d-europe-de-l-est.html

Carte I. La construction européenne depuis 1951

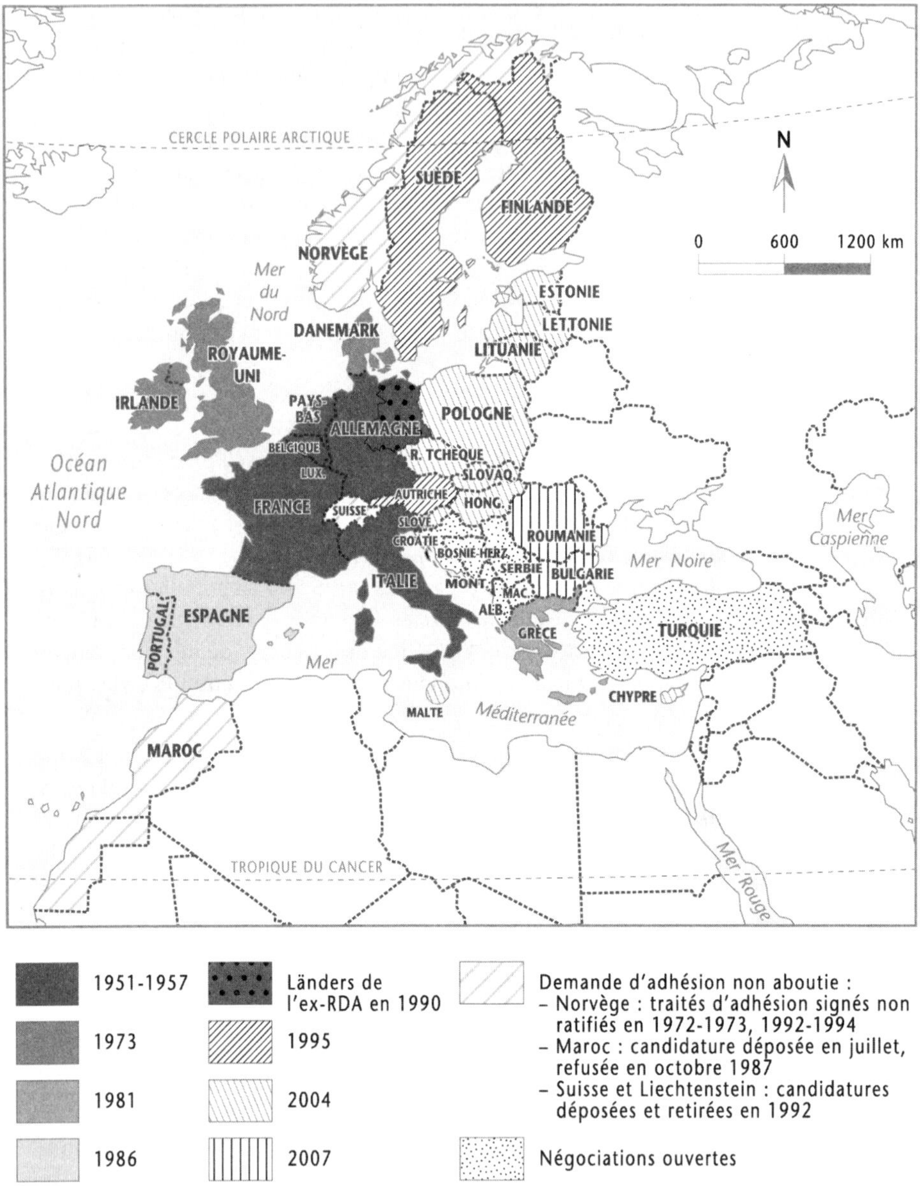

Fiche 95

23 novembre 2004 : SORTIE DE *WORLD OF WARCRAFT*

ESPACE CONCERNÉ : histoire du monde,
THÈMES : économie, culture.

Un raz-de-marée

Le développement du jeu vidéo *World of Warcraft* par les studios Blizzard Entertainment a duré plus de trois ans. En cette fin d'année 2004, le jeu reste pourtant incomplet et comporte de nombreux *bugs*. Mais les concepteurs ne veulent pas retarder la date choisie pour la sortie, le 23 novembre 2004 qui coïncide avec les fêtes de fin d'année et les dix ans de la marque Warcraft. Et puis qu'importe ? Les queues de fans hystériques et costumés s'allongent devant les portes des magasins longtemps avant leur ouverture et les pré-commandes sont déjà si nombreuses que le jeu est un succès commercial avant même sa sortie.

En quoi *World of Wacraft* a-t-il participé à un nouveau regard sur les jeux vidéos ?

Le contexte : le double essor du jeu vidéo

Les premiers jeux vidéos sont des créations d'ingénieurs qui programment pour leurs loisirs. Voient ainsi le jour les minimalistes *Tennis for Two* (1958) ou *Space War !* (1962). En 1972, le jeu vidéo entre dans l'ère commerciale. Nolan Bushnell fonde Atari et lance le premier succès vidéoludique : *Pong*. Malgré ses efforts (sortie d'une nouvelle console en 1977), Nolan Bushnell ne parvient pas à maintenir l'élan initial. Au début des années 1980, la mode du jeu vidéo semble passée. L'entrée en scène de Nintendo en 1986 change radicalement et définitivement la situation. Ses multiples consoles, de poche comme de salon et la variété des jeux vidéos proposés (aventure, simulation, sports...) relancent l'intérêt. De nombreux challengers partent à la conquête de ce nouveau marché : Sega, Sony (première Playstation en 1994), Microsoft [TOMBLAINE, 2015]... Le jeu vidéo devient l'objet de véritables guerres commerciales et industrielles. Certains de ses rendez-vous (salon de l'E3 à Los Angeles par exemple) trouvent place chez les médias généralistes.

Le studio à l'origine de *World of Warcraft*, Blizzard Entertainment, est fondé en 1991 et produit de nombreux succès dont le jeu de gestion et de stratégie *Warcraft*. Mais *World of Warcraft* est un jeu de rôle persistant qui nécessite de se connecter à Internet pour accéder à des serveurs et au monde virtuel. Ses origines sont donc à rechercher tant dans l'histoire des jeux vidéos que dans celle d'Internet [☞ 78].

La portée : un secteur désormais incontournable

World of Warcraft bat tous les records. En 2016, une extension du jeu est vendue à plus de 3,3 millions d'exemplaires en un jour. En dix ans, on estime que ses joueurs ont passé plus de sept millions d'années cumulées à y jouer. Le phénomène est mondial et touche aussi bien l'Amérique du Nord que l'Europe ou l'Asie. Signe des temps, depuis 2011 l'industrie du jeu vidéo génère plus de chiffre d'affaire dans le monde que celle du cinéma [☞ 5]. D'ailleurs, alors que le cinéma a longtemps été une source d'inspiration pour les jeux vidéos, ce sont à présent des jeux vidéos qui deviennent des films (comme *Warcraft* en 2016). L'essor du jeu vidéo est mondial. Des studios de création s'implantent sur tous les continents, y compris en Afrique (Maroc et Afrique du Sud notamment).

✍ **Cécilia Gabizon, *Le Figaro* (2 novembre 2009)**

Depuis son lancement en 2005, le nombre de joueurs a bondi autour du globe et dépasse la population de la Belgique, avec 11,5 millions d'adeptes. Rien qu'en France, ils seraient 500 000 à hanter cette planète médiévale et fantastique, que l'on rejoint d'un clic. Un monde riche de trouvailles graphiques, barré par des montagnes, traversé par des fleuves, hérissé de donjons [...]. Partout, ce monde virtuel gagne du temps de cerveau, particulièrement parmi les Chinois, les Coréens, les Japonais ou les Américains. C'est le « jeu de rôle en ligne massivement multijoueur » (MMORPG) le plus populaire de la planète. Et il rapporte un joli butin à Vivendi, propriétaire de Blizzard, la société américaine qui a conçu le jeu. Au départ, les offres gratuites pour essayer foisonnent. Ensuite, l'abonnement mensuel est de 13 euros en France.

Le jeu vidéo se renouvelle régulièrement, maintenant l'intérêt de ses adeptes et conquérant de nouvelles parts de marchés. Les polémiques régulières autour de ses contenus jugés, par exemple, violents ou sexistes (*Grand Theft Auto*) comme de sa supposée nocivité auprès des jeunes n'entament pas sa marche en avant. Après le passage à la 3D dans les années 1990, c'est le temps de la réalité virtuelle dans les années 2010. Le jeu vidéo s'immisce aussi dans les interstices de la vie quotidienne à travers les téléphones portables (*Angry Birds* a été téléchargé plus de 3 milliards de fois). S'il se diffuse en masse, il gagne aussi en respectabilité et en légitimité (exposition au 2012 au Smithsonian American Art Museum de Washington D. C., à Paris en 2013 à la Cité des Sciences et de l'Industrie ou en 2017 à la fondation Electra).

RESSOURCE MULTIMÉDIA

Le site internet correspondant à l'exposition Game, le jeu vidéo à travers le temps offre des ressources intéressantes :
http://fondation.edf.com/espace-fondation-edf/nos-expositions/game-le-jeu-video-a-travers-le-temps-583.html

Fiche 96
29 juin 2007 :
SORTIE DU PREMIER IPHONE

ESPACE CONCERNÉ : histoire du monde,
THÈMES : sciences et techniques, culture, économie, société.

À l'image d'une star mondiale

Exceptionnellement, les Apple Store sont ouverts de 18 h à minuit ce 29 juin 2007. Mais cela ne suffira pas à absorber les files de plusieurs centaines de mètres qui s'allongent devant les boutiques dans l'après-midi. Certains futurs acheteurs campent depuis plusieurs jours et, sous l'œil des caméras des chaînes de télévision, mangent pizza et foie gras. Des clients paient des étudiants jusqu'à 300 dollars la journée pour qu'ils fassent la queue à leur place. Tous ici prennent pour argent comptant les déclarations du patron d'Apple, Steve Jobs, qui a déclaré le 11 juin : « nous allons réinventer l'histoire du téléphone ».

✍ **Un client interrogé par CNN (29 juin 2007)**

On fait la queue depuis des semaines. C'est très inconfortable sur ces chaises. Mais les gens sont très sociables. Nous avons survécu à la pluie et nous avons l'impression de nous rapprocher du téléphone.

En quoi l'Iphone représente-t-il un aboutissement ?

Le contexte : une entreprise en renaissance

Apple se plaît à raconter sa légende : celle d'une entreprise née dans un garage sous la houlette de Steve Jobs, Steve Wozniak et Ronald Wayne et qui est devenue la première capitalisation boursière mondiale en 2011. Apple se lance d'abord dans l'aventure du personal computer (ordinateur personnel). Ses ordinateurs renvoient ceux de la vénérable IBM, née en 1911, à l'âge de pierre. Mais l'entreprise ne connaît qu'un succès relatif. Le rival Microsoft, créé par Bill Gates et Paul Allen en 1975, croît plus vite. En 1985 Steve Jobs est même contraint de quitter son entreprise en raison de résultats financiers décevants. Durant douze ans, Apple est plongée dans le marasme. Elle en sort en 1997 avec le retour de Steve Jobs à sa tête [DE SAEGER, 2016]. Celui-ci doit son succès à des décisions stratégiques, comme le lancement de l'Ipod (baladeur numérique commercialisé à partir de 2001) ou celui de l'Iphone. Mais il le doit aussi à son sens aigu de la mise en scène. Le slogan et la campagne publicitaire « Think different » en 1997 donne de ce géant en peine l'image d'un jeune challenger dynamique. Chaque année, Steve Jobs se produit dans des conférences savamment organisées : les *keynotes*. Il y prend des allures de prophète.

La portée : une invention victime de son succès

Le succès de l'Iphone ne tient pas à ses innovations techniques. Hewlett-Packard utilise le principe de l'écran tactile pour un ordinateur dès 1983 et Nintendo pour une console portable en 2004. Motorola fait une démonstration publique de téléphone portable à New York en 1973. En France, le Bi-Bop est commercialisé dans les zones urbaines dès 1991. Mais il concentre tous ces éléments déjà connus dans un même appareil et il en rend l'utilisation intuitive. Le téléphone portable devient un élément incontournable pour communiquer, se divertir [☞ 95], prendre des photographies, échanger... Il devient même un outil pour garder des traces de sa vie ou la rendre publique.

Dès le premier week-end, l'Iphone s'écoule à près de 500 000 exemplaires. C'est la première étape d'un énorme succès. Dix ans plus tard, Apple a en effet vendu plus d'un milliard de ses *smartphones*. Avec l'Iphone, Apple confirme sa renaissance. En 2011, elle devient la première capitalisation boursière au monde, dépassant Exxon. Qu'une entreprise liée à l'informatique dépasse un géant du pétrole semble pour beaucoup symboliser une mutation profonde de l'économie mondiale. Six ans plus tard, Apple est la première entreprise dans l'histoire à dépasser la valeur de 800 milliards de dollars de capitalisation boursière.

Le succès d'Apple, c'est plus largement le succès d'un modèle territorial, celui de la Silicon Valley (vallée du silicium), située au sud de la baie de San Francisco. Dès les années 1950, autour de l'université de Stanford, des programmes de recherche et de développement y sont lancés. IBM y est présent très tôt. Les entreprises trouvent des clients parmi les groupes aéronautiques du secteur. Une concentration inédite d'instituts de recherches, de prix Nobel et d'investisseurs y voit le jour. Après une période difficile, la Silicon Valley retrouve son dynamisme avec l'essor du Web. Ses *start-up* suscitent l'admiration. Jusqu'en Inde, avec Bangalore, on tente de copier ce modèle de développement.

De nombreux concurrents tentent de dépasser Apple. Microsoft a échoué à s'implanter dans la téléphonie. Le géant industriel coréen Samsung a eu plus de succès. Il réussit à prendre successivement la place de numéro 1 mondial des ventes de téléviseurs, d'écrans d'ordinateur, d'imprimantes laser, de producteur de mémoire DRAM et flash avant, en 2012, de devenir le leader, en nombre de ventes, dans le secteur de la téléphonie mobile. Mais Apple reste encore en tête en terme de chiffre d'affaire, en raison du coût plus élevé de ses produits. Surtout, elle garde toujours l'image de l'entreprise innovante qui indique les voies pour l'avenir.

RESSOURCE MULTIMÉDIA

Film éponyme, *Steve Jobs* présente une vision de la vie de l'homme-clé de l'histoire d'Apple.

Fiche 97

15 septembre 2008 : LA FAILLITE DE LEHMAN BROTHERS, DÉBUT DE LA CRISE FINANCIÈRE MONDIALE

ESPACE CONCERNÉ : histoire du monde,
THÈMES : économie.

La mort d'un pilier de la finance mondiale

À New York, dès l'ouverture de la bourse, le titre de la banque américaine Lehman Brothers sombre aux alentours de trois dollars. Les spéculateurs vendent massivement leurs actions Lehman et achètent frénétiquement des CDS, contrats d'assurance contre le risque de faillite de Lehman, dont la valeur s'envole... Dans la salle des marchés, c'est une ambiance de « fin du monde ». Autour du siège de Lehman Brothers, sur la 7e avenue à New York, les journalistes sont à l'affût toute la journée. Richard Fuld, PDG de Lehman Brothers, s'acharne à multiplier les appels téléphoniques du haut de son bureau au trente et unième étage. Les Bourses chutent : l'indice Dow Jones finit la séance à 10 917,5 points, en retrait de 4,4 %. C'est la plus forte baisse depuis sept ans.

À 0 h 57, avec les membres de son conseil d'administration, ses juristes, et quelques proches collaborateurs, Richard Fuld annonce la plus grosse banqueroute de l'histoire de Wall Street. Ni le gouvernement américain, ni les autres banques n'acceptent de voler au secours de Lehman, sans en mesurer les conséquences.

Dans quelle mesure la crise financière de 2008 remet-elle en cause les mécanismes du système financier mondial et l'hégémonie des Etats-Unis ?

✍ **Témoignage de Lawrence McDonald, ex-courtier Lehman Borthers (2009)**

La situation de Lehman était comparable à celle d'une fusée ultramoderne du XXIe siècle dont les commandes auraient été confiées à une équipe d'astronautes des années 1960. La direction de Lehman Brothers ne maîtrisait pas la complexité des produits financiers les plus innovants, notamment les dérivés.

Le contexte : une économie spéculative

Dès 1918, les États-Unis exercent une hégémonie économique et financière à l'échelle mondiale. Au début du XXIe siècle, leur dynamisme repose sur un modèle de croissance fondé sur deux piliers : une économie de plus en plus financiarisée et spéculative d'une part, et une société de plus en plus inégalitaire d'autre part. La demande repose largement sur un endettement et sur une spéculation immobilière, alors que l'encadrement des mécanismes financiers s'est réduit. Face à la saturation du marché du crédit des classes moyennes, se développent des crédits plus risqués, à destination des plus pauvres, les *subprimes* [DERVIS, 2009]. Transformés en titres et vendus sur les marchés financiers mondiaux, les *subprimes* s'accompagnent d'une montée des impayés qui entraîne un recul des prix immobiliers, puis une crise majeure. Dès 2007, la Citigroup, première banque américaine, annonce d'énormes pertes. L'engrenage de la crise atteint tous les fonds spéculatifs (*hedge funds*) : le recul brutal des capitalisations boursières menace les Fonds de pension, fondement du système de retraite américain [CARROUÉ, 2009]. Dès l'été 2008, les banquiers perdent confiance et cherchent à se débarrasser des actifs toxiques. [HUGON, 2009]. Rapidement, la crise frappe tous les secteurs de la finance, jusqu'à Lehman Brothers, quatrième plus grosse banque d'investissement multinationale américaine, créée en 1850.

La portée : un choc mondial

Dans les jours qui suivent, des négociations s'engagent pour le rachat de la banque, en vain. Début 2010, un rapport de la justice américaine révèle que depuis 2007, la banque masquait son endettement. La faillite de Lehman Brothers marque l'entrée des économies occidentales dans la pire récession de l'après-guerre [DUBOIS, 2010]. Les cinq grandes banques d'affaires new-yorkaises au cœur du système spéculatif mondial comme Goldman Sachs ou Lehman Brothers disparaissent ou changent de statut. Sur l'année 2008, le CAC 40 recule de 42,7 %. La crise immobilière et financière débouche sur une crise économique et sociale aussi brutale que celle de 1929 [☞ 18]. Dès l'automne 2008, la consommation est en recul, en particulier dans les populations les plus pauvres, entraînant dans sa chute l'investissement puis la production industrielle et les services : les Big Three (General Motors, Ford, Chrysler) sont frappées de plein fouet. Le taux de chômage s'accroît. Dans ce contexte, on assiste à une réhabilitation de l'État pour sauver les entreprises en difficulté et réorganiser le secteur bancaire.

La crise financière débouche sur un rééquilibrage géoéconomique mondial : le recul du poids des États-Unis dans la capitalisation boursière mondiale renforce celui de l'Asie puis de l'Europe. Les capitaux américains sont rapatriés entraînant fermetures de filiales et faillites. L'accroissement du déficit américain interroge la capacité de l'État à maintenir un budget militaire hypertrophié et des interventions coûteuses. L'endettement croissant de l'État américain génère de nouvelles interdépendances, au profit notamment de la Chine, devenue le premier financier étranger des États-Unis. L'hégémonie des États-Unis est durablement remise en cause [CARROUÉ, 2009].

RESSOURCE MULTIMÉDIA

La faillite de Lehman brothers, 15 septembre 2008, INA :
http://www.ina.fr/video/3720118001003

Fiche 98

14 janvier 2011 : LA FIN DU RÉGIME TUNISIEN, PREMIER ACTE DU « PRINTEMPS ARABE »

ESPACE CONCERNÉ : histoire du monde,
THÈMES : politique, société.

La fuite de Ben Ali

Dès le matin, des milliers de manifestants se rassemblent à Tunis devant le ministère de l'Intérieur et devant les villas occupées par le « clan Trabelsi », la famille du dictateur Ben Ali. Dans l'urgence, le général Ali Seriati, en charge de la sécurité présidentielle, informe Ben Ali qu'un complot vient d'être découvert au sein de sa garde rapprochée, justifiant son évacuation. L'avion présidentiel est prêt à décoller. Les manifestants s'échauffent autour du ministère de l'Intérieur, de la prison et de la principale caserne. À 14 h 35, le colonel Tarhouni, à la tête d'un détachement de douze hommes, prend le contrôle de l'aéroport où la famille présidentielle s'apprête à fuir : il agit sur sa seule initiative. Sur son ordre, tous les avions sont immobilisés et la famille Ben Ali est placée sous sa garde. À 15 h, dépassé, le général Seriati déclenche l'alerte qui place la Tunisie sous la loi martiale : Ridha Grira, ministre de la défense, prend la tête de l'État. À 16 h, il mandate une unité spéciale pour délivrer le clan Trabelsi et exécuter le colonel Tarhouni qui réclame des renforts de son côté... À 16 h 30, Ben Ali quitte son palais pour dire au revoir à sa famille. Finalement, à 17 h 47, l'avion présidentiel décolle avec Ben Ali et sa famille. C'est le premier ministre, Mohamed Ghannouchi, qui assume officiellement l'intérim du pouvoir à la télévision. Le colonel Tarhouni se place sous ses ordres. À 21 h 47, Ben Ali et sa famille arrivent à Djedda, en Arabie Saoudite.

Dans quelle mesure le « printemps des peuples arabes » débuté en Tunisie impulse-t-il un vaste mouvement démocratique ?

✍ **Yadh Ben Achour, *Le Monde* (21 avril 2011)**

C'est la première fois que dans le monde arabe, à la surprise de tous, le peuple se soulève. [...] Nous avons compris par là que la légende de la démocratie importée d'Occident est morte.

Le contexte : un pays en ébullition

Dès 2008, des mouvements sociaux secouent la Tunisie. Mais les « révolutions arabes » de 2011 se présentent comme une accélération qui prend tout le monde au dépourvu. Au pouvoir depuis 24 ans, le régime dictatorial et corrompu dirigé par Ben Ali est ébranlé par un fait divers : le 17 décembre 2010, à Sidi Bouzid, au sud-ouest de la capitale, le jeune Mohamed Bouazizi, vendeur ambulant de fruits et légumes, s'immole en place publique pour protester contre la saisie de sa marchandise par la police. Il déclenche un mouvement de protestation contre le chômage et la vie chère. Les manifestations s'étendent et gagnent Tunis le 11 janvier, malgré la violente répression qui fait près de 300 morts selon l'ONU. Le 28 décembre, le président Zine-El-Abidine Ben Ali s'exprime enfin pour dénoncer une « minorité d'extrémistes », justifiant la répression. Mais les troubles s'intensifient. Local puis national, le mouvement s'étend sur internet, relayé par différents blogueurs, puis par les médias nationaux et internationaux, malgré la censure [MEDDEB, 2011].

Grande manifestation à Tunis (14 janvier 2011)

➡ *lien vers le document en grand format :*
https://en.wikipedia.org/wiki/Arab_Spring

Le 14 janvier, des milliers de manifestants se rassemblent à nouveau à Tunis pour protester contre le chômage, la dégradation de la situation économique et sociale, et la répression politique. Très vite, le mouvement prend de l'ampleur et menace le régime : à 15 h, la Tunisie est placée sous la loi martiale et, vers 17 h 45, le président Ben Ali et sa famille s'enfuient vers l'Arabie Saoudite. C'est le début du « Printemps des peuples arabes ».

La portée : l'établissement d'une fragile démocratie

Mohamed Ghannouchi, président par intérim, annonce la formation d'un « gouvernement d'union nationale », qui maintient les ministres sortants aux postes-clés. Les manifestations se poursuivent. Le 27 février, Ghannouchi, est remplacé par Beji Caïd Essebsi, puis un nouveau gouvernement est formé, sans ministre proche de Ben Ali, et les partis politiques sont légalisés. Ce climat favorise l'ascension du mouvement islamiste Ennahda.

Le 26 janvier, un mandat d'arrêt international est lancé contre le couple Ben Ali, qui est jugé par contumace quelques mois plus tard et condamné à 35 ans de prison pour détournements de fonds.

Les troubles engendrent le départ massif de jeunes Tunisiens, souvent diplômés, vers l'Europe, au péril de leur vie [PLENEL, STORA, 2011]. Le 23 octobre 2011 sont organisées les premières élections libres, pour élire les représentants de la nouvelle Assemblée constituante. Finalement en 2014 les Tunisiens adoptent une nouvelle Constitution et élisent leur président, Beji Caïd Essebsi, au suffrage universel. Malgré la menace jihadiste, la Tunisie semble avoir réussi sa transition démocratique.

Dans les autres États des « printemps arabes », les résultats sont plus contrastés. Internet et les réseaux sociaux facilitent la circulation des idées et des informations, provoquant un bouillonnement dans la jeunesse du monde arabe. Dès le 25 janvier 2011, en Égypte, des manifestations poussent le dictateur Hosni Mubarak à démissionner [MEDDEB, 2011]. Mais après une parenthèse démocratique de cinq ans, un nouveau régime autoritaire dirigé par le général Al-Sissi s'impose. La Libye, délivrée de la dictature de Mouammar Kadhafi [octobre 2011], est plongée dans une profonde crise politique. Au Yémen, la contestation déclenchée en février 2012 débouche sur une guerre civile sanglante. De même, la Syrie est plongée dans le chaos depuis 2011.

RESSOURCE MULTIMÉDIA

Que s'est-il passé le 14 janvier 2011 ? TV5 Monde :
https://www.youtube.com/watch ?v=34x7qjtxU14Arr401

Fiche 99
7 janvier 2015 : ATTAQUE CONTRE *CHARLIE HEBDO*

ESPACE CONCERNÉ : histoire de France,
THÈMES : politique, société.

Les armes pour faire taire les plumes

Réunie pour la sortie du numéro 1 177, la rédaction de *Charlie Hebdo* se retrouve dans les locaux rue Nicolas-Appert, Paris 11e. Vers 11h30, Chérif et Saïd Kouachi, vêtus de noir, cagoulés et lourdement armés de fusils d'assault, pénètrent dans le bâtiment pourtant gardé par la police. Sous la menace, ils obtiennent le code qui leur permet d'accéder à la salle de rédaction où ils assassinent onze personnes, dont les dessinateurs Cabu, Charb et son garde du corps Franck Brinsolaro, Honoré, Tignous et Wolinski, l'économiste Bernard Maris, la psychanalyste Elsa Cayat, ainsi que Mustapha Ourrad, correcteur, Frédéric Boisseaui, agent de maintenance, et Michel Renaud, invité de la rédaction. D'autres, comme Riss ou Philippe Lançon, sont grièvement blessés. Dans leur fuite, les deux tueurs exécutent Ahmed Merabet, gardien de la paix. Le bilan final s'élève à douze morts et onze blessés. Toute la journée, le chef de l'État et des personnalités politiques se succèdent sur place.

En quoi ces attentats marquent-ils une intensification de la prise en compte de la menace terroriste en France ?

✍ Gérard Larcher, président du Sénat, *Le Monde* (7 janvier 2015)

Un des biens les plus précieux de la République vient d'être attaqué : la liberté de la presse. Un des droits les plus précieux des Français vient d'être mis à mal : leur sécurité. Par l'attaque dont *Charlie Hebdo* vient d'être l'objet, c'est toute la République, ses principes, son histoire, ses valeurs, qui sont atteintes.

Le contexte : l'essor d'un islam radicalisé

En 2006, *Charlie* choque certains musulmans en publiant des caricatures de Mohammed parues un an plus tôt dans un journal danois. Attaquée en justice, la rédaction est relaxée. Mais dans la nuit du 1er au 2 novembre 2011, les locaux du journal, situés 62 boulevard Davout dans le 20e arrondissement de Paris, sont entièrement détruits par un incendie criminel. Survenue deux jours avant la publication d'un numéro sur la charia, l'attaque choque le pays. Le directeur de la rédaction, Charb, le directeur de la rédaction, Riss, et le dessinateur Luz sont placés sous protection judiciaire. Le journal satirique cristallise la haine de groupes islamistes dans un climat très tendu. À l'échelle internationale, il est marqué par l'enlisement du conflit israélo-arabe, qui cristallise haines et frustrations au-delà du monde musulman, par la décomposition de l'État irakien depuis l'intervention américaine en 2003 et par l'incapacité de la communauté internationale à mettre un terme à la guerre civile en Syrie, sur laquelle prospère l'État islamique. La France est particulièrement visée par les terroristes islamistes qui stigmatisent sa laïcité et ses interventions militaires en Afghanistan et au Mali. Les limites du modèle social français, dans un contexte marqué par une crise économique et sociale profonde, expliquent aussi l'enrôlement d'un nombre croissant de jeunes Français dans les rangs djihadistes en Syrie ou en Irak [DUVAL, 2015].

La portée : des conséquences multiples

Le lendemain, Amedy Coulibaly, en liaison avec les frères Kouachi, tue une policière municipale à Montrouge. Le 9 janvier, les frères Kouachi, réfugiés dans une imprimerie à Dammartin-en-Goële, sont tués par des policiers du GIGN. Le jour même, Amedy Coulibaly prend en otage plusieurs personnes dans une épicerie juive, l'Hyper Kacher, situé à Vincennes : il est tué lors de l'assaut lancé par les forces de l'ordre, mais il a exécuté quatre otages. Le 14 janvier, la branche d'Al-Qaïda au Yémen (AQPA) revendique l'attentat contre *Charlie*, alors qu'Amedy Coulibaly affirme agir au nom de l'organisation État islamique.

Le retentissement de ces événements est considérable, en France comme à l'étranger. Le 11 janvier, plus de quatre millions de personnes manifestent dans les rues. À Paris, une soixantaine de chefs d'État prennent la tête d'une « marche républicaine » rassemblant près d'un million et demi de personnes. Le slogan « Je suis Charlie », en solidarité avec les victimes et pour la liberté d'expression, se propage dans la presse, les réseaux sociaux, sur les magasins, etc.

Manifestation à Paris, place de la République, après les attentats contre *Charlie Hebdo* (11 janvier 2015)

➡ *lien vers le document en grand format :*
https ://upload.wikimedia.org/wikipedia/commons/b/b2/Je_suis_Charlie%2C_Paris_11_January_2015_%283%29.jpg

Le 11 janvier, plus de quatre millions de personnes manifestent dans les rues des grandes villes de France. À Paris, la manifestation rassemble près d'un million et demi de personnes autour du slogan « Je suis Charlie », en solidarité avec les victimes de l'attentat perpétré contre Charlie Hebdo, *le 7 janvier 2015, et pour la liberté d'expression. À leur tête, une soixantaine de chefs d'État ouvrent la marche, témoignant du retentissement mondial de l'événement.*

Malgré l'accroissement des mesures de sécurité, les attentats islamistes, commis par de jeunes Français radicalisés, ne cessent pas en France comme dans d'autres États européens. Le vendredi 13 novembre 2015, des explosions au Stade de France et une fusillade lors d'un concert au Bataclan, revendiquées par le groupe État islamique, font 129 morts et 352 blessés. De nouveau le 14 juillet 2016 un camion fonce sur la foule à Nice, tuant 85 personnes. Puis le 26 juillet, un prêtre catholique est assassiné en Normandie. D'autres États européens sont également frappés par des attentats islamistes, comme l'Allemagne, la Belgique, l'Angleterre et l'Espagne.

En France, dès janvier 2015, le plan Vigipirate est renforcé jusqu'à son niveau maximum, plaçant sous surveillance les écoles, les lieux de culte, les sites industriels sensibles, etc. Depuis novembre 2015, l'état d'urgence est instauré, renforçant les contrôles, au détriment des libertés individuelles.

RESSOURCE MULTIMÉDIA

Un hommage aux victimes de *Charlie Hebdo*, sur le site de l'INA : http://www.ina.fr/video/MAN5807782348

Fiche 100
23 juin 2016 : RÉFÉRENDUM SUR LE « BREXIT »

ESPACE CONCERNÉ : histoire du monde, THÈMES : guerre et diplomatie, politique.

Une surprise

La City se réveille avec une gueule de bois carabinée, de celle qui vous tombe dessus le lendemain d'une chute sévère des cours. Le cœur d'une puissance économique mondiale vacille. À quelques kilomètres de là, un autre de ces lieux qui font le monde en marche, Downing Street. Sans perdre de sa morgue, David Cameron démissionne. Plus au Nord, c'est le monde du passé, celui des mines et du charbon des villes ouvrières du nord de l'Angleterre. Les journalistes affluent. Ils veulent recueillir les mots de ces invisibles qui ont fait l'histoire en votant pour le « Brexit ». Ceux-ci ne se gênent plus pour dire qu'ils ne peuvent pas aller beaucoup plus bas, que plus personne ne les écoute, qu'ils n'ont plus grand-chose à perdre. Alors pourquoi pas ?

Quelles sont les multiples conséquences du « Brexit » ?

✍ **Extrait du discours de démission de David Cameron (24 juin 2016)**

Le pays vient de prendre part à un gigantesque exercice de démocratie [...]. Les Britanniques ont choisi de quitter l'Union Européenne [...]. Ce choix va nécessiter l'implication totale des gouvernements écossais, gallois et nord-irlandais pour s'assurer que les intérêts de toutes les parties du Royaume Uni soient protégés.

Le contexte : un jeu à quitte ou double

En 1945, pour beaucoup de dirigeants anglais, le destin de la Grande-Bretagne est au carrefour des États-Unis, de l'Europe et du Commonwealth [BOGDANOR, 2013]. Londres est aussi persuadée que les Européens vont échouer à s'entendre et, lorsque les traités de Rome sont ratifiés [☞ 52], n'a de cesse que de vouloir les entraver. Mais de vetos français en négociations houleuses sur les liens atlantiques, le Royaume-Uni intègre finalement la CEE en 1973. Pour autant, il cherche à y limiter sa contribution financière, refuse l'euro et le projet d'une Europe politique. Sur ce terreau se développe un fort euroscepticisme symbolisé par le parti UKIP (parti pour l'indépendance du Royaume-Uni) fondé en 1993. Lorsqu'il remporte les élections en 2015, Cameron engage son pays dans la voie d'un référendum sur la sortie de l'Union Européenne (UE). Il s'agit d'un calcul politique : faire taire l'aile eurosceptique de son parti [ESPOSITO, 2016].

Campagne du *Sun* pour le « Brexit »

➡ *lien vers le document en grand format :*
https ://www.flickr.com/photos/jeffdjevdet/28446322885

Les tabloïds britanniques sont un élément central du paysage politico-médatique du Royaume-Uni. Très populaires, souvent de droite, voire d'extrême-droite, ils relaient des propos conservateurs, moralisants et parfois xénophobes. Ils jouèrent un rôle de caisse de résonance indéniable en faveur du camp pro-Brexit.

La portée : de multiples conséquences

Le vote des partisans du « Brexit » est venu de l'est et du nord de l'Angleterre, des territoires désindustrialisés, au sentiment fort de marginalisation économique et social. Il est aussi majoritairement anglais, ce qui n'est pas sans questionner la survie même du Royaume-Uni, État plurinational qui s'est forgé au travers de références historiques et culturelles fortes, mais aussi d'un contrat institutionnel appelé dévolution. Celui-ci lie les différentes parties du pays (Écosse, Pays-de-Galles, Angleterre, Irlande du Nord) au parlement de Westminster tout en leur accordant un certain degré d'autonomie. Ce contrat est parcouru par d'intenses forces centrifuges.

L'Écosse a voté à 62 % pour rester au sein de l'UE. Le Parti National Écossais voit dans ce résultat la preuve d'un déficit démocratique, arguant que l'Écosse allait être entraînée sur le terrain d'un « Brexit » sans son consentement et appelant du même coup à un deuxième référendum sur l'indépendance. Un argument qui porte aussi en Irlande du Nord, avec en prime un niveau de complexité supérieurement dangereux. Installée dans une paix de moins en moins précaire depuis les accords de paix de 1998, cette partie du Royaume-Uni voit resurgir d'inquiétants fantômes. 85 % des catholiques ont voté pour rester dans l'Union, contre seulement 40 % des protestants. Ce résultat permet au Sinn Féin, parti républicain catholique qui soutient la réunification des deux Irlande, de réclamer la mise en œuvre de cet objectif. Une perspective effrayante pour beaucoup de protestants. De son côté, le gouvernement conservateur de Theresa May a envoyé un message très controversé en s'alliant au DUP (Democratic Unionist Party), parti au protestantisme identitaire et ultra-conservateur. Cette alliance déséquilibre le jeu politique nord-irlandais et renvoie symboliquement au renforcement des liens entre le Royaume-Uni et l'Irlande du nord, message difficilement acceptable pour nombre de catholiques. Cela fait craindre le retour des violences. Quoiqu'encore peu probable, la déconstruction du Royaume Uni n'est plus une chimère.

Reste que du vote à la concrétisation du « Brexit » il a une marge. Le calendrier des négociations avec l'Union Européenne, comme les modalités de sortie, restent flous et font l'objet d'âpres négociations. Cela s'explique par le poids des enjeux et l'aspect inédit de ce processus.

RESSOURCE MULTIMÉDIA

Une émission de *Concordance des temps* sur l'histoire du Royaume-Uni et de l'Europe : https://www.franceculture.fr/emissions/concordance-des-temps/comment-l-angleterre-est-entree-dans-l-europe-avant-d-en-sortir

Conclusion :
LES AVENIRS DE L'HISTORIEN

Jouer aux devins

2018, 2019, 2020... Que nous réserve l'avenir ? Certains grands événements sont annoncés : élections, jeux olympiques... D'autres sont probables. Beaucoup nous surprendront. Jouer à deviner le futur n'est pas aussi vain que cela peut paraître. S'il s'agit de se penser en prophète, c'est évidemment absurde. Mais on peut par là mesurer les incertitudes de l'avenir et, à rebours, prendre conscience que les situations passées étaient elles aussi ouvertes. On peut aussi mieux saisir comment des événements peuvent tomber dans l'oubli avant d'être réactivés en fonction des enjeux vécus par les contemporains. Cet ouvrage, par exemple, comporte une fiche sur la Corée car il s'agit d'un point chaud aujourd'hui. Si la situation s'y normalisait, elle n'aurait plus lieu d'être. À l'inverse, si un conflit se déclenchait entre la Bolivie et ses voisins, on réinterrogerait la guerre du Pacifique (1879-1884) qui lui fit perdre son accès à la mer.

Les multiples figures de l'historien

Analysant le passé [☞ Introduction], convoqué pour prédire l'avenir, l'historien est souvent pris dans des contradictions fortes face aux injonctions sociales. On constate en effet une multiplication des « rôles sociaux de l'historien » [DUMOULIN, 2013].

✍ **« Le rôle social de l'historien », *Encyclopédie Universalis* (2017)**

> Au cours de ces dernières décennies, les scènes d'intervention de l'historien se sont multipliées. Sans changer apparemment de costume, l'historien joue de nouveaux rôles : désormais requis comme témoin ou expert sur des scènes sociales – tribunaux, médias, commissions, etc. –, qui ne sont pas a priori celles, traditionnelles, du savoir, de la recherche et de l'enseignement. Or ces déplacements ne sont pas sans effet sur le statut de l'histoire et sa justification comme activité savante, mais aussi comme activité sociale. Ainsi, d'une scène à l'autre, ce sont les finalités d'un savoir qui sont débattues par les historiens hors de leur champ classique d'intervention, et par des non-historiens sur le terrain même de la définition de la vérité historique. Belle confusion des rôles qui témoigne aussi de la position ambivalente de l'histoire confrontée à une demande sociale contradictoire mais pressante alors qu'elle a perdu son monopole sur le passé. Sollicité pour son témoignage ou son expertise alors qu'il ne peut vraiment apporter le premier ni garantir la seconde, l'historien ne veut pas renoncer à lui-même ni aux principes qui fondent son métier. Pourtant ce rôle nouveau change l'histoire en même temps que change le rapport de l'historien à la société.

Carlo Ginzburg, lors du procès Sofri (un intellectuel révolutionnaire condamné pour l'assassinat d'un commissaire en 1972), comme Pascal Ory avec les procès Barbie et Papon, s'interrogent sur les liens entre histoire et justice. Suite au projet de création de la Maison de l'Histoire de France lancé en 2011 par Nicolas Sarkozy (soutenu par exemple par Jean-Pierre Rioux ou Jean Favier), l'historien a été convoqué tout à la fois pour construire un récit commun et pour le déconstruire (à l'image de l'*Histoire mondiale de la France*, dirigée par Patrick Boucheron, Le Seuil, 2016). L'historien est même parfois rémunéré par des entreprises cherchant à soigner leur image ou établir leur responsabilité (comme la SNCF dans le cadre de la Shoah). Ce phénomène est plus développé aux États-Unis où des historiens peuvent être sollicités dans des affaires à fort enjeu financier.

Dépasser les étiquettes

Juge, enquêteur, « romancier national » ou déconstructeur d'identité, l'historien est donc enjoint aujourd'hui à adopter des postures multiples. S'il veut pouvoir conserver ce qui fait le cœur de son identité, il lui revient de réussir à articuler compréhension et explication, histoire et mémoires. Il lui faut également travailler sur ce qui fait l'essence de sa discipline : le rapport des sociétés humaines au temps, leur positionnement face au passé, au présent comme à l'avenir et le déploiement dans le temps des faits sociaux.

Notre *Histoire du monde contemporain en cent dates* espère y avoir quelque peu contribué.

RESSOURCE MULTIMÉDIA

L'émission *Concordance des temps* sur France culture interroge les résonances et appropriations des faits passés par les sociétés contemporaines, rendant plus concrètes les idées évoquées plus haut :
https ://www.franceculture.fr/emissions/concordance-des-temps

Références bibliographiques

Coll., *Chine : de la révolution à la naissance d'un géant*, Le Monde, 2013.

Coll., *Wikipedia, objet scientifique non identifié*, Presses universitaires de Paris-Nanterre, 2015.

Coll., *Comprendre le génocide des Arméniens : de 1915 à nos* jours, Taillandier, 2016.

ALIDIÈRES Bernard, « Les temps du vote Front national et de ses représentations », *Hérodote*, 2012/1, n° 144.

ALLILOUÏEVA Svetlana, *Vingt Lettres à un ami*, Le Seuil, 1967.

ANDRIEU Claire, « Conseil national de la Résistance », *Dictionnaire historique de la Résistance*, François Marcot (dir.), Robert Laffont, 2006.

AUDOIN-ROUZEAU Stéphane *et al.*, « Le génocide des Tutsis rwandais, 1994 : revenir à l'histoire », *Le Débat* 2011/5 n° 167.

BANTIGNY Ludivine, *Le plus bel âge ? La jeunesse en France, de l'aube des Trente Glorieuses à la Guerre d'Algérie*, Fayard, 2007.

BANTIGNY Ludivine, *La France à l'heure du monde, de 1981 à nos jours*, Le Seuil, 2013.

BARD Christine, *Les femmes dans la société française au 20e siècle*, Armand Colin, 2004.

BEAUBÉROT Jean, *Les laïcités dans le monde*, PUF, 2007.

BECKER Jean-Jacques, *Le traité de Versailles*, PUF, 2002.

BEEVOR Anthony, *La Guerre d'Espagne*, Calman-Lévy, 2006.

BÉNICHI Régis, *Histoire de la mondialisation*, Vuibert, 2008.

BERGER Françoise et FERRAGU Gilles, *Le XXe siècle 1914-2001*, Hachette, 2016.

BERLIÈRE Jean-Marc, *Policiers français sous l'Occupation*, Tempus, 2001.

BERNSTEIN Serge, *La France des années 30*, Armand Colin, 2011.

BERNSTEIN Serge et WINOCK Michel, *Fascisme français ?*, CNRS éditions, 2014.

BERTHO LAVENIR Catherine et BARBIER Frédéric, *Histoire des médias : de Diderot à Internet*, Armand Colin, 2009.

BERTRAND Maurice, *L'ONU*, la Découverte, 2006.

BITSCH Marie-Thérèse, *Histoire de la construction européenne*, Éditions Complexe, 1996.

BOGDANOR Vernon, *Britain and the Continent*, transcription d'une conférence donnée le 17 septembre 2013, Museum of London (accessible en ligne : https://www.gresham.ac.uk/lectures-and-events/britain-and-the-continent)

BOUTET Marjolaine et NIVET Philippe, *La bataille de la Somme*, Tallandier, 2016.

BRAECKMAN Colette, « Autopsie d'un ethnocide planifié au Rwanda », *Les génocides dans l'histoire, Le Monde diplomatique*, Manière de voir n° 76, août-septembre 2004.

BROWNING Christopher, *Politique nazie, travailleurs juifs, bourreaux allemands*, Les Belles-lettres, 2002.

BUGNION François, « Le Comité international de la Croix-Rouge et les Nations Unies de 1945 à nos jours : oppositions, complémentarités et partenariats », *Relations internationales*, n° 152, 2012.

BURIN Philippe, *Hitler et les Juifs. Genèse d'un génocide*, La Seuil, 1995.

CARROUÉ Laurent, « La crise économique et financière états-unienne : enjeux géographiques et géopolitiques », *Hérodote*, 2009/1.

CARTAPANIS André, KOULINSKY Audrey et RICHEZ-BATTESTI Nadine, « L'hétérogénéité sociale de l'Union européenne après l'élargissement et la question des délocalisations », *Revue économique*, 2006/4.

CHAPOUTOT Johann, « Le nazisme, une idéologie en actes », *La Documentation photographique*, 2012.

CHASSAIGNE Philippe, *La Grande-Bretagne et le monde de 1815 à nos jours*, Armand Colin, 2009.

CHAUBET François, MARTIN Laurent, *Histoire des relations culturelles dans le monde*, Armand Colin, 2011.

COCHET François (dir.), *Les batailles de la Marne de l'Ourcq à Verdun (1914 et 1918)*, 14-18 Éditions, 2004

COCHET François, *La Grande Guerre*, Perrin, 2014.

COPINSCHI Philippe, « Le pétrole, une ressource stratégique », *La Documentation française*, 2012

COUTANSAIS Cyrill, « Transport maritime. Entre globalisation et développement durable », *Études*, 2010/3.

CURCIO Vincent, *Heny Ford*, Oxford University Press, 2013.

DAKHLI Leyla, *Histoire du Proche-Orient contemporain*, La Découverte, 2015.

D'ALMEIDA Fabrice et DELPORTE Christian, *Histoire des médias en France : de la Grande Guerre à nos jours*, Flammarion, 2010.

D'ALMEIDA-TOPOR Hélène, *Naissance des États africains*, Casterman, 1996.

DAUGERON Bruno, « Le quinquennat : retour sur les vrais enjeux d'un faux débat », *Revue juridique de l'Ouest*, 2000-4.

DELACROIX Christian, ZANCARINI-FOURNEL Michelle, *La France du temps présent 1945-2005*, Belin, 2010.

DERVIS Kemal, « La crise économique mondiale : enjeux et réformes », *Politique étrangère*, 2009/1.

DE SAEGER Ariane, *Apple « Think different » : l'épopée de la firme de Cupertino*, 50 minutes, 2016.

DIECKHOFF Alain, *Le conflit israélo-arabe*, Armand Colin, 2011.

DIOUF, Abdou, « Comment la Francophonie construit son avenir », *Hermès, La Revue* n° 40, 2004/3.

DOSSE François, « Événement », *in* coll., *Historiographies. Concepts et débats*, Gallimard, 2010.

DU BOIS Pierre, « Des accords de Bretton Woods à l'accord sur l'Union européenne des paiements (1944-1950) », *Relations Internationales 2005/4 (n° 124).*

DUBOIS Éric, « La crise de 2008 : des mécanismes souvent inédits, qui appellent de nouvelles avancées de la connaissance économique », *Économie et statistiques*, 2010.

DUCLERC Vincent, SIMON-NAHUM Perrine, *L'affaire Dreyfus*, Armand Colin, 2009.

DUCLERC Vincent, *La République imaginée (1870-1914)*, Belin, 2010.

DUFOUR Jean-Jaques, *Une Histoire de l'aviation commerciale*, ABD Éditions, 2016.

DUMAS Hélène, *Le génocide au village, le massacre des Tutsis au Rwanda*, Le Seuil, 2014.

DULERY Fabrice (dir.), *Aujourd'hui la Chine*, Sceren-CNDP, 2011.

DUMOULIN Olivier, *Le Rôle social de l'historien*, Albin Michel, 2003.

DUPUIS-LABBÉ Dominique, *Les Demoiselles d'Avignon : La révolution Picasso*, Barthillat, 2007.

DURAND Yves, *La France dans la deuxième guerre mondiale 1939-1945*, Armand Colin, 2001.

DUVAL Guillaume, « Après les attentats, comment réparer la France », *Alternatives économiques*, 2015/2, n° 343.

ESPOSITO Marie-Claude, « Brève chronologie du Royaume-Uni dans l'Union européenne », *Outre-Terre*, 2016/4 (n° 49)

EYDOUX Anne, TUCHSZIRER Carole, « Du RMI au RSA : la solidarité et la décentralisation en débats », *Connaissance de l'Emploi*, juin 2011.

FAURE Justine, « Croisade américaine en 1950, la délivrance des "nations captives" d'Europe de l'Est », *Vingtième Siècle. Revue d'histoire*, 2002/1 n° 73.

FONTAINE André, *La Guerre froide, 1917-1991*, Le Seuil, 2006.

FOURASTIÉ Jean, *Les Trente Glorieuses ou la révolution invisible*, Fayard, 1979.

FRIDENSON Patrick, *Histoire des usines Renault*, Le Seuil, 2001.

FURET François, *Le passé d'une illusion. Essai sur l'idée communiste au XXe siècle*, Laffont/Calmann-Levy, 1995.

GALLISSOT René, « Mai 68 : qu'est-ce qu'un mouvement social ? Au-delà du mouvement ouvrier », *L'Homme et la société*, 1990.

GAMBOTTI Christian, « La francophonie, espace géopolitique et géoéconomique », *Géoéconomie* n° 73, 2015.

GENTILE Emilio, *Qu'est-ce que le fascisme ? : Histoire et interprétation*, Gallimard, 2004.

GERLACH Christian, *Sur la conférence de Wannsee*, Liana Levi, 1999.

GOBILLE Boris, *Mai 68*, La Découverte, 2008.

GOBILLE Boris, « L'événement Mai 68. Pour une socio-histoire du temps court », *Annales. Histoire, Sciences Sociales*, 2008/2.

GÖTZ Aly, *Comment Hitler a acheté les Allemands*, Flammarion, 2005.

GOUNIN Yves, *L'élargissement met-il en péril le projet européen ?* La Documentation française, 2011.

GOY Raymond, « L'indépendance de la Namibie », *Annuaire français du droit international*, vol. 37, 1991.

GRAZIOSI Andrea, *Histoire de l'URSS*, PUF, 2010.

GROSSER Pierre, *La Guerre froide*, La Documentation française, 2007.

GUESDON Jean-Michel et MARGOTIN Philippe, *Les Beatles, la totale*, E/P/A, 2014.

GUIEU Jean-Michel, « L'insécurité collective. L'Europe et la Société des Nations dans l'entre-deux-guerres », *Bulletin de l'Institut Pierre Renouvin*, 2009/2 (n° 30).

GUILLAUME Sylvie, « Le "cartel des non" », Parlement[s], *Revue d'histoire politique*, 3/2004 (n° HS 1), p. 45-64.

HANHIMÄKI Jussi M., 31026, « La négociation dans les combats : la Conférence de Paris et la fin de la guerre du Viêt-nam », *Relations internationales*, 3/2008 (n° 135), p. 53-72.

HARTER Hélène, *Pearl Harbor, 7 décembre 1941*, Tallandier, 2011.

HILBERG Raul, *La destruction des Juifs d'Europe*, Folio Histoire, 1995.

HUGON Philippe, « La crise du capitalisme financier mondial et sa contagion au second monde "émergent" et au Tiers-monde », *Revue Tiers-Monde*, 2009/1.

JABLONKA Ivan, *Histoire des grands-parents que je n'ai pas eus*, Le Seuil, 2012.

JEANNENEY Jean-Noël, « Introduction », *Les troubles de la mémoire française (1940-1962)*, Actes du colloque du 10 décembre 2010, Le Sénat.

JEANNESSON Stanislas, *La Guerre froide*, La Découverte, 2014.

JULIENNE Katia, « Aide et action sociale des collectivités locales : évolution des bénéficiaires et des dépenses depuis vingt ans », *Revue française des affaires sociales*, n° 4, 2004.

KEEGAN John, Anatomie de la bataille, Robert Laffont, 1993.

KELLNER Thierry et DJALILI Mohammed-Reza, *Histoire de l'Iran contemporain*, La Découverte, 2010.

KHALIFA Dominique, « Le grand creuset de la culture », *L'Histoire*, n° 425, 2016.

KHOSROKHAVAR Farhad, « La révolution islamique en Iran et ses acteurs juvéniles », *NAQD*, n° 5, 1993.

KOUZNETSOV Anatoli, *Babi Yar*, éditions Robert Laffont, 2011.

LACOUTURE Jean, « Bandung ou la fin de l'ère coloniale », *Le Monde diplomatique*, avril 2005.

LAGONOTTE Claire, « L'URSS et Cuba, 1959-1972. Des relations opportunistes et conflictuelles », *Outre-mer*, n° 94, 2007.

LAMY-GINER Marie-Annick, « La Namibie postindépendance », *Mappemonde* n° 97, 2010.

LEHOT Frank et CLERVOY Jean-François, *Histoire de la conquête spatiale*, Vuibert, 2015.

LEIZAOLA Aitzpea, « La mémoire de la guerre civile espagnole : le poids du silence », *Ethnologie française*, 2007/3 (Vol. 37).

LELIÈVRE Michèle, NAUZE-FICHET Emmanuelle, *RMI, l'état des lieux*, La Découverte, 2008.

LEVADE Anne, « La révision du 23 juillet 2008, Temps et contretemps », *Revue française de droit constitutionnel*, 2009-2.

LEVINSON Marc, *The Box, comment le conteneur a changé le monde*, Max Millo, 2011.

LOPEZ Jean, *Stalingrad la bataille au bord du gouffre*, Perrin, 2008.

MARGOLIN Jean-Louis, « Une réévaluation du massacre de Nankin », *Perspectives chinoises*, 2005 (n° 92).

MARNAT Marcel, *Stravinsky*, Le Seuil, 1995.

MARTIN Will, « L'adhésion à l'OMC et les réformes économiques en Chine », *Politique étrangère*, 2/2004.

MAYER Nonna, « Les hauts et les bas du vote Le Pen 2002 », *Revue française de science politique*, 2002/5, vol. 52.

MAYEUR Jean-Marie, « 1905 : la crise de la séparation », *in Vingtième siècle*, n° 3, 2005.

MEDDEB Abdelwahab, *Printemps de Tunis, la métamorphose de l'Histoire*, Albin Michel, 2011.

MICHAUD Juliette, *Il était une fois Hollywood*, Flammarion, 2013.

MIQUEL Pierre, *La bataille de la Marne*, Perrin, 2004.

MITTER Rana, « Le massacre de Nankin, Mémoire et oubli en Chine et au Japon », vingtième siècle, *Revue d'histoire*, 2007/2 (n° 94).

MOMMSEN Hans, *Le national-socialisme et la société allemande. Dix essais d'histoire sociale et politique*, Éditions de la Maison des Sciences de l'Homme, 1997.

MOSSUZ-LAVAU Janine, « Histoire et enjeux de la loi sur la parité », *Revue Projet*, 2005/4, n° 287.

NDIAYE Pap, *Du nylon et des bombes : DuPont de Nemours, le marché et l'État américain*, Belin, 2001.

NIVEAU Maurice, CROZET Yves, *Histoire des faits économiques contemporains*, PUF, 2010.

NOËL Gilbert (dir.), *Penser et construire l'Europe (1919-1992)*, Atlande, 2008.

ORMEN Catherine, « Mode, Histoire et composantes », *Encyclopædia Universalis*, 2017.

PAULÈS Xavier, « La Chine, des guerres de l'opium à nos jours », *La Documentation française*, 2013.

PAXTON Robert O. et HESSLER Julie, *L'Europe au XXe siècle*, Tallandier, 2011.

PIGENET Michel, TARTAKOWSKY Danielle, « Les marches en France aux XIXe et XXe siècles : récurrence et métamorphose d'une démonstration collective », *Le Mouvement Social*, 1/2003 (n° 202), p. 69-94.

PLENEL Edwy et STORA Benjamin, *Le 89 arabe*, Stock, 2011.

PRANTL Jochen, « Les mutations de la gouvernance mondiale : pays émergents et groupes "G" », *Critique internationale*, 2012/3 n° 56.

PRAZAN Michaël, *Einsatzgruppen*, Seuil, 2010.

PROST Antoine, *Histoire de l'enseignement et de l'éducation, tome IV : L'École et la Famille dans une société en mutation, depuis 1930*, Perrin, 2004.

RHODES Richard, *Extermination : la machine nazie. Einsatzgruppen à l'Est, 1941-1943*, Éditions Autrement, 2004.

SAGNES Jean et MARIELLE Jean, *Le vote des quatre-vingts le 10 juillet 1940, à Vichy*, éditions Talaia, 2010.

SHERWIN Martin, LIFTON Robert Jay, *A World Destroyed: Hiroshima and Its Legacies*, Stanford University Press, 2003.

SOUTOU Georges-Henri, *La Guerre froide*, Fayard, 2011.

SOUTOU Georges-Henri, *La grande illusion, Quand la France perdait la paix 1914-1920*, Taillandier, 2015.

SOUYRI Pierre-François, *Nouvelle histoire du Japon*, Perrin, 2010.

SUR Serge, « L'euro, un dessein inachevé », *Questions internationales*, 2015.

TAYLOR Frederick, *Le mur de Berlin*, JC Lattès, 2009.

TOMBLAINE Philippe, *Jeux vidéo ! : une histoire du 10e art*, Les moutons électriques, 2015.

VAÏSSE Maurice, *Les relations internationales depuis 1945*, Armand Colin, 2013.

VIGNA Xavier, *Histoire des ouvriers en France au XXe siècle*, Perrin, 2012.

WERTH Nicolas, « Les derniers jours du tyran », *L'Histoire*, n° 273, 2003.

WERTH Nicolas, *Histoire de l'Union soviétique de Lénine à Staline*, PUF, 2013.

WERTH Nicolas, *Histoire de l'Union soviétique de Khrouchtchev à Gorbatchev (1953-1991)*, PUF, 2013.

WIEVIORKA Annette, *Le procès de Nuremberg*, Paris, Liana Levi, 2006.

WIEVIORKA Olivier, *Histoire de la Résistance, 1940-1945*, Perrin, 2013.

ZANCARINI-FOURNEL Michelle, DELACROIX Christian, *La France du temps présent 1945-2005*, Belin 2010.

ZANCARINI-FOURNEL Michelle, *Histoire des femmes en France XIXe-XXe* siècles, PUF, 2005.

Table des illustrations

Caricature parue dans *Le Rire* (20 mai 1905) ... 6

Affiche assurant la promotion de *The Squaw Man* ... 14

Inauguration par Raymond Poincaré d'une borne commémorative sur la « voie sacrée » ... 23

Affiche de propagande fasciste (1924) ... 35

Le mausolée de Lénine à Moscou (vue actuelle) ... 38

Article annonçant un concours de décapitation à Nankin (13 décembre 1937) ... 57

Poignée de main entre Winston Churchill, Harry Truman et Joseph Staline (1945) ... 84

Appel à contribution au « Freedom-gram » ... 107

La conférence de Bandung (avril 1955) ... 110

Les Beatles, dans la cérémonie d'ouverture des Jeux olympiques de Londres (27 juillet 2012) ... 135

La francophonie aujourd'hui ... 141

Affiche de la marche pour l'égalité et contre le racisme (1983) ... 161

La chute du mur de Berlin (novembre 1989) ... 167

L'*US Air Force* pendant la première Guerre du Golfe ... 173

Eltsine efface Gorbatchev (août 1991) ... 176

Grande manifestation contre le Front national (Paris, 1er mai 2002) ... 198

Étiquette apposée par Levis dans ses jeans (2007) ... 201

Grande manifestation à Tunis (14 janvier 2011) ... 214

Manifestation à Paris, place de la République, après les attentats contre *Charlie Hebdo* (11 janvier 2015) ... 216

Campagne du *Sun* pour le « Brexit » ... 219

Table des cartes

Carte A. L'Europe en 1914 18

Carte B. Les tensions en Europe en 1938 51

Carte C. La France de 1940 à 1944 63

Carte D. Le dispositif d'extermination nazi 71

Carte E. Le monde de la Guerre froide 105

Carte F. Les décolonisations de 1945 à 1990 112

Carte G. La crise des missiles de Cuba 127

Carte H. L'Allemagne en 1946 131

Carte I. La construction européenne depuis 1951 206

Table des matières

Introduction : DE L'HISTOIRE ÉVÉNEMENTIELLE À L'HISTOIRE DES ÉVÉNEMENTS 3

Fiche 1 9 décembre 1905 : ADOPTION DE LA LOI DE SÉPARATION DES ÉGLISES ET DE L'ÉTAT 5

Fiche 2 12 juillet 1906 : DREYFUS EST ACQUITTÉ 7

Fiche 3 27 septembre 1908 : SORTIE DE LA FORD MODÈLE « T » 9

Fiche 4 25 juin 1910 : CRÉATION DE *L'OISEAU DE FEU* À L'OPÉRA DE PARIS 11

Fiche 5 12 février 1914 : *THE SQUAW MAN*, NAISSANCE D'HOLLYWOOD 13

Fiche 6 15 août 1914 : INAUGURATION DU CANAL DE PANAMA 15

Fiche 7 4 septembre 1914 : DÉBUT DE LA BATAILLE DE LA MARNE 17

Fiche 8 24 avril 1915 : DÉBUT DU MASSACRE DES ARMÉNIENS 20

Fiche 9 21 février 1916 : DÉBUT DE LA BATAILLE DE VERDUN 22

Fiche 10 1er juillet 1916 : DÉBUT DE LA BATAILLE DE LA SOMME 24

Fiche 11 juillet 1916 : PRÉSENTATION DES *DEMOISELLES D'AVIGNON* AU SALON D'ANTIN 26

Fiche 12 25 octobre 1917 : PRISE DU PALAIS D'HIVER PAR LES BOLCHÉVIQUES 28

Fiche 13 11 novembre 1918 : L'ARMISTICE, EN ATTENDANT LA PAIX 30

Fiche 14 28 juin 1919 : LA SIGNATURE DU TRAITÉ DE VERSAILLES 32

Fiche 15 28 août 1922 : MARCHE SUR ROME 34

Fiche 16 26 janvier 1924 : DÉBUT DES FUNÉRAILLES DE LÉNINE 37

Fiche 17 24 décembre 1925 : PREMIÈRE LOI « FASCISTISSIME » EN ITALIE 39

Fiche 18 24 octobre 1929 : LE « JEUDI NOIR » (*BLACK THURSDAY*) 41

Fiche 19 4 août 1930 : OUVERTURE DU PREMIER SUPERMARCHÉ À NEW YORK 43

Fiche 20 11 décembre 1931 : CRÉATION DU COMMONWEALTH 45

Fiche 21 30 janvier 1933 : HITLER EST NOMMÉ CHANCELIER 47

Fiche 22 14 octobre 1933 : L'ALLEMAGNE QUITTE LA SDN 49

Fiche 23 6 février 1934 : VIOLENTE MANIFESTATION ANTIPARLEMENTAIRE 52

Fiche 24 7 juin 1936 : LES ACCORDS DE MATIGNON ET LE FRONT POPULAIRE 54

Fiche 25 13 décembre 1937 : PREMIERS MASSACRES À NANKIN 56

Fiche 26 26 janvier 1939 : ENTRÉE DES FRANQUISTES À BARCELONE 58

Fiche 27 18 juin 1940 : L'APPEL DE LONDRES DU GÉNÉRAL DE GAULLE 60

Fiche 28 10 juillet 1940 : VOTE DES PLEINS POUVOIRS AU MARÉCHAL PÉTAIN 62

Fiche 29 29 et 30 septembre 1941 : LES MASSACRES DE BABI YAR 65

Fiche 30 7 décembre 1941 : ATTAQUE JAPONAISE SUR PEARL HARBOR 67

Fiche 31 20 janvier 1942 : LA CONFÉRENCE DE WANNSEE 69

Fiche 32 16 et 17 juillet 1942 : LES RAFLES DU VÉL' D'HIV' 72
Fiche 33 2 février 1943 : LA REDDITION ALLEMANDE À STALINGRAD 74
Fiche 34 27 mai 1943 : CRÉATION DU CONSEIL NATIONAL DE LA RÉSISTANCE (CNR) 76
Fiche 35 29 avril 1945 : LES FEMMES VOTENT EN FRANCE 78
Fiche 36 22 juillet 1944 : ACCORDS DE BRETTON WOODS 80
Fiche 37 26 juin 1945 : ADOPTION DE LA CHARTE DE L'ONU 82
Fiche 38 du 17 juillet au 2 août 1945 : CONFÉRENCE DE POTSDAM 84
Fiche 39 6 août 1945 : EXPLOSION ATOMIQUE À HIROSHIMA 87
Fiche 40 21 octobre 1945 : FIN DE LA IIIe RÉPUBLIQUE 89
Fiche 41 5 mars 1946 : LE DISCOURS DU « RIDEAU DE FER » 91
Fiche 42 1er octobre 1946 : FIN DES TRAVAUX DU TRIBUNAL DE NUREMBERG 93
Fiche 43 1er juillet 1946 : PREMIER VOL COMMERCIAL ENTRE PARIS ET NEW YORK 95
Fiche 44 14 mai 1948 : PROCLAMATION DE L'ÉTAT D'ISRAËL 97
Fiche 45 29 juin 1949 : PREMIER JOURNAL TÉLÉVISÉ 99
Fiche 46 1er octobre 1949 : MAO PROCLAME LA RÉPUBLIQUE POPULAIRE DE CHINE 101
Fiche 47 27 juillet 1953 : SIGNATURE DE L'ARMISTICE DANS LA GUERRE DE CORÉE 103
Fiche 48 4 juillet 1950 : LANCEMENT DE RADIO FREE EUROPE 106
Fiche 49 5 mars 1953 : MORT DE STALINE 108
Fiche 50 24 avril 1955 : CLÔTURE DE LA CONFÉRENCE DE BANDUNG 110
Fiche 51 1er juillet 1966 : AVEC LE CONTENEUR, MALCOM MAC LEAN RÉVOLUTIONNE LE MONDE DES TRANSPORTS 113
Fiche 52 25 mars 1957 : TRAITÉ DE ROME 115
Fiche 53 19 octobre 1959 : « SALUT LES COPAINS » DEVIENT UNE QUOTIDIENNE 117
Fiche 54 12 avril 1961 : YOURI GAGARINE, PREMIER HOMME DANS L'ESPACE 119
Fiche 55 5 octobre 1961 : PRÉSENTATION DE LA RENAULT 4 LORS DU SALON DE L'AUTOMOBILE 121
Fiche 56 1961 : MISE EN SERVICE D'UNIMATE, LE PREMIER ROBOT INDUSTRIEL 123
Fiche 57 25 octobre 1962 : LA CRISE DES MISSILES DE CUBA À L'ONU : LA DERNIÈRE CHANCE DE PAIX MONDIALE ? 125
Fiche 58 28 octobre 1962 : RÉFÉRENDUM SUR L'ÉLECTION DU PRÉSIDENT DE LA RÉPUBLIQUE AU SUFFRAGE UNIVERSEL DIRECT 128
Fiche 59 26 juin 1963 : DISCOURS DE KENNEDY À BERLIN 130
Fiche 60 29 août 1966 : DERNIER CONCERT PUBLIC DES BEATLES 133
Fiche 61 25-27 mai 1968 : ACCORDS DE GRENELLE 136
Fiche 62 20 juillet 1969 : LES ÉTATS-UNIS DÉCROCHENT LA LUNE 138
Fiche 63 20 mars 1970 : CRÉATION DE L'ORGANISATION INTERNATIONALE DE LA FRANCOPHONIE 140
Fiche 64 27 janvier 1973 : ACCORDS DE PARIS (GUERRE DU VIETNAM) 142

Fiche 65 16-17 octobre 1973 : PREMIER CHOC PÉTROLIER 144
Fiche 66 25 mars 1974 : INVENTION DE LA CARTE À PUCE 146
Fiche 67 29 novembre 1975 : VOTE DE LA LOI VEIL (IVG) 148
Fiche 68 11 juillet 1975 : ADOPTION DE LA LOI « HABY » 150
Fiche 69 22 juillet 1977 : DENG XIAOPING S'IMPOSE EN CHINE 152
Fiche 70 16 janvier 1979 : LA CHUTE DU CHAH D'IRAN 154
Fiche 71 21 février 1979 : PUBLICATION DES *TRENTE GLORIEUSES* 156
Fiche 72 10 mai 1981 : FRANÇOIS MITTERRAND, PRÉSIDENT DE LA RÉPUBLIQUE 158
Fiche 73 3 décembre 1983 : GRANDE MARCHE POUR L'ÉGALITÉ ET CONTRE LE RACISME 160
Fiche 74 26 avril 1986 : CATASTROPHE NUCLÉAIRE DE TCHERNOBYL 162
Fiche 75 30 novembre 1988 : CRÉATION DU RMI 164
Fiche 76 9 novembre 1989 : LA CHUTE DU MUR DE BERLIN 166
Fiche 77 21 MARS 1990 : INDÉPENDANCE DE LA NAMIBIE 168
Fiche 78 13 novembre 1990 : CRÉATION DE LA PREMIÈRE PAGE WEB 170
Fiche 79 16 janvier 1991 : DÉBUT DE L'OPÉRATION *DESERT STORM* 172
Fiche 80 26 novembre 1991 : DISSOLUTION DE L'URSS 174
Fiche 81 13 septembre 1993 : SIGNATURE DES ACCORDS D'OSLO 177
Fiche 82 6 avril 1994 : DÉBUT DU GÉNOCIDE AU RWANDA 179
Fiche 83 1er janvier 1995 : CRÉATION DE L'OMC 181
Fiche 84 25 septembre 1999 : CRÉATION DU G20 183
Fiche 85 25 janvier 2000 : DÉBAT PARLEMENTAIRE DE LA LOI SUR LA PARITÉ 185
Fiche 86 24 septembre 2000 : RÉFÉRENDUM SUR LE QUINQUENNAT 187
Fiche 87 15 janvier 2001 : LANCEMENT DE WIKIPEDIA 189
Fiche 88 11 septembre 2001 : ATTAQUE CONTRE LES TWIN TOWERS 191
Fiche 89 10 novembre 2001 : ENTRÉE DE LA CHINE À L'OMC 193
Fiche 90 1er janvier 2002 : MISE EN CIRCULATION DE L'EURO 195
Fiche 91 21 avril 2002 : JEAN-MARIE LE PEN ACCÈDE AU SECOND TOUR DE L'ÉLECTION PRÉSIDENTIELLE 197
Fiche 92 30 novembre 2003 : FIN DE LA PRODUCTION DES JEANS LEVI STRAUSS AUX ÉTATS-UNIS 200
Fiche 93 15 mars 2004 : VOTE DE LA LOI SUR LE PORT DES SIGNES RELIGIEUX À L'ÉCOLE 202
Fiche 94 1er mai 2004 : DIX PAYS INTÈGRENT L'UNION EUROPÉENNE 204
Fiche 95 23 novembre 2004 : SORTIE DE *WORLD OF WARCRAFT* 207
Fiche 96 29 juin 2007 : SORTIE DU PREMIER IPHONE 209
Fiche 97 15 septembre 2008 : LA FAILLITE DE LEHMAN BROTHERS, DÉBUT DE LA CRISE FINANCIÈRE MONDIALE 211
Fiche 98 14 janvier 2011 : LA FIN DU RÉGIME TUNISIEN, PREMIER ACTE DU « PRINTEMPS ARABE » 213

Fiche 99 7 janvier 2015 : ATTAQUE CONTRE *CHARLIE HEBDO* ... 215

Fiche 100 23 juin 2016 : RÉFÉRENDUM SUR LE « BREXIT » ... 218

Conclusion : LES AVENIRS DE L'HISTORIEN ... 221

Références bibliographiques ... 223

Table des illustrations ... 229

Table des cartes ... 231

Imprimé en Italie par «La Tipografica Varese Srl» Varese